W0273682

Tel.: 01805 / 30 99 99
(0,14 Euro/Min., Mobil max. 0,42 Euro/Min.)
www.buchredaktion.de

Daniel Schrader und Frank-Rainer Schurich

Das Schnüffler-ABC

Überwachen, beschatten und detektivisch arbeiten wie die Profis

edition berolina

edition berolina

ISBN 978-3-95841-022-0
1. Auflage

Alexanderstraße 1
10178 Berlin
Tel. 01805 / 30 99 99
Fax 01805 / 35 35 42
(0,14 €/Min., Mobil max. 0,42 €/Min.)

Umschlaggestaltung: BEBUG mbH, Berlin
Umschlagabbildung: © David Stuart, fotolia.com
Druck und Bindung: GGP Media GmbH, Pößneck

www.buchredaktion.de

Inhalt

VORWORT

Es freut mich außerordentlich, dass dieses Buch zustande gekommen ist. Interessierte, Fach- und Sachkundige oder auch in der Sicherheits- oder Detektivbranche Tätige werden erkennen, dass es sich hier nicht um ein Lehrbuch im klassischen Sinne handelt – dennoch sind Wissen und Erfahrungen der Autoren und aller anderen Beteiligten eingeflossen. Das reichhaltige Spektrum der Ermittlungstätigkeiten ist gut aufbereitet und leicht lesbar, da es immer wieder mit Episoden und Geschichten garniert ist – dieselben Eigenschaften, die auch unseren Zuhörern an der Sicherheitsakademie Berlin die Wissensaufnahme leicht und manchmal sogar spannend machen. Als langjähriger Dozent und Geschäftsführer der Sicherheitsakademie Berlin kann ich erkennen, dass hier Fachleute am Werk waren.

Meine langjährigen Erfahrungen als behördlicher Personenschützer für Generäle und andere hochrangige Persönlichkeiten des Bundesministeriums für Verteidigung sowie des NATO-Hauptquartiers in Brüssel bildeten die Basis für die Gründung unseres Ausbildungsinstitutes. Inzwischen sind wir Teil eines großen Netzwerkes, bestehend aus Ministerien, Behörden, Ämtern und kooperierenden Sicherheitsunternehmen. Unser Anspruch besteht vor allem darin, eine Verbindung zwischen Wissenschaft und Sicherheit zu schaffen und die Zusammenarbeit mit Hoch- und Fachschulen zu fördern.

Grundsatz unserer Lehrveranstaltungen und der individuellen Ausbildung ist eine zielführende und vor allem praxisorientierte Wissensvermittlung. Daher wird der dem Unternehmer Philip Rosenthal (1916-2001) zugeschriebene Satz: »Wer aufhört besser zu werden, hat aufgehört, gut zu sein!« bei uns als Motto ausgegeben. In diesem Sinne sehe ich das Buch als einen weiteren wichtigen Baustein für angehende Ermittler und Detektive. Weiterhin ist es ein sehr guter Beitrag zur Verbesserung der Wahrnehmung der Ermittler in Staatsdiensten, der Sicherheitsmitarbeiter und Detektive. Sie alle leisten einen wertvollen Betrag, unser Leben in Sicherheit zu gestalten.

Ich wünsche viel Freude bei der visuellen Umsetzung von Schriftzeichen in Lautsprache in Ihrem Kopf.

Torben Meyer

VORBEMERKUNG

»Es ist ein Kapitalfehler zu theoretisieren, ehe man alle Tatsachen kennt.«

Sherlock Holmes

Das *Schnüffler-ABC* ist für Detektive geschrieben oder für solche, die es werden wollen. Aber auch Polizisten, Kriminalbeamte, Militärpolizisten, Ermittler *de jure* (lat. von Rechts wegen), Gutachter und Sachverständige (z. B. bei Versicherungen, Krankenkassen und Verbänden) werden dieses Buch mit Gewinn lesen. Und natürlich ist der allgemein am Thema Interessierte herzlich eingeladen, sich mit diesem Fachgebiet zu beschäftigen.

Dabei ist der Titel keineswegs abwertend, sondern ironisch gemeint. Als **Schnüffler** bezeichnen wir seit dem 18. Jahrhundert einen durchaus pfiffigen Ermittler. Schnüffeln ist ein altes deutsches Wort und beschreibt den dramatischen Vorgang, die Luft hörbar in die Nase einzuziehen und dadurch zu riechen oder zu wittern. Ebenfalls seit dieser Zeit verwenden wir das Verb im übertragenen Sinne für nachspüren, beobachten und ausspionieren. Man könnte auch sagen, dass der Schnüffler seine Nase in fremde Angelegenheiten steckt, um eine gebräuchliche Redewendung positiv zu zitieren.

Von der Ermittler- und Detektivbranche wird immer wieder behauptet, dass dort viele schwarze Schafe am Werke sind. Das **schwarze Schaf** steht für einen Schuldigen im weitesten Sinne; wir benennen in der Familie solche Personen als schwarze Schafe, die von den anderen Angehörigen durch eine unsittliche Lebensführung unvorteilhaft abstechen. Die Wendung bezieht sich auf das Alte Testament (1. Mose 30,32): »Ich will heute durch alle deine Herden gehen, und aussondern alle gefleckten und bunten Schafe und alle schwarzen Schafe und die bunten und gefleckten Ziegen.«

Schwarze Schafe gibt es allerdings in allen Professionen. Politiker, Gutachter (die dann allerdings besser Schlechtachter oder Gefälligkeitsgutachter genannt werden sollten), Professoren, Wissenschaftler, Beamte, Polizisten, Geheimdienstler, Ärzte, Autoverkäufer, Versicherungsvertreter, alle sind von dieser merkwürdigen Schafkrankheit befallen. Das zu untersuchen wäre aber schon wieder ein neues Buch.

Natürlich, es werden hier Beispiele für schwarze Schafe in der Detektivbranche gegeben, aber auch viele dafür, dass der Detektiv zur Wahrung berechtigter Interessen seiner Auftraggeber erfolgreich, kreativ und der Wahrheit verpflichtet arbeitet. Den Autoren sind nicht wenige Fälle bekannt, in denen unschuldig und teilweise zu langen Haftstrafen Verurteilte erst durch die exzellente Ermittlungstätigkeit von Detektiven freigesprochen werden konnten.

Der Einsatz eines Detektivs in Strafrechtssachen wird natürlich von den amtlichen Untersuchungsorganen und von der Justiz mit Argwohn betrachtet. Der international bekannte Kriminologe Frank Arnau aus der Schweiz hatte schon vor 50 Jahren nachgewiesen, dass die bundesdeutschen Strafrichter und Ankläger lieber schuldlos, auf der Grundlage von falschen Gutachten verurteilte Menschen hinter Gitter sitzen ließen, als in einem neuen Gerichtsverfahren durch ihren Freispruch die Strafjustiz selbst der Irrtumsanfälligkeit zu überführen. Ein weitverbreitetes Attribut zahlreicher deutscher öffentlicher Ankläger und Strafrichter sei, so Arnau, eine »megalomanische Überheblichkeit«. Eine Position, die bis heute nicht völlig aufgegeben wurde. So sind natürlich die Schüsse gegen die Detektive von der offiziellen Seite auch unter diesem Aspekt erklärbar, denn welche Kriminalpolizeistelle, welcher Staatsanwalt oder welcher Richter möchte schon, dass ihnen ein »kleiner« Detektiv ohne staatliche Befugnisse beweist, dass sie alle keine besonders gute Arbeit gemacht haben.

So kann dieses Problem mit einem Satz von Albert Einstein als erledigt betrachtet werden: »Um ein tadelloses Mitglied einer Schafherde sein zu können, muss man vor allem ein Schaf sein.«

Das *Schnüffler-ABC* ist kein wissenschaftliches Buch. Dennoch haben wir uns bemüht, andere Autoren und ihre Gedanken genau zu zitieren. Der Detektiv weiß, dass in Deutschland alles geklaut wird, was nicht niet- und nagelfest ist, auch die sog. immateriellen Erscheinungen. Manche Autoren schreiben ab und schämen sich nicht einmal, fremdes Gedankengut in dieser Art und Weise zu verwenden. Das kennen wir ja von den Dissertationen manch prominenter Politiker, die munter nach dem Motto handelten, dass sich am leichtesten die Ideen anderer verwerten lassen. Dabei ist es doch sehr wichtig, Achtung vor den Gedankengängen anderer zu haben, oder, anders ausgedrückt, die Vaterschaft des Gedankens auch formal anzuerkennen, wie es einmal der Mediziner und Nobelpreisträger Santiago Felipe Ramón y Cajal ausgedrückt hat.

Wir haben sparsam zitiert und das Zitat oder die fremden Gedanken (im Sinne eines indirekten Zitats) mit Autor, Jahr und Seite kenntlich gemacht. Im Literaturverzeichnis findet man dann das entsprechende Werk, und das Schöne daran ist, dass manche davon auch zum weiteren Selbststudium benutzt werden können. Anmerkungen der Autoren in den Zitaten sind mit eckigen Klammern versehen.

Die einzelnen Kapitel sind stilistisch unterschiedlich geschrieben, was aber so gewollt ist. Dort, wo es sich angeboten hat, werden launige Geschichten erzählt und Fälle dargeboten, die man als kurios, heiter und skurril bezeichnen kann. Auf der anderen Seite muss ein *Schnüffler-ABC*, sozusagen das Grundwissen für Detektive, auch Theoretisches vor den Lesern ausbreiten, und die vielfältigen Regeln, Empfehlungen und Tipps, deren Beachtung für die verantwortungsvolle Arbeit des Privatermittlers unerlässlich ist, verbieten es ja geradezu, einen feuilletonistischen und heiteren Ton anzuschlagen. Der Leser möge uns diesen Spagat verzeihen.

Im Teil I wird dargelegt, was der Detektiv macht, woher sein Name kommt und wie sich dieser Beruf entwickelt hat, denn in Deutschland gibt es Detektive seit 1860. Auch geht es um die rechtlichen Grundlagen seiner Tätigkeit. Eine Kriminalistik für Detektive wird im Teil II entwickelt. Hierin geht es u. a. um Spuren, um die Tatortuntersuchung, um die Observation und die Ermittlung von Zeugen sowie Verdächtigen. Personenbeschreibung, Wiedererkennung und Befragung ergänzen das kriminalistische Elementarwissen ebenso wie einige Ausführungen zum kriminalistischen Denken.

In den Teilen III, IV und V werden die Spezialisierungen behandelt: Wirtschaftsdetektiv, Privatdetektiv, Kaufhaus- und Einzelhandelsdetektiv. Hier können nur einige Schwerpunktaufgaben erörtert werden, denn jede Berufsgruppe hätte wegen der Fülle des Materials und der umfangreichen Tätigkeitsfelder eine eigene Abhandlung verdient. Deshalb beschränken wir uns auf einige Hauptaufgaben und wesentliche Anforderungen.

Wir leben in einer schnelllebigen Zeit. Der technologische Fortschritt überholt unter Umständen einige unserer Aussagen in kürzester Zeit. Auch Gesetzgebung und Rechtsprechung sind in Bewegung. Gerichtliche Einzelfallbewertung führt oft nicht zu Verallgemeinerungen, laufende und unvorhersehbaren Änderungen in Gesetzgebung und Rechtsprechung machen nachhaltige Aussagen in dem Bereich nur zu einem bestimmten Zeitpunkt möglich, so dass sich hieraus keine zukünftige Rechtssicherheit ableiten lässt. Die Autoren weisen ausdrücklich auf diesen Umstand hin.

Detektive sind irgendwie alle Erben von Sherlock Holmes, und so werden sie auch im Titel des zweiten Teils genannt. Die hier abgedruckten Porträts und Profile dieses literarischen Meisterdetektivs, von dem wir auch heute noch viel lernen können, sind dem Buch *Sherlock Holmes in Portrait & Profile* entnommen, das 1963 im Verlag Syracuse University Press in Syracuse, Bundesstaat New York, erschienen war. Seine Gespräche, vor allen Dingen mit dem legendären Dr. Watson, haben wir, wie es sich für Detektive gehört, belauscht und besonders schöne Gedanken am Beginn der Hauptteile versammelt.

Das Schnüffler-ABC beruht auf den *Qualifizierungsangebot Fachkraft Detektiv* (IHK). In konstruktiver Zusammenarbeit zwischen der Sicherheitsakademie Berlin und dem Geschäftsführers Peter Wölffling der IHK-Projektgesellschaft Ostbrandenburg, wurde ein *IHK-Zertifikatslehrgang* entwickelt. Dieser entspricht den Qualitätskriterien eines IHK-Zertifikatsanforderungen. Den daran beteiligten Dozenten wie Ralph Hartmann, Berndt Marmulla, Robert Strecker, Frank Kaiser, Philipp Kiraj, Herbert Kunz und Gernot Carstensen sagen die Autoren herzlichen Dank, dass sie ihre Beiträge zur Verfügung gestellt haben. Das Material wurde wesentlich erweitert, auf den neuesten Stand gebracht und mit vielen praktischen Beispielen versehen. Weiterhin danken wir Herbert Kunz, Gernot Carstensen und Alexander Gutschmidt für das zur Verfügung stellen von Fotos. Viele Themen werden detailliert erläutert, wohl wissend, dass das Gros der Detektive in der freien Wirtschaft solche Tätigkeiten wie die Suche und Sicherung von Spuren oder die Wiedererkennung praktisch niemals ausführen werden. Hier ist es das Wissen, welches dem Detektiv ermöglicht, Sachverhalte in Dokumentationen zu suchen, nachzuvollziehen und zu analysieren, um der Wahrheit und dem Auftraggeber gerecht zu werden.

Dr. sc. jur. Rainer Leonhardt und Regierungsdirektor Dr. jur. Holger Roll gaben uns die Genehmigung, aus ihrem Buch *Kriminalistische Tatortarbeit. Ein Leitfaden für Studium und Praxis* Kapitel und Schemata in Auszügen zu publizieren, wofür wir uns ebenfalls sehr herzlich bedanken.

Mit dem *Schnüffler-ABC* wollen wir einerseits etwas

gegen die vorherrschenden Klischees von der Arbeit der Detektive unternehmen, der zu oft als relativ intelligenter, manchmal witziger, ab und zu rechtsbrechender Auskundschafter charakterisiert wird, der schnelle Autos und moderne Waffen liebt. Andererseits wollen wir zeigen, dass der Detektiv in den allermeisten Fällen die Wahrheit ermittelt, die Sicherheit in diesem Land befördert, gegen die überbordende Kriminalität kämpft und die Rechtsinteressen der Bürger bewahrt. Sozusagen als Nebeneffekt wird deutlich, dass die Wissenschaft Kriminalistik und der Berufsstand der Detektive auch in der Zukunft nicht voneinander lassen können.

Als Leitspruch für dieses Büchlein gilt deshalb ein Satz von Wilhelm von Humboldt: »Ohne Sicherheit vermag der Mensch weder seine Kräfte auszubilden noch die Frucht derselben zu genießen; denn ohne Sicherheit ist keine Freiheit.«

Daniel Schrader und Frank-Rainer Schurich

TEIL I

Der Detektiv – Geschichte und Gegenwart

*»Ich bewunderte seine raschen Schlüsse,
die ihm wie Intuitionen zuzufliegen schienen, jedoch
stets auf eine logische Basis gestützt waren und Stück
für Stück die ihm übertragenen Probleme enträtselten.«*

Dr. Watson über Sherlock Holmes

1. Aufgaben, Rechte und Pflichten des Detektivs

Das dramatische Bild des Detektivs, der mit der Pistole in der Hand herumfuchtelt und mit allen nur erdenklichen technischen Hilfsmitteln ermittelt, wird so gern in Romanen und Filmen dargestellt. Aber das entspricht nicht der

Wirklichkeit. Ein Detektiv hat keine Befugnisse oder Sonderrechte wie die Polizei: Er ist weder von vorneherein dazu berechtigt, eine Waffe zu tragen, noch darf er die Persönlichkeitsrechte anderer Menschen einschränken, indem er zum Beispiel verdächtige Personen verhaftet. Außerdem unterliegt der Detektiv bei seinen Ermittlungen dem Datenschutzgesetz, das die Privatsphäre des Einzelnen gewährleistet. Grundsätzlich kann sich der Detektiv nur auf die Rechte berufen, die auch jedem anderen Bürger zustehen. Das heißt, er darf Gewalt nur anwenden, um eine Gefahr für Leib und Leben eines Menschen abzuwenden. Er darf Personen nur dann in Gewahrsam nehmen und der Polizei übergeben, wenn diese Personen auf frischer Tat ertappt wurden und wenn Fluchtgefahr besteht.

»Das Selbsthilferecht des Bürgers ist in allen demokratischen Rechtsstaaten eine der Voraussetzungen dafür, dass sich der Einzelne mit seinem Staat identifiziert. Wenn Detektive also in Wahrnehmung berechtigter Interessen der Bürger tätig sind und damit zum Vertrauen in die Rechts- und Wirtschaftsordnung beitragen, so geschieht dies auch zum Nutzen unseres Staates.«

Dieser Aussage von Manfred W. Kocks (1993, S. 12), der sich um die Ausbildung der Detektive außerordentlich verdient gemacht hat, gebührt ein Ehrenplatz in diesem Buch, denn mit ihr ist schon (fast) alles gesagt. **Sie bedeutet in letzter Konsequenz auch, dass sich niemand mit den Ergebnissen von Polizei und Justiz abfinden darf, wenn sie nicht der Wahrheit entsprechen.**

Der Detektiv kann also in Ausübung seines Berufes nur Selbsthilferechte und Jedermanns-Rechte für sich in Anspruch nehmen, Rechte jeder (Privat-)Person zur Verfolgung von Tatverdächtigen auf frischer Tat sowie zum Schutz von Leben, Gesundheit und Eigentum der eigenen oder dritter Personen.

Dazu zählen:

- beim Stellen auf frischer Tat die vorläufige Festnahme (§ 127 Abs. 1 StPO),
- die Wahrnehmung der strafrechtlichen Notstandsrechte (§§ 32, 33, 34 und 35 StGB),
- die zivilen Not- und Selbsthilferechte (§§ 227, 228, 229 und 230 Abs. 1 BGB) und
- die Rechte aus Eigentum und Besitz des Auftraggebers, z. B. Selbsthilfe des Besitzers (§ 859 BGB) und des Besitzdieners (§ 860 BGB).

Im Rahmen dieses Buches ist es nicht einmal ansatzweise möglich, die teilweise komplizierten gesetzlichen Regelungen zu kommentieren. Derjenige, der ein Detektiv werden will, muss sich auf diesem Gebiet weiterbilden und einen Blick in die entsprechende Literatur wagen, in der diese Gesetze ausführlich erläutern werden. Wir empfehlen das *Lehrbuch Geprüfte Schutz- und Sicherheitskraft*, das 2015 in der 4. Auflage im Richard Boorberg Verlag erschienen ist. Der Leser findet jedoch die wichtigsten gesetzlichen Jedermanns-Rechte hier am Ende des Buches.

Der Detektiv hat keine besonderen Rechte, aber wie ermittelt er dann? Wir wollen zuerst untersuchen, woher der Begriff überhaupt kommt.

Der **Detektiv** ist ein berufsmäßiger Ermittler (synonym Privatermittler) von Beweismaterial in straf- und zivilrechtlichen Fällen. Das Wort wurde in der zweiten Hälfte des 19. Jahrhunderts aus dem englischen *detective* in die deutsche Sprachlandschaft überführt. Der ursprüngliche Begriff war aber *detective policeman* = Kriminal- oder Geheimpolizist. Dem liegt das englische Verb *to detect* zugrunde, das sich wiederum beim Lateinischen bedient hatte. Dort bedeutete das Verb *dētegere* ermitteln oder aufdecken.

Im englischen Sprachgebrauch ist heute der Privatdetektiv der *private investigator* oder *private detective*. Noch heute werden die Zivilfahnder der Polizei in den englischsprachigen Ländern **Detectivs** genannt.

In Deutschland ist die Lage so: Den Detektiv nehmen wir als einen privaten Ermittler, als rechtshelfendes Organ oder gar als Privatpolizist wahr. Wir unterscheiden selbstständige private Unternehmen (Wachdienste, Handelsauskunfteien und gewerbsmäßig tätige private Ermittler, Detektive und ihre Mitarbeiter) und unselbstständige Sicherheitseinheiten (Werkschutz, Hotel- und Hausdetektive), deren Mitarbeiter dort angestellt sind.

Der Betrieb des Privatdetektivs umfasst oft nur seine eigene Arbeitskraft, heißt, weitere Beschäftige fehlen. Voraussetzung ist ein Gewerbe gemäß § 14 GewO, es sind (leider) keinerlei Qualifikationen erforderlich, und selbst die Weiterbildung ist nur freiwillig. Das heißt allerdings nicht, dass der Detektiv schalten und walten kann, wie er will. Die Tätigkeit der Detektive nach der Gewerbeanmeldung wird vom Staat überwacht, ein Führungszeugnis wird behördlicherseits angefordert. Gibt es Gründe, z. B. Vorstrafen, ist eine Untersagung möglich.

Der Bundesminister für Bildung und Wissenschaft hatte zwar entschieden, dass die Ausbildung von Detektiven im Berufsbildungsgesetz (BBiG) § 46 Abs. 2 festgeschrieben werden sollte. Aber leider wurde die Entscheidung nicht in die Praxis umgesetzt. Und so warten die Detektive bis heute weiterhin vergeblich darauf, dass die Anerkennung des Berufsstandes mit Regelungen zur Aus- und Weiterbildung einhergeht.

Der Detektiv hat, wie bereits erwähnt, nur die rechtlichen Befugnisse, die sich aus den Selbsthilfe- und Jedermanns-Rechten ergeben. Er hat auch rechtliche Pflichten wie jeder andere Staatsbürger. Bei geplanten Straftaten (§ 138 StGB) besteht für ihn wie für jeden Bürger eine Anzeigepflicht; er ist zur Aussage im Gerichtsverfahren verpflichtet (§§ 48 ff. StPO), da er im Zuge seiner Tätigkeit weder ein Zeugnis- und noch ein Aussageverweigerungsrecht in

Anspruch nehmen kann. Pflichten gegenüber dem Auftraggeber erwachsen zudem aus dem Dienstvertrag (§ 611 BGB), vor allem zur Fürsorge und zur absoluten Loyalität (Verschwiegenheit). Der Detektiv hat also keine besonderen rechtlichen Pflichten und Befugnisse. Er wird zur **Wahrnehmung berechtigter Interessen** eingesetzt.

Seine Auftraggeber können **Privatpersonen** sein, die Erben auffinden, Testamente überprüfen oder in Vaterschaftssachen über die Vermögensverhältnisse des Kindesvaters Bescheid wissen wollen und darüber, ob noch eine geschlechtliche Beziehung mit einem anderen Mann in Frage kommt. Die Suche nach Vermissten gehörte ebenso dazu wie die Suche nach Tätern, wenn der Anfangsverdacht für die Polizei nicht als ausreichend eingeschätzt wird. Ein besonderes Kapitel sind Wiederaufnahmeverfahren, die oftmals erst nach zähem Ringen um die Wahrheit aufgenommen werden können. Wie sich der Detektiv hier aktiv und fachlich kompetent einbringen kann, wird in einem gesonderten Kapitel erörtert (Kapitel 7 Teil IV). Diese Arbeitsfelder sind für den **Privatdetektiv** charakteristisch (vgl. insgesamt Teil IV).

Wenn **Wirtschaftsunternehmen** einen Detektiv beauftragen, dann zumeist einen **Wirtschaftsdetektiv** (vgl. insgesamt Teil III). Seine Aufgaben bestehen in der Schuldnersuche und in der Überprüfung neuer Mitarbeiter, und auch strafrechtliche Aufgabenbereiche tun sich hier auf, z. B bei der Aufklärung von Betriebs- und Kundenkriminalität, bei Verstößen gegen das Wettbewerbs- und Patentrecht, bei Fällen der Marken- und Produktpiraterie. Es kann zusammenfassend formuliert werden, dass die Wirtschaftskriminalität ein sehr großes und wichtiges Arbeitsfeld für Detektive geworden ist. Ermittler werden eingesetzt, wenn Betriebsgeheimnisse verraten wurden. Sie spüren Schwarzarbeiter auf und bekämpfen Sabotage. Ein relativ neues Betätigungsfeld für Privatermittler ist das »Mobbing«: Hier versucht der Detektiv, dem Opfer, das unter den Schikanen von Mitarbeitern oder Vorgesetzten leidet, Beweise an die Hand zu geben, die im Falle einer Klage vor Gericht Bestand haben.

Staatliche Stellen sind eher selten Auftraggeber für Detektive, aber auch so etwas kommt vor.

Der **Kaufhaus- und Einzelhandelsdetektiv** arbeitet, wie der Name schon sagt, im Aufrage dieser **Handelsbetriebe**. Nähere Ausführungen dazu findet der Leser im Teil V.

Ihre Tätigkeit ist eindeutig dem Bewachungsgewerbe zugeordnet, so dass die viel treffendere Bezeichnung **Bewachungs- oder Sicherheitskraft im Einzelhandel** sein müsste. Diese Zuordnung ergibt sich aus dem Sachverhalt, dass die Ware geschützt respektive bewacht wird. Hier ist der Unterschied zu den anderen Ermittlungstätigkeiten zu finden. Da diese Detektive oft sehr konfliktbeladen mit »Kunden« und Tatverdächtigen kommunizieren müssen, wird die Sparte oft als Greifer, Diebesfänger oder Kopfgeldjäger verächtlich gemacht. Dabei gehen sie nur gegen die Kriminalität vor und treffen Feststellungen.

Der Detektiv ist ein Spezialist hinsichtlich verschiedener Untersuchungshandlungen. Er führt taktisch-methodisch richtige Ermittlungen zu einem relevanten Sachverhalt, sucht und sichert Beweise und findet Zeugen für den Auftraggeber. Er befragt Personen, in Ausnahmefällen unter falscher Identität, mit Legenden und psychologischen Tricks in bewusst herbeigeführten vertraulichen Situationen. Haupttätigkeiten sind ebenfalls das Observieren und das Recherchieren in Archiven. Der Detektiv wertet Bild-, Ton- und schriftliches Material aus und ist ein Spezialist für all das, was mit Tatorten und Spuren zusammenhängt. Er sichert nicht nur Sachbeweise, sondern auch Personalbeweise wie Zeugenaussagen.

Repressiv wird der Detektiv tätig, wenn er einen Tatverdächtigen verfolgt und festnimmt oder wenn er Beute sicherstellt und Beweise für zivilrechtliche Ansprüche beschafft. Auch im Bereich der Prävention hat der Detektiv lohnende Aufgaben zu realisieren. Er ist besonders erfolgreich, wenn er kriminelle Anschläge oder Aktionen vorbeugend verhindert oder im Interesse der Betriebssicherheit seine Fachkompetenz allumfassend einsetzt.

Für die Honorierung eines Detektivs gibt es keine einheitliche Regelung, wie man sie zum Beispiel bei Rechtsanwälten kennt. Tagespauschalen, Honorarsätze, Sonderleistungen müssen also ausgehandelt werden. Hilfestellung geben in diesem Fall die seriösen Detektivverbände wie der **Bundesverband Deutscher Detektive** (BDD) oder der **Bund Internationaler Detektive** (BID), der 2002 mit dem **Deutschen Detektiv Verband** (DDV) fusionierte.

In Deutschland gibt es derzeit ca. 1.400 private, umsatzsteuerpflichtige Detekteien, die oft keine weiteren Mitarbeiter haben. Hinzu kommen noch einmal ca. 1.900 dort angestellte Detektive, so dass von rund 3.300 Detektiven ausgegangen werden kann. Nur 25 Prozent seien davon in einem Berufsverband organisiert. Im Prinzip ist der Detektiv ein Einzelunternehmer, der sich entschließt, Detektiv zu werden, um damit seinen Lebensunterhalt zu bestreiten. In den letzten Jahren organisieren sich viele Detektive in Kooperationen und Netzwerken. Auch in dieser Branche hat das *Franchising* Einzug gehalten.

Seit 1860 gibt es in Deutschland Privatdetekteien, und nicht wenige haben versucht, in langen Listen Misserfolge und negative Erscheinungen im Detektivgewerbe zusammenzustellen. Der Zentralverband der Auskunfteien und Detekteien e. V. hat dies im Jahr 1974 selbst getan, um auf den dringenden Handlungsbedarf hinzuweisen, endlich bessere Rechtsvorschriften, insbesondere eine Berufszulassungsregelung, zu erlassen. Bei Friedrich Geerds (Groß/Geerds 1978, S. 490), Professor an der Universität Frankfurt a. M., liest sich das so:

»Diese Chronik der privatdetektivischen Fehlleistungen beginnt mit einem Sherlock Holmes, der 1913 aus dem Selbstmord eines Oberprimaners partout ein Verbrechen machen wollte und sich mit dem verdächtigen Dienstmädchen verlobte, um sie zu einem (falschen) Geständnis zu bringen. Ein anderer Detektiv beging Anfang 1929 in Elberfeld [heute Wuppertal] Selbstmord, weil er – wegen Betruges zweimal vorbestraft – in einer Ehescheidungssache einen Meineid begangen hatte und deswegen zu Gefängnis verurteilt worden war; er erschoss sich, als Kriminalbeamte ihn zum Antritt dieser Strafe abholen wollten. Es wird weiter beispielsweise über Detektive berichtet, die im Februar 1955 in Berlin als Großbetrüger und Erpresser festgenommen wurden. Über kriminelle Amateurdetektive (1965) und das 1970 von Betrügern im Gefängnis Tegel gegründete ›Detektivbüro‹ reicht die makabre Skala bis hin zu jenen Privatdetektiven, die 1974 für einen Einbruch und den Diebstahl von Geschäftsunterlagen von einer Konkurrenzfirma ein ›Honorar‹ von DM 130.000 erhielten.

Ungeachtet solcher negativen Beispiele, wie sie in jedem Beruf und auch bei Beamten vorkommen, wirkt sich auf die Praxis wohl noch ungünstiger aus, dass selbst bei den staatlichen Strafverfolgungsorganen nicht selten ein Vorurteil zu beobachten ist, welches den Privatdetektiv als Konkurrenten oder gar Kontrahenten bei der Ermittlung erscheinen lässt.«

Dieser Beitrag zum Thema der **schwarzen Schafe** braucht nun wirklich nicht mehr kommentiert werden.

2. Die wechselvolle Detektiv-Historie[1]

Um bessere Ermittlungserfolge zu erzielen, wurden ab Mitte des 19. Jahrhunderts zivile Polizisten (d. h. nicht in Uniform) in europäischen Ländern und in einigen Staaten der USA eingesetzt. In London soll so schon im 18. Jahrhundert ermittelt worden sein. Das waren natürlich noch keine Privatdetektive.

Der Handel mit Information war fast gleichzeitig mit dem Geld geboren. Mit der wirtschaftlichen Entwicklung und den politischen Veränderungen am Beginn des 19. Jahrhunderts blühte der Verkauf von Informationen auf. Die Informationsgewinnung wurde kommerzialisiert, und somit entstanden die ersten echten Detekteien, die sich auch **Auskunfteien** nannten, parallel zu den zivil eingesetzten Polizisten.

1841 entstand in Nordamerika der erste Auskunftei-Gewerbebetrieb der Welt. Er gehörte dem Advocaten L. Toppan , der auch schon Rechercheure beschäftigte, unter ihnen der spätere USA-Präsident Abraham Lincoln. Der schottische Einwanderer Allan Pinkerton, der ab 1846 Hilfssheriff in Chicago war, gründete ebendort 1850 die *Pinkerton's National Detective Agency*. Seine legendäre Detektivorganisation baute in der Folgezeit ein gut funktionierendes Filialnetz auf, so dass seine Firma in den USA bald den Ruf einer zivilen Bundespolizei besaß. Pinkertons Wahlspruch lautet noch heute: *We never sleep – Wir schlafen nie*. Seine Detektive übernahmen während des Bürgerkrieges Spionage und Gegenspionage für die Nordstaaten und waren am Aufbau des *Secret Service* beteiligt. Zu seinen Klienten gehörte auch der amerikanische Präsident Abraham Lincoln, der im sog. Sezessionskrieg (1861-1865) die Sklavenbefreiung und Wiederherstellung der nationalen Einheit in der Union durch-

1 Vgl. insgesamt das Lehrmaterial *Geschichte der Detektive in Deutschland*, das 2005 von der Zentralstelle für die Ausbildung im Detektivgewerbe (ZAD) herausgegeben wurde.

setzte. So ist das Wirken der *Pinkerton's National Detective Agency* in diesen Jahren eng mit dem gesellschaftlichen Fortschritt verbunden.

Entwicklung der Detektivbranche in Deutschland

Die fortschreitende Industrialisierung hatte auch in Deutschland ein stetig wachsendes Interesse von Geschäftsleuten hervorgebracht, wirtschaftliche Auskünfte über ihre Vertragspartner zu erhalten. Als erste Auskunftei in Deutschland gilt *Salomons's Erkundigungs-Bureau zur Wahrung kaufmännischer Interessen für Stettin und die Provinz Pommern*, das am 1. April 1860 mit einem gedruckten Programm an die Öffentlichkeit trat. Ein Jahr später folgte H. L. Römer in Dresden mit seinem *Detektiv- und Rechtsbüro Rex*. Die Regierung des Deutschen Reiches erwähnte in der Reichsgewerbeordnung vom 1. Januar 1870 erstmals die Arbeit der Detektive.

Diesen Vorbildern folgend entstanden in den nächsten Jahren auch in anderen großen deutschen Städten Detektiv- oder Ermittlungsbüros.

Die erste Berliner Detektei war das 1880 gegründete Büro von Leutnant a. D. Caspary-Roth Roffi in der Kochstraße 10.

Vor allem in der Metropole Berlin gab es bald etliche Privatdetektive. Es waren meist ehemalige Polizeibeamte, die sich selbstständig gemacht hatten und die durch ihre Diensterfahrung und ihr kriminalistisches Gespür die nötigen Voraussetzungen für diesen noch relativ neuen Beruf besaßen. Ein Beispiel ist der Kriminalkommissar a. D. Weier, der große Erfolge als Kriminalbeamter feierte und auch detektivisch-kriminalistisch publizierte.

Doch nicht nur im wirtschaftlichen Bereich waren Detektive aktiv, sondern auch im privaten. Viele Klienten engagierten sie bei Ehescheidungen oder um herauszufinden, ob ihre Partner eine andere Liebesbeziehung hatten.

1896 gab es schon so viele Detektive, dass die Gründung eines *Reichsverbandes Deutscher Detektiv-Institute e. V.* mit Sitz in Berlin notwendig wurde. Am 16. Juni 1925 hatte es, wie eine amtliche Betriebszählung ergab, in Deutschland schon 1.321 Detektiv-Institute mit 7.624 Angestellten gegeben. Daneben gab es 437 Bewachungsinstitute mit 7.742 Angestellten, davon 262 Frauen. Zu dieser Zeit war das Sicherheitsbedürfnis der wohlhabenden Bürgerschicht sehr groß, so dass die Detektive mit dem Personen- und Objektschutz ein neues Aufgabengebiet übernahmen.

Dass es die sich entwickelnde Detektivbranche zu dieser Zeit nicht einfach hatte, zeigt ein Artikel aus dem Jahr 1923, der mit der Titelzeile »Privatpolizei« in der *Deutschen Juristen-Zeitung*, Heft 21/22, auf den Seiten 688 bis 690 abgedruckt war. Ein Dr. Charig, Referendar in Hannover, hatte dort die Klinge gegen die sog. Privatpolizei geführt, und auch die Privatdetektive kommen nicht ungeschoren davon. Für ihn ist es ein sehr ernstes Signal, »wenn Privatpersonen sich in immer größerem Umfange gewerbsmäßig mit kriminalpolizeilicher Tätigkeit befassen«.

Wenn nach dem ersten Weltkrieg Privatdetektivbüros wie Pilze aus der Erde geschossen sind, so hat das nach Charig nur eine Ursache: Die Kriminalpolizei kann ihren Aufgaben nicht mehr nachkommen. Ganz unzuverlässige

Personen haben das Gewerbe begründet, und man muss entsetzt darüber sein, »welch minderwertigen Menschen der deutsche Staatsbürger sein Vertrauen in den schwierigsten Angelegenheiten schenkt«. Detektive mit Vorstrafen wegen Diebstahl und Erpressung seien keine Seltenheit. »Hier leidet aber das Ansehen des Staates umso mehr«, so der Verfasser, »als es sich um eine Tätigkeit handelt, die den damit betrauten Beamten zur Ausübung von Staatshoheitsrechten befugt. Wie oft mag, ohne dass es bekannt wurde, die Grenze des Zulässigen überschritten, der Boden der Amtsanmaßung betreten sein! Strafanzeigen nach dieser Richtung beschäftigen gar nicht so selten die Strafbehörden.«

So wird folgerichtig eine strenge staatliche Erlaubnispflicht gefordert, denn der Privatkriminalbeamte ist dem Staat gefährlicher als der Angehörige eines Wachunternehmens. »Es ist auch zu fordern, dass diese Leute eine Fachausbildung hinter sich haben und sich nicht einfach auf dieses Gewerbe verlegen wie auf den Handel mit Alteisen oder Grundstücken. Die Möglichkeit einer Lehrzeit ist gegeben, indem den alten Unternehmungen das Recht der Ausbildung verliehen wird. Unbedingt nötig erscheint daher die Regelung der Privatpolizei!«

Es ist schon erstaunlich, wie lange die deutsche Bürokratie in ihren Amtsstuben gebraucht hat, in den hier angesprochenen wesentlichen Fragestellungen eine Lösung in Aussicht zu nehmen: Gewerbeerlaubnis mit Berufszulassungsregeln und Fachausbildung. »Nun kann man natürlich die Gewerbefreiheit schlechthin für sakrosankt erklären«, schrieb Manfred Dessau im *Detektiv-Kurier* (1994, S. 2), »aber dass sich ausgerechnet Kneipenwirte gewissen Regularien zu fügen haben, Detektive hingegen nicht, wird dem Durchschnittsbürger nur schwer vermittelbar sein.«

Doch zurück zur Geschichte. Der *Reichsbund Deutscher Detektive R. V.* mit Sitz in Weimar hatte bereits 1929 in der Zeitschrift *Der Selbstschutz* aus Berlin-Steglitz vor unseriösen neugegründeten »Fachverbänden« gewarnt: »Der Reichsbund hat allein im Jahre 1928 zwei in Berlin gegründete derartige Verbände dem Polizeipräsidium gemeldet, weil die sog. ›Präsidenten‹ selbst keinerlei Einnahmen hatten und sich wahrscheinlich durch die Mitgliedsbeiträge ein solches verschaffen wollten.

In einem Falle war unsere Beschwerde von Erfolg und die Gründung dieses Vereins wurde verboten. Der Betreffende hat sich auch weiterhin weder als Detektiv, noch als Auskunftei-Inhaber betätigt. Eine andere Organisation, nach deren Werbeschreiben und Briefköpfen es sich um eine großartige einflussreiche Organisation handeln sollte, hatte große Reklame gemacht und auch einige Mitglieder bekommen.

Dann wurde Anzeige erstattet und es wurde festgestellt, dass dieses Unternehmen, das auch in Hamburg eine Filiale haben sollte, nur in einem Postfach ermittelt werden konnte. Die Vertreter dieser Organisation ließen sich auf der Post nicht mehr sehen und die Vereinigung verschwand sang- und klanglos.«

Die nationalsozialistischen Machthaber des Dritten Reiches hatten in ihrem Polizeistaat allerdings keinen Platz mehr für privat ermittelnde Detektive; 1939 wurde ihre Arbeit verboten, und zwar mit dem *Gesetz zur Beseitigung von Missständen im Auskunfts- und Detektiv-Gewerbe*.

Nach dem Zusammenbruch des Hitlerregimes erlebte das Ermittlungsgewerbe im Nachkriegs-Westdeutschland einen großen Aufschwung. Schon 1946 wurde in München wieder ein Dachverband gegründet, und zwar der *Verband Deutscher Detektive*. Gut 60 Jahre später gab es in Deutschland schon über 10.000 Privatdetektive, die in Voll- und Teilzeitbeschäftigung als Ermittler und Kaufhausdetektive tätig waren.

3. Karl Hermann in der Spur

Vor 100 Jahren, ohne weltweite Kommunikation per Internet, war es sehr schwierig, den Aufenthalt von flüchtigen Personen festzustellen. Wenn ein Detektiv, ein Rechtsanwalt oder ein Geschäftsmann einen Betrüger suchten, kauften sie sich für eine Mark ein Heftchen von Karl Hermann mit dem etwas stelzigen Titel: »Wie ermittelt man den Aufenthaltsort verzogener oder verschwundener Personen (abgereist, unbekannt wohin?) im In- und Auslande oder Der Privatdetektiv«. Folglich »Ein Rat- und Hilfsbüchlein für Rechtsanwälte, alle Credit gewährenden Fabrikanten und Kaufleute, Reise-Geschäfte, Warenabzahlungshäuser und dergl.«, erschienen 1901 im Verlag Gustav Weigel in Leipzig.

Preis: 1 Mark.

Wie ermittelt man
den
Aufenthaltsort
verzogener oder verschwundener Personen
(abgereist, unbekannt wohin?)
im
In- und Auslande?
oder
Der Privatdetektiv
von
Karl Hermann.

Nebst Anhang: Wie ist der Verjährung von Forderungen vorzubeugen, wenn der Schuldner vorerst nicht mehr aufzufinden ist?

Ein Rat- und Hilfsbüchlein für Rechtsanwälte, alle Credit gewährenden Fabrikanten und Kaufleute, Reise-Geschäfte, Warenabzahlungshäuser und dergl.

Leipzig.
Gustav Weigel.

Auf ganzen 23 (in Worten dreiundzwanzig) Seiten gibt der Autor Tipps zum Aufsuchen Verschollener, die er auf Grund langjähriger praktischer Erfahrungen zu geben imstande ist, wie er im Vorwort beschwört. Mit Karl Hermann also in der Spur. Und warum der ganze Aufwand? Auch darüber erfahren wir einleitend etwas: »In unserer Zeit, in der die Sesshaftigkeit der Bevölkerung infolge der großartigen Entwicklung der Verkehrsmittel eine andere ist, als zu unserer Väter Zeiten, kommt fast jeder Geschäfts- und auch mancher Privatmann in die Lage, nach dem Verbleib einer verzogenen oder verschollenen Person Nachforschungen anstellen zu müssen.«

Kriminaltaktische Besonderheiten, Listen und Tricks werden nicht vermittelt, dafür aber die Struktur des polizeilichen Meldewesens in Deutschland, wo es nicht einheitlich geordnet ist, in den deutschen Kolonien, in Österreich, der Schweiz und anderswo. Auf dem »platten Lande«, liest man, gab es in der Regel andere Ansprechpartner als in den Städten, wo, wie in Preußen, Kgl. Polizei-Präsidien und -Direktionen existierten. War der Flüchtige nach Österreich entschwunden, empfahl Hermann für die Korrespondenz mit der Behörde die Anrede »An die löbliche k. k. Polizeidirektion zu ...«, hatte er sich in Richtung Ungarn und Siebenbürgen in die deutschsprachigen Teile abgesetzt, sollte die Adresse »An die löbliche Stadtmannschaft in ...« lauten. Löblich war auch sein Hinweis, unbedingt das Porto für die Rückantwort beizulegen, und zwar in solchen Marken, »welche in dem betreffenden Gebiet kursieren«. Nun, wenigstens in diesem Punkte ist man heute, zumindest was Deutschland betrifft, schon einheitlicher, so dass man relativ günstig seine Steuerbetrüger suchen kann, es sei denn, sie haben ihr Geld in der Schweiz angelegt.

Das sich an die allgemeinen Belehrungen anschließende praktische Beispiel ist aufschlussreich und spannend wie ein Krimi. Der Kaufmann Heinrich Schneider aus Nieder-Finow wird aus einem unerfindlichen Grunde (vielleicht eine »Schneider-Pleite«) von einem Herrn Gustav Becker gesucht. Aus Nieder-Finow wird letzterem vermeldet, dass Schneiderlein nach Berlin durchgebrannt ist. Die Spur verliert sich im Nichts, weil sich der Verschollene »unbekannt wohin abgemeldet« hat, wie das hauptstädtische Einwohner-Meldeamt kurz und knapp mitteilt.

Ein Bruder des Kaufmanns hilft dann dem Gläubiger aus dem Schneider: letztmalige Nachricht des Vermissten aus Hamburg! Rasch nach Hamburg geschrieben, postwendend (offenbar war auch das Porto korrekt beigelegt!) kommt als Antwort: »Der Angefragte ist am 28. April 1901 mit dem Dampfer ›Bavaria‹ nach New York abgereist.« Zum Schluss leistet das Kaiserl. Deutsche General-Konsulat zu New York Beistand, das rein zufällig die Top-Adresse von Pleiten-Schneider abgespeichert hat: Brooklyn N. Y. 32 Broadway! Da fand man ihn dann sicherlich wie weiland Jürgen Schneider in Miami/Florida.

In der Mitte der Schrift findet man noch ein Adressenverzeichnis der Auskunftsstellen und den ungemein wichtigen Portoüberblick. Am teuersten waren damals Anfragen bei den städtischen Polizeiverwaltungen Mohrungen und Saalfeld O/P (jeweils eine Mark), am billigsten beim Magistrat in Arnstadt, bei den städtischen Polizeiverwaltungen in Liegnitz und Erfurt, beim Stadtrat zu Gotha und beim Gemeindevorstand in Weimar (je 15 Pfennige). Aber es gab auch Beamtenstuben, die umsonst Auskunft erteilten, wie das gebührenfreie Großherzogliche Polizeiamt Gießen.

Nun war in dem schmalen Bändchen noch einiges zu bedrucken, und Gustav Weigels Verlags-Buchhandlung pries pfiffigerweise weitere eigene aktuelle Werke an: *Wie treibt man am leichtesten seine Außenstände ein?* von Brown's, die *Praktische Anleitung zur regelmässigen Kontrolle und Einziehung von Aussenständen auf aussergerichtlichem Wege* von A. Friedländer, Dr. Ulms Bestseller *Der kundige Steuer-Reklamant gegen alle direkten Staats- und Gemeindesteuern*.

Alles in allem ein schlagender Beweis, dass schon vor über 100 Jahren nicht nur wegen der mangelnden Sesshaftigkeit der Bürger die Zahlungsmoral mies war. Aber warum sollen Detektive dies beklagen? Schließlich verdienen sie daran (aus Schurich 2013, S. 33-35).

TEIL II

Die Erben von Sherlock Holmes – Kriminalistik für Detektive

»Die plumpe Entschuldigung, das brutale Auf-die-Schulter-Klopfen – was soll so eine Lösung? Hingegen die rasche Folgerung, die raffinierte Falle, das scharfsinnige Erfassen künftiger Ereignisse, die triumphale Bestätigung kühner Hypothesen – ist das nicht der Stolz und die Rechtfertigung unseres Lebenswerkes?«

Sherlock Holmes zu Dr. Watson

1. Was macht die Kriminalistik eigentlich?

Geschichte der Kriminalistik

Die Kriminalität ist so alt wie die Menschheit. »Seit Bestehen des Menschengeschlechts«, schreibt der Kriminologe Frank Arnau, »gibt es Individuen, die gegen die Gebote, die Bräuche, die Sitten und später gegen Gesetze handeln. Sie alle gehören, im weitesten Sinn des Begriffs, zu den Außenseitern der Gesellschaft – mochte diese nun eine primitive Gemeinschaft, eine geordnete Gemeinde oder ein Staatswesen sein.«

Den Ursprung der Kriminalistik findet man nicht in wissenschaftlichen Werken, sondern in den Apokryphen des Alten Testaments. Daniel, Held der jüdischen Folklore und Hauptperson einer Reihe überlieferter Geschichten, begründete in der *Geschichte von der Susanna und Daniel* die kriminalistische Vernehmungslehre. Zwei alte Richter wurden in Babylon überführt, Susanna durch Falschaussagen des Delikts des Ehebruchs, auf das damals die Todesstrafe stand, beschuldigt zu haben. Kurz vor der Hinrichtung kam Daniel daher und sagte: »Seid ihr von Israel solche Narren, dass ihr eine Tochter Israels verdammt, ehe ihr die Sache erforschet und gewiss werdet?« Er ließ die Alten an verschiedene Orte bringen, so dass sie sich nicht sehen und hören konnten. Dann fragte er den einen, unter welchem Baume er Susanna und ihren Galan beieinander erwischt hatte. »Unter einer Linde«, antwortete der erste Richter. Auf die gleiche Frage erwiderte der zweite Bösewicht: »Unter einer Eiche.« Damit hatte Daniel die falschen Zeugnisse der beiden Alten bewiesen. Die Missetäter wurden mit dem Tode bestraft, ganz die Strafe, die sie Susanna zugedacht hatten. Heute ist es eine kriminalistische Binsenweisheit, Zeugen immer getrennt zu befragen oder zu vernehmen, damit sie ihre Aussagen nicht abgleichen können.

Daniel war auch der erste Spurenkundler der Welt, wie die Geschichte *Von dem Bel zu Babel* beweist. Siebzig Priester liebten ihren Gott Bel und ließen jeden Tag zwölf Malter Weizen, vierzig Schafe und drei Eimer Wein in den Tempel bringen. Die Tür des Tempels war stets verschlossen, und am Morgen war alles aufgezehrt, so dass nur der Gott Bel die Gaben angenommen haben konnte.

Aber Daniel legte eine Falle. Er verstreute Asche und ließ den Tempel mit des Königs Ringen versiegeln. Am nächsten

Morgen waren die Siegel unversehrt, aber Weizen, Schafe und Wein verzehrt. Wie immer. Nur mit der Merkwürdigkeit, dass Daniel und der König Cyrus Fußstapfen in großer Zahl erblickten, und zwar Fußstapfen von Männer, Weibern und Kindern. Die siebzig Priester hatten einen Geheimgang gegraben, und nachts hatten sie mit ihren Frauen und Kindern den Tempel aufgesucht, und sie hatten ihre liebe Not gehabt, immer alles zu vertrinken und zu verspeisen. Der König Cyrus ließ sie alle hinrichten und das Heiligtum des Bel zerstören.

Mit der Bildung einer Kriminalpolizei zu Beginn des 19. Jahrhundert, die sich aus der regulären Polizei mit speziellen Aufgaben ausgliederte, ist der Beginn der Kriminalpolizei in Deutschland zu setzen, die zur Erfüllung ihrer Ermittlungs- und Untersuchungsaufgaben neue kriminalistische Mittel und Methoden erforderlich machte und damit die Entwicklung der modernen Kriminalistik beförderte.

Die Anfang des 19. Jahrhunderts den Gerichten zur Verfolgung von Verbrechen zugewiesenen Polizeibeamten bezeichnete man in ihrer Gesamtheit als »Criminalpolizei«. Ihre Geburtsstunde war so gekommen. Entscheidende Impulse gingen dabei von Preußen und Sachsen aus. Die 1799 gegründete »Immediats-Criminalkommission« am Preußischen Kammergericht mit sechs Beamten kann als erster Versuch einer Kriminalpolizei gelten. 1811 wurde als ein Ergebnis der Stein-Hardenbergischen Reformen und der bürgerlichen Umwälzung in Preußen per Kabinettsorder von König Friedrich Wilhelm III. eine eigene Kriminalabteilung (»Sicherheitsbüro«) im Berliner Polizeipräsidium geschaffen, die aber nicht sonderlich wirksam war. Immerhin wertet man diese neue Institution als den Beginn einer Berliner Kriminalpolizei. Erst 1822 gab es eine richtige Kripo mit Beamten in Zivil und einer Legitimations-Metallmarke, die auf der einen Seite der preußische Adler, auf der anderen Seite die Inschrift »Polizei von Berlin« zierte. Ein weiterer wichtiger Schritt war dann die von Wilhelm

Stieber initiierte Einrichtung von Revierkriminalstellen in allen 36 Polizeirevieren.

Die moderne Kriminalistik entstand parallel zur Entwicklung der Kriminalpolizei schrittweise über einen langen Zeitraum, als der Inquisitionsprozess, in dem es für wissenschaftliche Methoden wenig Platz gab, durch den bürgerlichen Strafprozess abgelöst wurde. Seit dem 19. Jahrhundert sprechen wir von einer Kriminalistik im heutigen Sinne. Als ihr Begründer gilt der Österreicher Hans Groß (1847-1915), z. B. mit seinem 1893 erstmalig erschienenen *Handbuch für Untersuchungsrichter* und seiner *Criminalpsychologie* von 1898.

In anderen Ländern verlief die Entwicklung ähnlich. 1812 wurde in Frankreich die französische Kriminalpolizei als *Police Judiciaire* (später als *Sûreté* bekannt) gegründet, 1829 in England die *Metropolitan Police* (besser bekannt als *Scotland Yard*).

Innerhalb der französischen *Police Judiciaire* wurde sogleich eine neue Institution mit dem verheißungsvollen Namen *Brigade de Sûreté* (Sicherheitsbrigade) geschaffen, deren Existenz aber geheim gehalten. Die Erfolge dieser Brigade wuchsen aber so rasch, dass die Presse darüber berichtete. 1818 bekam die *Sûreté* einen eigenen Amtssitz in der Petit Rue Saint-Anne Nr. 6. Ihre Existenz konnte nicht mehr verschwiegen werden.

Der Name der durch den britischen Staatssekretär Robert Peel gegründeten weltweit, insbesondere durch seine wissenschaftlich gut geschulte, moderne Abteilung für Kriminalfälle (Criminal Investigation Department, CID) bekannte Polizeiinstitution, leitet sich aus der ursprünglichen Lage am Ende der Straße Whitehall ab, die den Great Scotland Yard (den Großen Schottischen Hof) bildete. Es ist bis heute unklar, warum die Londoner und damit zutiefst englische Polizei ausgerechnet »Schottischer Hof« heißt; wahrscheinlich hatten dort die schottischen Botschafter und die schottische Könige, wenn sie denn einmal im London weilten, ihre Residenz. Heute ist der einzig erhaltene Teil des alten Scotland-Yard-Gebäudes ein Pferdestall der Metropolitan Police in 7 Great Scotland Yard.

Gegenstand und System der Kriminalistik

Der **Gegenstand der Kriminalistik** sind die Gesetzmäßigkeiten, Prozesse, Erscheinungen, Mittel und Methoden, die für eine Aufdeckung und Untersuchung rechtlich, besonders strafrechtlich, relevanter Tatsachen, Sachverhalte und Vorkommnisse zur Aufklärung und Verhütung von Straftaten wesentlich sind, wobei der Täterermittlung und Beweisführung immer eine besondere Rolle zukommt. Eine gute Kurzfassung ist folgende Definition: Die Kriminalistik ist die »Lehre von der Strategie und vom richtigen operativen, taktischen und technischen Vorgehen bei der Verbrechensverhütung und -aufklärung« (Kriminalistik Lexikon 1996, S. 171).

Die Kriminalistik gliedert sich in vier Einzelwissenschaften:

- Allgemeine Theorie der Kriminalistik,
- Kriminalistische Taktik und Psychologie,
- Kriminaltechnik und naturwissenschaftliche Kriminalistik,
- Spezielle Kriminalistik (Untersuchung der einzelnen Straftatenkategorien).

Die Kriminalistik kooperiert mit zahlreichen anderen Wissenschaftsgebieten, vor allem mit der Gerichtsmedizin (auch Forensische Medizin, Rechtsmedizin), mit der forensischen (gerichtlichen) Psychiatrie und Psychologie, mit der Kriminologie und den Rechtswissenschaften, insbesondere mit dem Strafrecht und dem Strafprozessrecht.

Die Kriminalistik verfolgt nicht nur das Ziel, in Strafsachen aufzudecken, zu ermitteln und aufzuklären, insbesondere gerichtsverwertbare Beweise zu erarbeiten, sondern sie widmet sich auch der individuellen und technischen Straftatenverhütung sowie der Verhinderung von Straftaten.

Oft werden die Begriffe Kriminologie und Kriminalistik verwechselt. Beide Wissenschaften können durchaus als Hilfswissenschaft der jeweils anderen betrachtet werden, haben etwas mit dem Verbrechen zu tun, jedoch unterschiedliche Aufgabengebiete.

Das Wort *crīmen* bedeutet lateinisch Beschuldigung, Anschuldigung, Vergehen oder Verbrechen und ist der Ideengeber für viele andere Wörter der heutigen deutschen Sprache: Kriminalist, Kriminologie, kriminell, kriminal, kriminalisieren, Kriminalität – und natürlich auch Kriminalistik und Kriminologie. Während die Kriminologie allgemein als Lehre vom Verbrechen, ihrer Ursachen und Erscheinungsformen aufgefasst wird, beschreibt die Kriminalistik den Kampf gegen das Verbrechen und die Aufklärung von Straftaten.

2. Dem Täter auf der Spur

Woher kommt der Begriff der Spur?

Spuren zu lesen und zu verfolgen ist ein alter Sport. Schon die ersten Jäger waren in ihrem Überlebenskampf damit beschäftigt, ihre Beute mittels dieser Methode ausfindig zu machen. Doch Spuren können auch Angst machen, nicht nur, wenn sie sich verlieren. **Weil mich die Fußstapfen schrecken** (lat. *quia me vestigia terrent*) ist beim römischen Dichter Horaz zu lesen. Er begründet seine Weigerung, sich den Ansichten des gemeinen Volks anzuschließen, mit einer Bezugnahme auf eine Aesopsche Fabel: Diese eben zitierten Worte habe einst ein Fuchs geantwortet auf die

Frage, warum er den kranken Löwen nicht in der Höhle besuche. Die Spuren schrecken ihn ab! Denn alle Spuren führten in die Höhle, keine jedoch wieder hinaus. **Sich in die Höhle des Löwen wagen** ist folglich eine Redewendung, die aus dem Spurenlesen abgeleitet werden kann.

Im Germanischen gab es das (starke) Verb **spur-an*, was so viel wie mit den Füßen treten bedeutete. Von derselben Wurzel stammt der Begriff der **Spur**; er heißt eigentlich nur Tritt oder Abdruck eines Fußes. Dieser Fachterminus spielt in der Kriminalistik, über die Fußspuren hinaus, eine enorme Rolle.

Das Verb **spüren** gehört auch zur Spur und heißt nichts weiter, als eine Spur zu verfolgen. Im Laufe der Zeit wurde das auf andere Wahrnehmungsarten übertragen. Während die Spur ursprünglich als altes Jagdwort nur Tritt mit dem Fuß bedeutete, wird es heute allumfassend im übertragenen Sinne verwendet. **Keine Spur von Mitleid** ist gleichbedeutend mit dem Umstand, dass kein Zeichen von Mitleid vorhanden ist. Diese Verwendung kam erst im 18. Jahrhundert auf, wie auch **nicht die geringste Spur** zu besitzen, also nicht den geringsten Anhaltspunkt zu haben.

Der **Spürsinn** (mittelhdt. *spürhunt*) war zunächst die Fähigkeit des Jagdhundes zur Fährtensuche, dann ab dem 18. Jahrhundert das feine und untrügliche Gefühl, etwas zu finden.

Spuren in der kriminalistischen Praxis können sichtbar oder latent, falsch oder fingiert, kalt – oder ziemlich warm sein, wenn **eine heiße Spur** durch einen wichtigen Anhaltspunkt die Chance bietet, das Verbrechen restlos aufzuklären. Wenn wir jemandem **auf die Spur kommen**, heißt dies nichts anderes, als jemanden als Täter oder Verursacher o. Ä. zu ermitteln. Hier könnte man synonym sagen **auf die Schliche kommen**.

Als man im 19. Jahrhundert beim Täter auf die sichtbaren Spuren achtete (z. B. bei Mord, Körperverletzung, Brandstiftung und Sachbeschädigung), nannte man diese

Verbrechen noch *delicta facti permanentis* (Verbrechen mit dauerhaften, d. h. stabilen Spuren). »Während ein Theil der Verbrechen, wenn es zur Vollendung kommt, nothwendigerweise äusserlich erkennbare Spuren zurücklässt«, schreibt Ludwig von Jagemann in seinem *Criminallexikon* von 1854 (von Wilhelm Brauer bearbeitet, S. 186-187), »ist ein anderer Theil so beschaffen, dass dergleichen nicht dabei vorkommen können.« Diesen anderen Teil, vorzugsweise bei Diebstahl und Betrug, nannte die ältere Kriminalwissenschaft *delicta facti transeuntis* (d. h. Verbrechen mit vergehenden, vergänglichen Spuren), denn die Möglichkeiten, Spuren zu suchen, zu finden und zu sichern, waren zu dieser Zeit noch relativ bescheiden. Es ist klar, dass jene Missetaten nur dann durch Zeugen bewiesen werden konnten, wenn sie **Gedächtnisspuren** offenlegten.

Kriminalistik und **Archäologie** haben viele Gemeinsamkeiten, geht es doch in beiden Wissenschaften darum, anhand von Spuren, Relikten und Dokumenten usw. aus der Vergangenheit auf die damaligen Ereignisse und Spurenverursacher zu schließen. Spuren aus der Vorzeit gibt es unzählige; die Spuren von Acahualinca sind nicht nur in Nikaragua eine besondere Attraktion. Menschen und Tiere hatten hier in grauer Vorzeit ihre Abdrücke in der nach einem Vulkanausbruch noch heißen Asche hinterlassen. Die Spuren versteinerten und blieben so erhalten. Die Abdrücke, u. a. menschliche Fußabdrücke, sind heute in einem Museum zu sehen – und hier in diesem Buch:

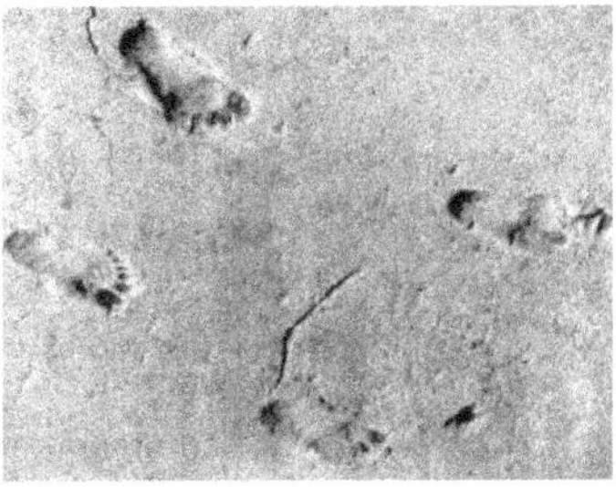

Ortsveränderungen der beteiligten Personen und Objekte

»Alle Spuren sind so weit als möglich rückwärts zu verfolgen«, rät ein Wissenschaftler in Christoph Geisers Roman *Grünsee*. Das ist genau die Denkweise des Kriminalisten, der ein in der Vergangenheit liegendes Ereignis in die Gegenwart zaubern, d. h. rekonstruieren muss. Dazu ist es notwendig, dass der Detektiv von verschiedenen gedanklichen Modellen ausgeht.

Ausgangspunkt ist ein Modell des Verbrechens, des Ereignisses, das für die Suche und Sicherung von Spuren und anderen materiellen Erscheinungen wesentlich ist. Zu betrachten sind erst einmal die Ortsveränderungen der beteiligten Personen und Objekte:

1. Das Objekt kommt in den Tatortbereich und verbleibt dort: Das spätere Opfer wird in eine Falle gelockt und dort getötet, die Leiche verbleibt am Tatort = Feststellungsort = Fundort; Tatwerkzeug wird vom Täter mitgeführt und am Tatort liegengelassen; Täter, Opfer, Zeugen verlieren Gegenstände (Taschentuch, Geldbörse usw.); Transportmittel verbleibt am Tatort.
2. Das Objekt kommt in den Tatortbereich und verlässt ihn wieder: Täter; mitgeführte Gegenstände und Werkzeuge; Transportmittel; Opfer, das den Tatort wieder verlassen hat.
3. Das Objekt befindet sich schon am Tatort und verändert durch die Tat seine Lage: Opfer, welches sich am Tatort befunden hat; umgekippter Stuhl; verrückte Schränke; durchwühlte Behältnisse, offene Türen und Fenster.
4. Das Objekt, das sich schon am Tatort befunden hat, wird von diesem infolge des Ereignisses entfernt: entführte Person; Diebesgut.

Nur die Objekte der Gruppen 1. und 3. werden am Tatort direkt vorgefunden. Durch die Art der Spuren kann allerdings auch auf die Objekte der Gruppen 2. und 4. geschlossen werden.

Schematisch kann dieses für den Detektiv außerordentlich wichtige gedankliche Modell relativ einfach dargestellt werden:

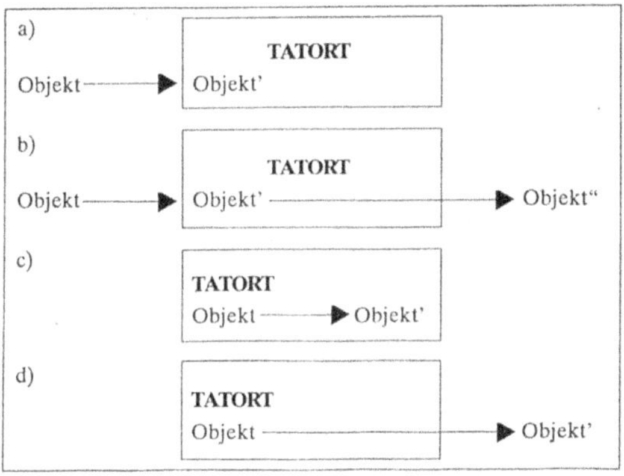

Die Ortsveränderung der Objekte erklärt aber die Spurenentstehung nur einseitig. Sie stellt lediglich ein, wenn auch wesentliches Modell dar, das die Grundlage des kriminalistischen Denkens am Tatort ist und von dem andere Strukturierungen abgeleitet werden können. Die bei der Tatortarbeit interessierenden materiellen Erscheinungen lassen sich wiederum davon ausgehend und unter dem Gesichtspunkt der Art und Weise ihrer Entstehung wie folgt klassifizieren und somit produktiv nutzen:

1. Die Ergebnisse von Ortsveränderungen im Sinne des Hinterlassens oder Entfernens von Objekten bzw. Teilen davon, also über die Grenzen des Tatortes hinaus. **Hinterlassene Gegenstände** werden auch **Relikte** genannt. Sie wurden ursprünglich von einer Person (bzw. durch Transportmittel) mitgeführt und bewusst oder unbewusst (Verlieren!) am Tatort hinterlassen. Auf entfernte

Gegenstände und Objekte kann manchmal direkt geschlossen werden (z. B. Bild entfernt – Umrisse zeichnen sich auf der Tapete ab).

2. Lageveränderung materieller Objekte durch das Ereignis selbst, sog. **zweckdienliche Erscheinungen** oder auch **Situationsspuren.** Beispiele sind: offenstehende oder geschlossene – je nach Situation signifikant – Fenster, Türen, das Durchwühltsein von Schränken, Räumen und Wohnungen, offene Schubläden, umgefallene oder gerückte Tische und Stühle.

3. **Veränderungen der Eigenschaften der Objekte**. Sie können sowohl durch physikalische als auch durch chemische und biologische Vorgänge verursacht werden. Besonders gravierend sind sie bei Straftaten mit einer hohen Zerstörungswirkung (Brände und Havarien).

Spurendefinitionen

Die bekannteste Gruppe von Veränderungen sind die Spuren. Sie gestatten, kausale Zusammenhänge zu den am Ereignisort agierenden Personen und Gegenständen herzustellen, selbst wenn diese – und das ist der Regelfall – bereits räumlich und zeitlich voneinander getrennt sind. Spuren gestatten diagnostische Aussagen über die gesuchten Objekte, die später in konkrete Identifizierungen einmünden können. Insbesondere zwei Klassen von Veränderungen werden unstrittig als Spur definiert.

Die erste Klasse sind die **materiellen Widerspiegelungen**, deren Wesen als Untersuchungsobjekt kriminalistischer Tätigkeit in der Wiedergabe der Besonderheiten (der Struktur, der Morphologie) eines materiellen Objektes in einem anderen besteht. Der Begriff der Widerspiegelung umschreibt sowohl den Prozess der Herausbildung der

Spur als auch das Ergebnis, die Spur selbst. Die Strukturen des einwirkenden Objektes und der Spur weisen eine bestimmte Ähnlichkeit auf. Spurenverursacher und Spur stehen zueinander im Verhältnis von **Original** und **Kopie**. Diese Spuren sind vor allem Gegenstand der Trassologie (eigentlich Spurenlehre oder Spurenkunde) und der Daktyloskopie (Untersuchungen der Papillarleistenbilder, der Fingerspuren). Zu ihnen gehören somit alle Fuß-, Schuh-, Finger-, Reifen-, Biss-, Werkzeugspuren u. a.

Die zweite Klasse sind die sog. **Separationen** oder **Teilungsspuren**, die am Tatort als **Materialien**, **Stoffe**, **Substanzen** oder **Passstücke** in Erscheinung treten. Die kriminalistische Bedeutsamkeit ergibt sich aus der Tatsache, dass sich ein vorheriges, ehemals zusammengehöriges Ganzes durch das kriminalistisch relevante Ereignis »geteilt« hat – in zwei oder mehrere Teile. Im Unterschied zur ersten Klasse von Spuren findet man hier eine **Original-Original-Relation**, wenn man das Verhältnis des ursprünglichen Ganzen und der Teile betrachtet. Eine Blutspur ist z. B. eine klassische Separation, in der sich die Original-Eigenschaften finden lassen.

Es ist zweckmäßig, die Teilungsspuren weiter zu untergliedern, und zwar in solche, die eine gemeinsame Trennfläche bzw. -linie besitzen, und solche ohne diese Merkmale. Die erste Untergruppe bilden die **Passtücke**, z. B. eine am Tatort vorgefundene Geldscheinhälfte, ein abgebrochenes Werkzeug usw. Die schon genannten Stoff-, Material- oder Substanzspuren sind Gegenstand der zweiten Untergruppe.

Der Spurenbegriff ist in der Literatur ausgiebig diskutiert worden (vgl. Schurich 1974). Eine ausgesprochen weite Auffassung schließt ideelle Abbilder vom Tathergang (Engramme, Gedächtnisinhalte) ein, z. B. bei Anuschat (1931, S. 162): »Spur ist alles, was der Kriminalist wahrzunehmen und irgendwie kriminalistisch zu verwerten vermag« und bei Zbinden (1954, S. 62): »Verbrechensspuren sind ... die durch eine menschliche Begehungs- oder Unterlassungstat hervorgerufenen körperlichen und seelischen Veränderungen, welche Rückschlüsse auf den sie verursachenden Vorgang – die Straftat – gestatten ...«

Der Begriff der »seelischen Spuren« (»Verbrechensspuren« als ideelle Widerspiegelungen der Straftat im Bewusstsein der Beteiligten) sollte höchstens umgangssprachlich Verwendung finden. Sie in einen ernsthaften Spurenbegriff aufzunehmen, führt zur Verwässerung der fachspezifischen Sprache, weil dann auch die Vernehmung (ein originäres Gebiet der Kriminaltaktik) zur Suche und Sicherung von Gedächtnisspuren verkommt. Daher sind die Definitionen nach Anuschat und Zbinden, auch nach vorherrschender Auffassung, als zu weit einzustufen.

Aus pragmatischen Gründen haben sich heute Spurendefinitionen im engeren und im weiteren Sinne durchgesetzt. Obgleich theoretisch nicht exakt, bietet dieses Vorgehen doch erhebliche sprachliche Erleichterungen, da endlose Aufzählungen der einzelnen Erscheinungen wegfallen.

Unter **Spuren im weiteren Sinne** werden folglich alle materiellen Veränderungen, die mit einem kriminalistisch relevanten Ereignis im Zusammenhang stehen und über die Aussagen über das Ereignis getroffen werden können, verstanden.

Spuren im engeren (und eigentlichen) Sinne sind materielle Erscheinungen, die mit einem kriminalistisch relevanten Ereignis in Zusammenhang stehen, die im Ergebnis vom Widerspiegelungen und/oder Separationen entstanden sind und die durch die zu Merkmalen erhobenen Eigenschaften die Identifizierung des Verursachers und/oder des vorherigen Ganzen ermöglichen (nach Schurich 1974, S. 22).

Aus diesem Spurenbegriff ergibt sich das folgende System kriminalistischer Spuren:

SPUREN

Widerspiegelungen	Teile eines Ganzen	
	Substanzen, Materialen, Stoffe	**Paßstücke**
daktyloskopische Spuren (Fußspuren, Fingerspuren, Handflächenspuren, Lippenspuren, Stirn- und Nasenspuren)	Sekretspuren (Speichel, Sperma, Schweiß, Urin, Kot)	zerrissene Schriftstücke, Dokumente
Schuhspuren	Blutspuren	Glasbrüche
Handschuhspuren	Schmutz- und Staubspuren	zerrissene Textilien
Werkzeugspuren	Lack- und Farbspuren	abgetrennte Drähte, Kabel
Spuren stumpfer Gewalteinwirkung	Erbrochenes	sonstige Paßstücke
Reifenspuren	Glas	
Spuren am Projektil, an der Hülse, Stanzmarke, Schmauchhof	ballistische Spuren stofflicher Art	
Bißspuren	Leime und Kleber	
fotografische Spuren (Spuren durch Transport des Films, Bildausschnittfenster)	Haare	
sonstige Widerspiegelungen	Fingernägel	
	Zähne	
	Kosmetika	
	Nahrungsmittel	
	Textilien	
	gasförmige Spuren	
	Gifte	
	Medikamente	
	sonstige Substanzen, Materialien und Stoffe	

Das Spurenaufkommen hängt immer von der konkreten Tat ab. Beim folgenden Fall waren sicherlich sehr viele Spuren zu sichern.

Nicht gerade das große Los hatten Einbrecher gezogen, die am 14. März 2015 einen Tresor in einem Rostocker Baumarkt knackten. Laut Polizei ließen sich die Unbekannten einschließen, um sich dann bei den Brech- und Schneidwerkzeugen zu bedienen. Zwar gelang es ihnen, damit einen der Tresore in dem Laden zu knacken – darin befanden sich aber nur Bedienungsanleitungen. Beim Versuch, einen zweiten Tresor zu öffnen, lösten sie Alarm aus und flohen.

Die Zurückführung des Spurenbegriffs auf die Entstehungsmechanismen Widerspiegelung und Separation ermöglicht nicht nur eine überschaubare Spurenklassifikation, sondern erklärt auch einige komplizierte Spurenarten.

Zu denken wäre an solche, die durch chemische Reaktion oder thermische Wirkung hervorgerufen werden (Anwendung des Nynhydrinverfahrens bei Papillarlinienspuren, Rostnarbenbildungen bei aufliegenden Eisengegenständen, Durchbrennen eines Bügeleisens durch die Unterlage, Eindruck warmer Körperteile auf Eis, Eindrücke in Wachs) oder auf einer peripheren Veränderung am Spurenträger basieren (Bildausschnittfenster bei Fotografien, Struktur des Bildrandes an der Wand bei Entfernung des Bildes durch Bleicherscheinungen des Sonnenlichtes).

Der oben genannte Spurenbegriff trifft natürlich auf Datenträger zu, die ebenfalls Widerspiegelungen darstellen. Das betrifft Stempelabdrücke, geschriebene oder gedruckte Schriften, Magnetton- und Videoaufzeichnungen, Daten auf Disketten und Festplatten, Fotografien usw. In der Vergangenheit wurden diese Erscheinungen entweder nicht als Spuren betrachtet oder in den Spurenbegriff integriert, wenn z. B. Mally (1958, S. 111 ff.) von psychisch bedingten Spuren (Handschrift) oder Stempelspuren spricht. Diese Erscheinungen besitzen aber außerhalb der kriminalistischen Relevanz eine eigenständige Bedeutung, indem sie der Kommunikation und Datenübertragung dienen. Daher macht es wenig Sinn, sie in einen universellen Spurenbegriff zu pressen. Sie sollten besser als das bezeichnet werden, was sie sind.

Spurenklassifikationen

Zu unterscheiden ist weiter in fingierte (vorgetäuschte und ablenkende) Spuren, Trugspuren (synonym Scheinspuren) und Fehlspuren.

Fingierte Spuren

Geerds (1980, S. 178-179) definiert die vorgetäuschten und ablenkenden Spuren wie folgt:

Sie »können bei allen Formen kriminellen Verhaltens vorkommen, treten bei einigen aber gehäuft auf. Ein Zweck solcher Manipulationen sind finanzielle Vorteile, wie sie insb. durch Versicherungsmissbrauch erstrebt werden. Durch vorgetäuschte Straftaten und entsprechende Spuren soll ferner nicht selten eigenes Fehlverhalten verdeckt werden; so stilisiert man einverständlichen Geschlechtsverkehr zur Notzucht, Bummelei zur Entführung oder Vertrinken des Arbeitslohnes zum Raube empor. Durch vorgetäuschte Spuren kann sich der Urheber aber auch in anderer Weise exkulpieren wollen. Und manche dieser Aktivitäten erklären sich simpel als Geltungsdrang und Sensationsbedürfnis. Bei ablenkenden Spuren in denjenigen Fällen, in denen wirklich eine Straftat begangen worden ist, soll auf diese Weise entweder der Tathergang verschleiert oder der Verdacht vom Täter abgelenkt werden. Neben der hier typischen Furcht vor Strafe, die bei einem Mörder natürlich andere Konsequenzen als bei einem Brandstifter hat, gibt es Fälle, in welchen die frisierten Spuren auf eine ganz andere Straftat hinzudeuten scheinen; so kann der Mörder z. B. versuchen, mit der Leiche seines Opfers einen Verkehrsunfall vorzutäuschen.«

Vorgetäuschte und ablenkende Spuren werden zusammengefasst und besser als **fingierte Spuren** bezeichnet, die vom Täter bewusst und zielgerichtet »gelegt« werden, »um die Ermittlungsorgane zu desorientieren und kriminalistische Fehlschlüsse zu bewirken« (Kriminalistik Lexikon 1996, S. 109). Die Ermittlungen werden dadurch in eine falsche Richtung geführt bzw. unüberschaubare Untersuchungssituationen provoziert.

Das Erkennen von fingierten Spuren kann für die weitere Untersuchung von großem Nutzen sein, da Absichten, Motive, Ziele und teilweise die Persönlichkeit des Straftäters widergespiegelt werden, sich neue Möglichkeiten z. B. für die Personenidentifizierung ergeben und dadurch die Ermittlungsarbeit entscheidende Impulse erhält. Sofern sie tatsächlich als fingiert erkannt werden, bringen sie immer ermittlungsfördernden Erkenntnisgewinn. Werden sie dagegen nicht erkannt, treten mit größter Sicherheit kriminalistische Fehlinterpretationen auf, die zuweilen irreparabel sind.

Sog. **Situationsfehler** weisen in der Regel darauf hin, dass Fingierungen vorgenommen wurden. Situationsfehler sind vom Täter unbewusst, unbemerkt und/oder leichtfertig verursachte Widersprüche zwischen einer angestrebten Vortäuschung oder Verschleierung von Handlungen und der tatsächlichen Spurensituation. Situationsfehler sind Täterfehler, die, sofern sie erkannt werden, auf Vortäuschung oder Verschleierung hindeuten und damit kriminalistische Relevanz erhalten. Werden Situationsfehler nicht erkannt, können die Ermittlungen in eine falsche Richtung führen und ein positives Aufklärungsergebnis verhindern.

Je besser die operative Spurenauswertung durchgeführt wird, desto sicherer können auch Situationsfehler (und die damit verbundenen fingierten Spuren) erkannt werden.

Beispiele für Situationsfehler sind die Inszenierung einer Selbsttötung mit einer Waffe, aber es sind keine Nahschusszeichen vorhanden, oder die Inszenierung eines Einbruchdiebstahls durch gewaltsames Öffnen (Beschädigung der Zugangstür nach Verlassen), obwohl mit dem Originalschlüssel geschlossen worden ist.

Trugspuren (Scheinspuren)

Trugspuren sind solche, die in keinem Zusammenhang zum zu untersuchenden Ereignis stehen und von unbeteiligten Dritten (Tatortberechtigte, Ermittler, Tatortsicherungskräfte, Teilnehmer an Rettungs- und Suchmaßnahmen), von unbeteiligten Tieren, durch höhere Gewalt oder durch andere Erscheinungen verursacht worden sind. Trugspuren können vor, während (bei einer größeren räumlichen und zeitlichen Ausdehnung der strafbaren Handlung) oder nach der eigentlichen Tat entstehen. Während fingierte Spuren vorsätzlich zur Irreführung der Ermittlungsbehörden gesetzt werden, sind Trugspuren vom Standpunkt des kriminellen Geschehens zufällig entstanden und von keinerlei Wert, wenn sie als solche eindeutig klassifiziert sind. Eine Ausnahme bilden solche zur Zeit der Straftat parallel entstandene Trugspuren, die zwar mit der Tat nichts zu tun haben, über die man aber eventuell auf weitere Zeugen schließen kann.

Zu Trugspuren avancieren diese Spurenerscheinungen aber erst, wenn sie irrtümlich als Tat- oder Täterspuren beurteilt und in die Ermittlungsführung eingebracht werden. Sofern sie als Trugspuren erkannt werden, sind sie kriminalistisch irrelevant. Sobald dies nicht der Fall ist, erlangen sie vermeintliche kriminalistische Relevanz mit zum Teil erheblichen, wenn nicht irreversiblen Folgen für die weitere Ermittlungsführung.

Trugspuren können z. B. daktyloskopische Spuren von Tatortberechtigten sein. Auch Beamte haben sich in der Vergangenheit schon als Verursacher von Trugspuren ausgezeichnet, die dann als »Täterspuren« klassifiziert wurden. Darauf werden wir aber noch zurückkommen.

Fehlspuren

Insbesondere bei heuristisch orientierter Spurensuche hat der Ermittler bestimmte Vorstellungen darüber, wo welche Spuren wahrscheinlich oder sicher gefunden werden können. Werden solche Spuren dann nicht gefunden, ist dies insofern kriminalistisch bedeutsam, als

- eine gezielte Spurenbeseitigung durch den Täter vorliegen kann, die zwangsläufig wiederum Spuren anderer Art verursacht haben müsste, nach denen nunmehr zu suchen ist,
- der Spurensuche falsche Vorstellungen über die Begehungsweise zugrunde lagen und an Orten gesucht wurde, an denen der Täter nicht gehandelt hat,
- die Spurensuche oberflächlich oder unvollständig durchgeführt wurde und noch einmal aufgenommen werden sollte.

Die heiße Spur

Die heiße Spur ist eine vom wissenschaftlichen Spurenbegriff abweichende, umgangssprachlich-kriminalistische Bezeichnung für Informationen aus Spuren, anderen materiellen Erscheinungen und Aussagen, die eine aktive Verdachtsrichtung insbesondere in Bezug auf die Ermittlung der Täters und damit auf die Aufklärung der Straftat begründen. Heiße Spuren werden vor allen Dingen im Ersten Angriff gefunden, vorrangig bei der Tatortuntersuchung und bei der Ermittlung von Zeugen und in ihren Aussageinhalten (Personenbeschreibungen usw.).

3. Was der Detektiv vom Tatort wissen muss

Der Tatort – Begriffsbestimmung

Das StGB definiert in § 9 Abs. 1 den »Ort der Tat«: »Eine Tat ist an jedem Ort begangen, an dem der Täter gehandelt hat oder im Falle des Unterlassens hätte handeln müssen oder an dem der zum Tatbestand gehörende Erfolg eingetreten ist oder nach der Vorstellung des Täters eintreten sollte.«

Neben dem **juristischen Tatortbegriff** gibt es noch den

kriminalistischen Tatortbegriff, der anderen Kriterien folgen und mehr praktisch orientiert sein muss (Kriminalistik Lexikon 1996, S. 316): »Ort, an dem sich die kriminalistisch und strafrechtlich bedeutsame Handlung ereignet hat. Dabei wird unterschieden in T. im *engeren Sinne*, d. h., dem Ort, an dem sich die Tat unmittelbar ereignet hat und Veränderungen in der Außenwelt (Spuren) im Zusammenhang mit dem Geschehen erwartet werden können (Kampfspuren, Kontaktspuren, Anhaftungen bei Tätern und Opfern, Blut- oder Sekretspuren, Fingerabdrücke, Fußabdrücke, aber auch verschobene Teppiche, zerstörte/beschädigte Einrichtungen usw.); T. im *weiteren Sinne*, d. h. Zu- und Abgangsmöglichkeiten zum Geschehensort, zur näheren Umgebung (Vorbereitungs-, Fluchthinweise, verlorene Gegenstände, Fußspuren, biologische oder mineralische Ablagerungsmöglichkeiten usw.).«

Zu beachten ist, dass sich jede Straftat in eine Vortat-, eine Haupttat- und eine Nachtatphase gliedert. Insofern wird deutlich, dass der kriminalistische Tatortbegriff den juristischen umfasst.

Neben dem Tatortbegriff ist der Begriff **Ereignisort** bedeutsam. Denn oft ist ja gar nicht klar, ob eine strafrechtlich relevante Tat verübt worden ist oder ob es sich, z. B. beim Verdacht einer vorsätzlichen Tötung, nicht doch um einen Unfall oder Selbstmord handelt. So gibt es Unfallorte, Katastrophenorte, Brandorte und Fundorte, die nichts mit einem Verbrechen zu tun haben müssen.

Der **Begehungsort** bedeutet **Tätigkeitsort** oder **Unterlassungsort** (vgl. den juristischen Tatortbegriff), wobei mehrere Begehungsorte möglich sind. Die Tat muss rechtswidrig sein, also mit Strafe bedroht sein (§ 11 StGB). Heißt auch im Umkehrschluss: Bei Ordnungswidrigkeiten gibt es keine Tatorte im eigentlichen Sinne.

Der Tatort ist immer am konkreten Tatbestand orientiert. Vorbereitungshandlungen sind strafbar, wenn im Gesetz ausdrücklich benannt, somit ist der Vorbereitungsort auch Tatort, ansonsten sind Willensentschluss und Vorbereitungshandlungen straflos (z. B. das Kaufen von Benzin für eine schwere Brandstiftung). Sollte auch das Verschleiern einer Straftat (Verdeckungsmord) mit Strafe bedroht sein, so werden die Handlungsorte ebenfalls als Tatort im engeren Sinne betrachtet.

Die Verabredung zu einem Verbrechen ist strafbar (§ 30 Abs. 2 StGB), demzufolge sind die entsprechenden Verabredungsorte Tatorte. Ist der Versuch eines Verbrechens strafbar (§ 23 Abs. 1 StGB), sind die entsprechenden Handlungsorte Tatorte (Versuchstatorte).

Bei der Benutzung eines Erfüllungswerkzeuges (z. B. eines Postdienstes zum Versenden einer Briefbombe) ist jeder Handlungsort des Werkzeuges auch Tatort. Tatort ist bei Erfolgsdelikten sowohl der Handlungs- als auch der Erfolgsort, an dem der zum gesetzlichen Tatbestand gehörende und vom Täter angestrebte Erfolg eintritt bzw. sich die zum gesetzlichen Tatbestand gehörende Gefahr verwirklicht (d. h. der Sterbeort beim Tötungsdelikt, der Aufschlagort einer Brandflasche, der Empfangsort eines Drohbriefes, Auftreffort eines Geschosses); der Erfolgsort kann vom Handlungsort entfernt sein, wofür es den schönen Begriff des **Distanzdeliktes** gibt.

Bei schlichten Tätigkeitsdelikten ist der Handlungsort mit dem Tatort identisch (Hausfriedensbruch § 123 StGB, Falschaussage und Meineid §§ 153, 154 StGB). Bei Dauer- und Zustandsdelikten wird der Tatbestand durch das Fortdauernlassen verwirklicht, jeder Ort der Fortdauer ist Tatort (Freiheitsberaubung § 239 StGB, unerlaubter Waffenbesitz § 53 Waffengesetz).

Bei der Teilnahme (Anstiftung, Beihilfe) ist der Ort Tatort, an dem die Tat begangen wurde oder werden sollte, aber auch der, an dem der Teilnehmer selbst gehandelt hat (dadurch gilt, in der feinen juristischen Auslegung, eine vom Teilnehmer im Ausland geleistete Handlung für eine Straftat im Inland als im Inland begangen).

Bei Unterlassungsdelikten (§ 13 StGB) ist der Tatort jeder Ort, an dem sich der Täter zum Zeitpunkt seiner Handlungspflicht aufhält und an dem er handeln kann, an den er sich begeben müsste, um zu handeln oder an dem der Erfolg eingetreten ist oder nach Vorstellung des Unterlassenden eintreten sollte.

Nach diesen ganzen juristischen und kriminalistischen Spitzfindigkeiten soll nur noch auf die Spezifik von Rauschstraftaten (§ 323a StGB Vollrausch) eingegangen werden. Hier ist sowohl der Ort des Betrinkens bzw. der Drogeneinnahme Tatort als auch der Ort der späteren Rauschtat.

Der Erste Angriff

Der Erste Angriff ist ein feststehender Polizeibegriff, der sich aus der Polizeidienstvorschrift (PDV) 100 »Führung und Einsatz der Polizei« Ziff. 2.2.3 ergibt. Der Begriff ist logisch unklar, so dass Kriminalistik-Studenten auf ihrer Abschlussfeier ein Lied mit folgendem Text aufführten: »Der Erste Angriff kommt, der Zweite kommt nie.«

Beim Ersten Angriff sind alle unaufschiebbaren Feststellungen und Maßnahmen zur Aufklärung einer Straftat zu treffen. Er umfasst in der Regel den **Sicherungsangriff** und den **Auswertungsangriff**. Beide Begriffe klingen ein wenig albern, haben sich aber eingebürgert und sind deshalb unumstößlich.

Das System des Ersten Angriffs lässt sich wie folgt darstellen:

Erster Angriff

Sicherungsangriff

Einleitungsphase

⇓

Aufklärung am Ereignisort

⇓

Erste Ermittlungshandlungen und einzuleitende Maßnahmen

⇓

Schutz und Sicherung des Tatbefundes

⇓

Lagemeldung

Auswertungsangriff

Einleitungsphase

⇓

Aufklärung am Ereignisort

⇓

Aufnahme des Tatortbefundes

⇓

Operative Spurenauswertung

⇓

Dokumentation der Tatortbefundaufnahme

⇓

Auswertung der Ergebnisse des Tatortbefundes

Meldungen im Rahmen des Ersten Angriffs (aber auch darüber hinaus) sollten die wesentlichsten Sachverhalte umfassen. Eine gute Struktur bilden die **W-Fragen**:

Wann?	Zeit des Eintritts des Ereignisses
Wo?	Ort des Ereignisses
Wer?	Verursacher des Ereignisses, Beteiligte
Was?	Art des Sachverhaltes
Wie?	Ablauf des Ereignisses, Begehungsweise

Womit?	Tatwerkzeuge und -mittel, angewendete Methoden
Wer geschädigt?	Personalien des Opfers/Geschädigten, Schaden und Auswirkungen des Ereignisses
Was veranlasst?	Maßnahmen, die vor Ort eingeleitet wurden
Wer meldet?	Person vor Ort, die den Sachverhalt aufnimmt

Der Sicherungsangriff – Die Tatortsicherung

Die Annäherung an den Tatort hat, je näher man zum Ort des Geschehens kommt, aufmerksam zu erfolgen. In nicht wenigen Fällen hält sich der Täter noch in der Umgebung des Tatortes auf oder befindet sich auf der Flucht, gegebenenfalls mit einem Fahrzeug. Auf die Verwendung von Sondersignalen ist daher bei Gefahr der Täterwarnung zu verzichten. Es empfiehlt sich, den Anfahrtsweg zu nehmen, der als Täterabgangsweg prognostiziert wurde.

Speziell für den Detektiv gibt es besondere Regeln für die Anfahrt zum Tatort:

- Vor Antritt der Fahrt ist die Ausrüstung auf Vollständigkeit zu überprüfen, auch hinsichtlich der Eigensicherung: Waffen, Schutzkleidung, Handfunkgeräte, Beleuchtung usw., ebenso, ob zur Gefahrenabwehr alles an Bord ist (Erste-Hilfe-Material, Brechstangen usw.),
- es ist zu überprüfen, ob alle Hilfen zur Erhaltung des Tatortbefundes vorhanden sind (Absperrmaterial, Foto-

und/oder Videokamera, Diktiergerät, Einsatzordner, Behältnisse u. a.),
- der Auftrag ist zu dokumentieren (Zeit, Ort, Sachverhalt, Auftrag, ggf. Rückfrage),
- Absprachen mit Partnern, wenn ein arbeitsteiliges Vorgehen notwendig ist,
- auf tatrelevante Umstände achten (Personen, Sachen, Fahrzeuge),
- Funkgespräche sind zu unterlassen, denn der Täter hört möglicherweise mit,
- gedeckte Annäherung in Erwägung ziehen, wenn der Täter noch vor Ort ist,
- verdecktes Abstellen des Einsatzfahrzeuges.

Nach dem Eintreffen am Tatort ist die vorgefundene Situation zu analysieren und zu sondieren sowie eine Lagemeldung an die Leitstelle, an die NSL (Notruf-Service-Leitstelle) oder die Einsatzleitung abzusetzen.

Wichtigstes Ziel des Detektivs ist der Schutz des Tatortes und der darin enthaltenen materiellen Spuren mit ihrem Informationsaufkommen. Es geht vorrangig um den Schutz vor Beeinträchtigungen und Zerstörungen und die Sicherung des Tatbefundes. Aber auch Maßnahmen zur Gefahrenabwehr, zur Erstversorgung verletzter Personen oder zum Schutz von materiellen Gütern müssen jede nach Sachverhalt ergriffen werden. Gibt es konkrete Anhaltspunkte, sind erste Fahndungen und Ermittlungen einzuleiten. Selbstverständlich muss der Tatort, wenn notwendig, geräumt und durch Absperrungen usw. gesichert werden. Auch sollte der Detektiv eine beweiskräftige Dokumentation erarbeiten.

Wie?

Der Tatort besitzt in vielen Fällen eine überragende Bedeutung für den kriminalistischen Erkenntnis- und Beweisführungsprozess, da sich an ihm Veränderungen (Spuren) des Ereignisses befinden, die auf Täter, Handlung, Opfer usw. schließen lassen. Der Wert des Tatortes ist somit direkt vom konkreten Spurenaufkommen abhängig.

Der Tatort ist

1. die wichtigste Informationsquelle für die Erhebung des objektiven und subjektiven Tatbefundes,
2. begründet die örtliche Zuständigkeit der Polizei und den Gerichtsstand im ersten Rechtszug,
3. ermöglicht Feststellungen von Tatzeugen/Verdächtigen und Zeugen am Tatort und im Wahrnehmbarkeitsbereich (Tatort im weiteren Sinne),
4. ermöglicht die Überprüfung von Zeugenaussagen und Einlassungen des Täters anhand der objektiven Spurenlage,
5. lässt Zusammenhänge mit anderen Straftaten erkennen (Perseveranz = Ausdauer oder Beharrlichkeit, d. h. möglicherweise sogar vom gleichen Täter; Serienstraftaten),
6. ermöglicht durch das Feststellen von Spuren und anderen materiellen Wirkungen des Ereignisses Rückschlüsse auf andere Orte (Tatort im weiteren Sinne), auf die zeitlichen Abläufe und die Begehungsweise,
7. gibt Hinweise zu Tätern (Größe, Körperbau, Merkmale, Kleidung, Tatwerkzeuge, Verkehrsmittel) und ist damit Grundlage für eine gezielte Suche/Fahndung mit dem Ziel, den Täter zu ermitteln,
8. ermöglicht letztlich die strafrechtliche Qualifizierung des Delikts.

Auf die **Veränderlichkeit des Tatortes** muss gesondert hingewiesen werden. Solche Veränderungen haben vielfältige Ursachen:

1. Der Täter selbst oder Tatbeteiligte können die Tat, die Täterschaft und das Tatgeschehen verschleiern,
2. unbeteiligte Dritte (Schaulustige, Pressevertreter) verändern oder vernichten die Spuren,
3. Aktionen der Rettungs- und Hilfskräfte (Notarzt, Feuerwehr),

4. Veränderungen durch Verkehrsmittel, wenn sich der Tatort im öffentlichen Verkehrsraum befindet,
5. Witterungseinflüsse (Schnee, Regen, Sturm, Frost),
6. Veränderungen durch Tiere (Fraß- oder Verschleppung von Körperteilen, Spuren etc.),
7. natürliche Veränderungen durch stoffliche Auflösung, Verwesung, Fäulnis,
8. eigene Kräfte (unbedachtes Handeln, Verkennen der Größe des Tatortes).

Es muss immer beachtet werden, dass nachträglich entstandene undokumentierte Veränderungen Trugspuren erzeugen können!

Wenn der »Hut des Kommissars« als Beweisgegenstand gesichert wurde, was in der Praxis oft genug passiert und nicht nur aus Kriminalfilmen bekannt ist, kann das katastrophale Folgen haben. Die gefährlichsten Spuren sind nämlich die, die man selbst gelegt hat. Deshalb muss sich strikt an nachfolgende Regeln gehalten werden (nach Leonhardt, Roll und Schurich 1995, S. 87):

- Bekleidungsstücke, Regenschirme u. a., wenn sie stören, vor der Arbeit am Tatort an neutraler Stelle ablegen,
- keine Waschgelegenheiten, Toiletten am Tatort benutzen,
- nur bei Notwendigkeit etwas verändern (z. B. Notsicherung von Spuren, dann ursprünglichen Zustand dokumentieren, Veränderungen markieren/sich merken),
- nicht rauchen, nicht essen, nichts wegwerfen,
- Betreten des Tatorts nur im erforderlichen Maße von der erforderlichen Anzahl der Untersucher (»Trampelpfade« festlegen),
- Neugierige fernhalten, zum Weitergehen auffordern, mit ihnen auf keine Diskussion einlassen (Der legendäre Mordermittler Kriminalrat Gennat nannte die neugieri-

gen Zuschauer einmal »die größten Feinde einer umfassenden Tatbestandsaufnahme«, »eine Kommission zur Vernichtung des objektiven Tatbestandes«),

- keine Fallbeurteilungen vor Tatbeteiligten; man kann nichts falsch machen, wenn man schweigt,
- Meinungen zum Fall auch nicht äußern, wenn die Gefahr des Mithörens besteht (z. B. Wechselsprechanlage an der Haustür),
- Ruhe bewahren, vor dem Handeln kommt die richtige Überlegung,
- gegenüber der Presse ist Zurückhaltung angesagt; Schweigen oder allgemeine Information ist besser als Täterwissen preisgeben!

Die Tatortsicherung lässt sich schematisch so darstellen:

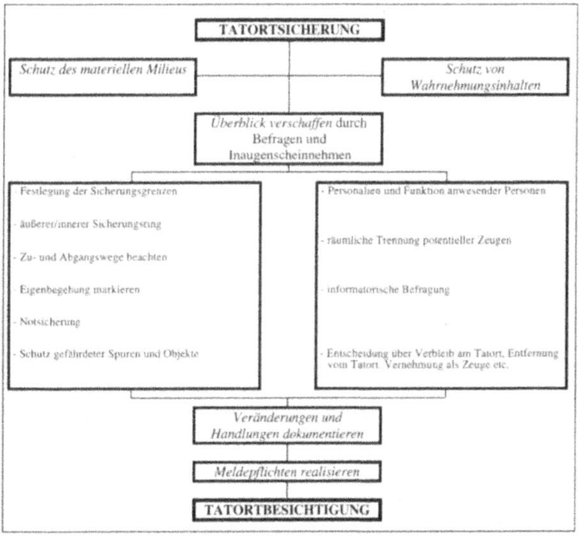

Die Aufnahme des Sachverhalts stellt den ersten Schritt im Ermittlungsprozess und damit auch für die Tatortarbeit dar.

Bereits hier müssen notwendige Informationen erhoben werden, aufgrund derer erste Maßnahmen eingeleitet und dem Anzeigeerstatter (Opfer) Verhaltenshilfen gegeben werden können. Diese Informationen bilden die Basis der fortzuschreibenden Dokumentation.

Für den Detektiv ist zu beachten, dass seine Arbeit und die polizeiliche Ermittlungsarbeit nach den gesetzlichen Voraussetzungen abgegrenzt sind. Die Polizei ist bei Straftaten grundsätzlich hinzuziehen. Die Kriminalpolizei hat den gesetzlichen Auftrag, zu ermitteln und aufzuklären, der Detektiv will im Sinne des Auftraggebers ebenfalls aufklären.

Am Ende des Sicherungsangriffs wird ein mündlicher oder schriftlicher Lagebericht gefertigt und der Tat- oder Ereignisort an den Leiter des Auswertungsangriffs übergeben, in der Regel mit einer gemeinsamen Begehung des Tatortes.

Die Dokumentation des Sicherungsangriffs erfolgt in Form eines Einsatzberichtes.

Der Auswertungsangriff – Die Tatortbesichtigung

Als erste Etappe des Auswertungsangriffs wird eine Tatortbesichtigung vorgenommen, dadurch die Ausgangslage festgestellt und analysiert. Während die Tatortsicherung im Wesentlichen auf Erhalt des Bestehenden gerichtet ist, stellt der folgende, häufig vernachlässigte und mit dem Begriff »Tatortbesichtigung« eigentlich nur unzureichend beschriebene Handlungsabschnitt das notwendige Bindeglied zur umfassenden Erschließung des Tatbefundes dar.

Die Feststellung und Analyse der Ausgangslage am Tatort ist eine wichtige Voraussetzung, um die Spezifik des Tatortes zu erfassen und eine entsprechende Methodik für die Aufnahme des objektiven und subjektiven Tatbefundes zu entwickeln. Die Ergebnisse der Tatortbesichtigung sind Entscheidungsgrundlage für weitere unaufschiebbare Maßnahmen, wie z. B.

- die Hinzuziehung von Spezialisten (Gerichtsmediziner, Ballistiker, Schriftsachverständige etc.),
- den Einsatz des Fährtenhundes bei günstigen und erfolgversprechenden Einsatzbedingungen,
- erste Fahndungsmaßnahmen, z. B. Tatortbereichsfahndung oder Ringalarmfahndung, sofern erfolgversprechende Fahndungsansätze vorliegen.

Die Tatortbesichtigung lässt sich schematisch wie folgt darstellen:

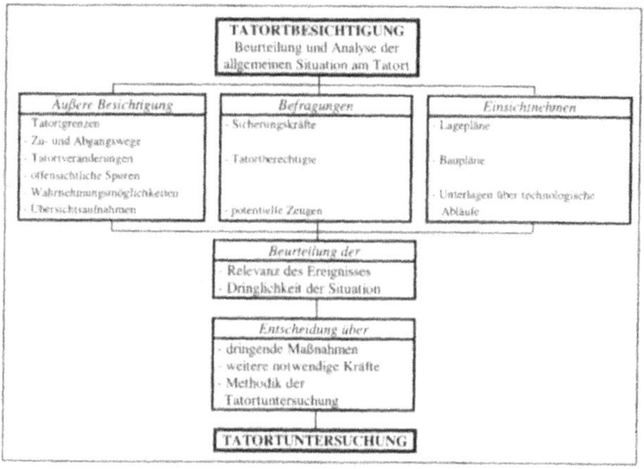

Methodisch werden die notwendigen Aufschlüsse gewonnen:

1. durch das zielgerichtete Besichtigen der äußerlichen Gegebenheiten des Tatortes zur Feststellung:

- offensichtlicher Folgen des Tatgeschehens, die Erkenntnisse über die vermutliche Begehungsweise vermitteln,

- des Zentrums des Tatgeschehens bzw. von Bereichen besonders intensiven Täterhandelns,
- präziser Anhaltspunkte über den konkreten Zu-und Abgangsweg des Täters,
- von erfolgversprechenden Ansatzpunkten für den Einsatz eines Fährtenhundes (z. B. vom Täter zurückgelassene Gegenstände, Gegenstände, die der Täter vermutlich intensiv berührte, Bereiche, in denen er längere Zeit verweilte etc.),
- wahrscheinlicher (insbesondere optischer und akustischer) Wahrnehmungsmöglichkeiten durch potentielle Zeugen und der vermutlichen Wahrnehmbarkeitsbereiche;

2. durch weiteres zielgerichtetes Befragen am Tatort angetroffener Personen zur Ermittlung und Feststellung:

- der funktionalen Seite des Tatortes, seiner Lage im sozialen und gesellschaftlichen Umfeld,
- von Tatortveränderungen und ihren Ursachen (Tatort vor der Tat, bei Tatfeststellung und Veränderungen danach),
- der funktionalen Zuständigkeit von Personen, des Schlüsselregimes etc.,
- der zwischenzeitlichen An- und Abwesenheit von Personen,
- des entstandenen Schadens, geschädigter natürlicher bzw. juristischer Personen;

3. durch die Einsichtnahme in vorhandene Tatortunterlagen zur Feststellung:

- spezifischer baulicher Gegebenheiten,
- kriminalistisch relevanter technologischer Abläufe am Tatort,
- von Aggregaten und technischen Einrichtungen mit kriminalistischer Bedeutung etc.

Zielstellung ist insgesamt, die bisherigen Vorstellungen über den Charakter des Ereignisses, seinen Ablauf, die beteiligten Personen und deren Motive zu präzisieren, um auf dieser Grundlage die weiteren, der Individualität des Tatortes entsprechenden Maßnahmen festzulegen.

Der Einsatz des Fährtenhundes

Die Entscheidung über den Einsatz eines Fährtenhundes sollte vor Beginn der Spurensuche erfolgen, um so einen odorologisch (geruchlich) unbeeinflussten Ansatz für die Fährtensuche durch den Hund zu finden. Andere Diensthunde haben am Tatort nichts zu suchen, da ihre Geruchsspuren den Fährtenhund erheblich beeinträchtigen können. Der Einsatz des Fährtenhundes erfolgt, um

- den oder die Täter möglichst schnell ermitteln und festnehmen zu können,
- gegebenenfalls zumindest die Fluchtrichtung zu erkennen,
- kriminalistisch relevante Fluchtpunkte, wie zwischenzeitliche Aufenthaltsorte oder Punkte, an denen ein Wechsel der Fluchtrichtung erfolgte oder nunmehr ein Fahrzeug zur Flucht genutzt wurde, zu erkennen,
- Gegenstände aufzufinden, die der Täter verlor, von denen er sich bewusst trennte oder die er zwischenzeitlich versteckte.

Der Einsatzes des Fährtenhundes und sein Erfolg hängen u. a. von verschiedenen objektiven Bedingungen ab. Wesentliche Voraussetzung für die Aufnahme der Fährte ist das Finden eines geeigneten Ansatzpunktes, an dem sich der Tätergeruch mit Sicherheit befindet. Das können ein längerer Verweilort des Täters, ein Gegenstand, der ihm gehört bzw. den er intensiv berührte, aber auch Täterspuren sein.

Gute Bedingungen für den Einsatz sind:

- ein möglichst kurzer Zeitraum zwischen Tat und Einsatzzeit,
- eine geringe Verkehrsdichte im Einsatzbereich (wenige/ keine Fahrzeuge, Personen, andere Tiere),
- günstige Bodenbedingungen (weicher Boden, Acker, Wiese, Wald),
- günstige Witterungsbedingungen (hohe Luftfeuchtigkeit, mäßige Luftbewegung, schwache Sonnenstrahlung).

Der Auswertungsangriff – Die Tatortuntersuchung

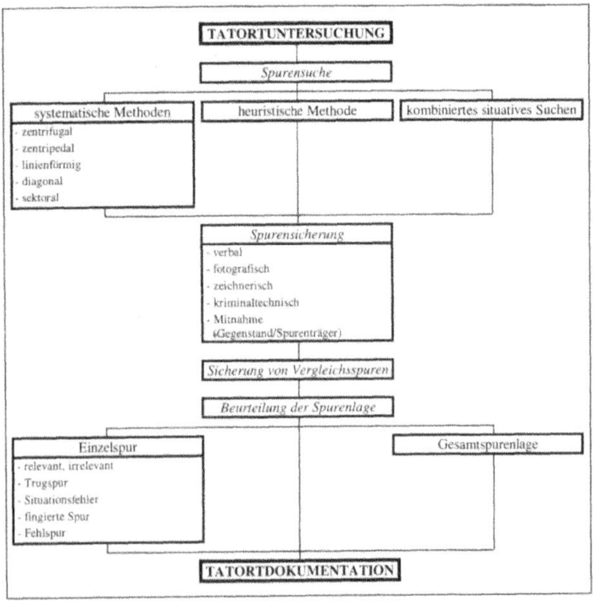

Die Tatortuntersuchung, vielfach als Kernstück der Tatortarbeit bezeichnet, wird im Wesentlichen von drei miteinander verflochtenen Aufgabenstellungen geprägt:

- der zielgerichteten Suche nach Spuren und materiellen Beweismitteln,
- deren Sicherung mit den technischen Verfahren, die den potentiellen Informationsgehalt der Spur optimal bewahren,
- ihrer operativen Auswertung und Beurteilung zum Erkennen unmittelbar nutzbarer Ermittlungsansätze.

Bezogen auf die Einzelspur erfolgen Spurensuche, -sicherung und -bewertung nacheinander. Nach Abschluss der Spurensicherung erfolgt in der Regel eine operative Bewertung der Gesamtspurenlage.

Die Spurensuche

Die Suche nach Spuren und materiellen Beweismitteln ist keineswegs nur mechanisches oder gar wahlloses Absuchen des Tatortes, sondern muss vom Ermittler bewusst gewählten methodischen Prinzipien folgen, wenn Zufallsergebnisse ausgeschlossen werden sollen. Die Spurensuche impliziert und erfordert ein enges Wechselverhältnis von gedanklicher und praktischer Tätigkeit. Sie muss der Spezifik des Tatortes entsprechen und erfolgt auch in Erwägung und gedanklicher Verarbeitung der bisher vorliegenden Erkenntnisse über das Ereignis.

Diese Erkenntnisse vermitteln einen gewissen Aufschluss darüber, welche Spuren wo gefunden werden könnten:

- nach der Art der Spur (z. B. daktyloskopische, trassologische, biologische oder ballistische Spuren),
- nach der Herkunft der Spur, z. B. Täterspur (am Tatopfer, am Tatort, an Tatwerkzeugen), Tatspur (am Tatopfer, am Tatort, an Tatverdächtigen), Tatopferspur (an Tatverdächtigen, am Tatwerkzeug, am Tatort), Tatwerkzeugspuren (an Tatverdächtigen, am Tatopfer, am Tatort).

Das Fehlen von Spuren an den erwarteten Stellen ist kriminalistisch häufig ähnlich aufschlussreich und handlungsorientierend wie das Auffinden von Spuren.

Eine erfolgreiche Spurensuche wird über die Erkenntnisse zum Einzelfall hinaus wesentlich auch von den Erfahrungen des Detektivs und seinem Wissen um die Entstehungsmechanismen von Spuren bestimmt.

Die Spurensuche ist so zu gestalten, dass das Verursachen eigener Spuren vermieden wird (z. B. durch das Tragen von Handschuhen) bzw., soweit es unvermeidbar ist, tatrelevante Spuren nicht zerstört, überlagert oder verändert werden. Durch die vorrangige Suche nach Schuheindruck- bzw. Schuhabdruckspuren am Boden des Tatortes (z. B. durch Ausleuchten mittels Schräglicht) sind die Voraussetzungen zu schaffen, den Tatort ohne das Risiko der Spurenvernichtung betreten zu können.

Als Faustregel sollte sich der Detektiv die Formel **ODH** einprägen. Sie bedeutet:

- O: Optische Wahrnehmung (Sehen, aber alle anderen Empfindungen auch),
- D: Dokumentation,
- H: Hände (dann erst die Sicherung!).

Methoden der Spurensuche

In der Literatur wurden bisher **heuristische** oder **subjektive** und **systematische** oder **objektive Methoden** gegenübergestellt. Abgesehen davon, dass diese Begriffe nicht den gemeinten Sachverhalt treffen, ist dieses bewertende Gegenüberstellen auch falsch. Aus Gründen einer einheitlichen Sprachregelung werden die Begriffe aber beibehalten.

Mit der **objektiven Methode** wird in der Regel ein nach einem entsprechenden Muster gestaltetes »systematisches« Vorgehen (»diagonal«, »zentripedal«, »zentrifugal«, »linienförmig« u. a.) bezeichnet, wobei das Systematische die räumlichen Beziehungen meint. In jedem Fall wird aber der gesamte Tatort abgesucht.

Die **subjektive Methode** ist an der erkannten und/oder vermuteten Vorgehensweise des Täters am Tatort orientiert und trägt selektiven Charakter, weil nur die Bereiche des Tatortes abgesucht werden, innerhalb derer der Täter wirklich oder vermutlich gehandelt hat. Sie berührt also Vorstellungen (Wahrscheinlichkeitsmodelle!) des Detektivs vom Ereignisablauf, die sich in situationsgerecht und tatspezifisch begründeten Versionen äußern, von denen ausgehend das weitere Vorgehen am Tatort zu planen und zu organisieren ist. Insofern ist diese Methode auch eine »heuristische«. Mit einer gewissen Bedeutungsschattierung gibt es dafür auch die Begriffe der »Täterphantasien« oder des »Hineindenkens in die Handlungen des Täters«. Hier erfolgt wie bei der »objektiven« Methode die Spurensuche auch systematisch, aber jetzt auf der Ebene der raum-zeitlichen, modalen und motivationalen Aspekte der Tat.

Eine eher systematisch orientierte Spurensuche wird dann bevorzugt, wenn keine oder nur wenige Erkenntnisse über den Tatablauf vorliegen, die eher heuristisch orientierte Vorgehensweise setzt solche Erkenntnisse in einem bestimmten Umfang voraus, soll sie erfolgversprechend angewendet werden. Beide Methoden sind an bestimmte, den jeweiligen Tatort prägende Voraussetzungen gebunden und mit unterschiedlichen Vorteilen und Risiken verbunden.

Sind die Erkenntnisse über die Tat und den Täter weit vorangeschritten, kann sicherlich mehr »subjektiv« gearbeitet werden. Die konkrete Art und Weise des Vorgehens bei der Tatortarbeit ist also immer von der konkreten Situation, vom konkreten Delikt und von der erreichten Stufe bei der Erarbeitung des gedanklichen Modells abhängig.

»Subjektive« und »objektive« Methoden bilden eine Einheit. Beide haben Vor- und Nachteile, und deshalb ist es notwendig, sie in der Praxis kritisch und ergänzend anzuwenden.

Der Ermittler beginnt aufgrund weniger Ausgangsdaten mit einer systematischen Suche, findet entsprechende Spuren, die auf Zu- und Abgangswege bzw. auf eine bestimmte Handlung in einem begrenzten Raum hindeuten, schafft sich also ein Modell. Beim weiteren mehr »subjektiven« Suchen findet er weitere Spuren, aber das Tatwerkzeug fehlt. Daraufhin sucht er mehr »objektiv«, also systematisch den Tatort und vielleicht auch den Bereich darüber hinaus ab.

Die systematische (objektive) Suchmethode

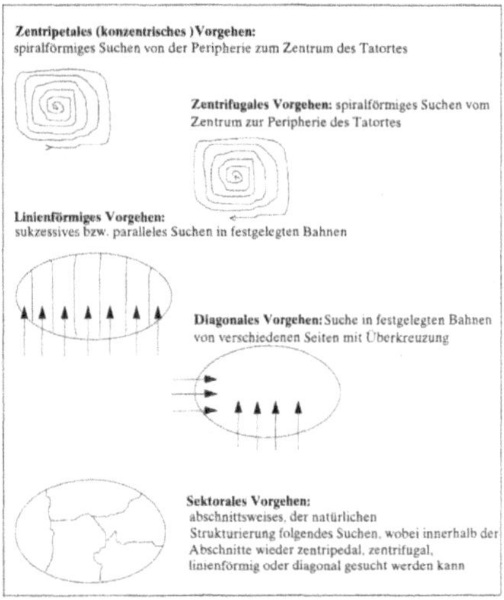

Die Suchmethoden folgen festgelegten (objektiven) Strukturen des Tatortes, wie Peripherie und Zentrum, Sektoren und Linien, Diagonalen und Streifen etc. Unterschieden werden im Allgemeinen folgende Einzelmethoden:

1. Zentripetales (konzentrisches) Vorgehen: Der Tatort wird spiralförmig von der Peripherie zum Zentrum hin nach

Spuren abgesucht, wobei unter Zentrum weniger die geografische Mitte als vielmehr das Tatzentrum mit dem im Allgemeinen höchsten Spurenaufkommen gemeint ist. Das zentripetale Vorgehen ist gut geeignet, Gefahren der Spurenvernichtung durch das Absuchen zu minimieren. Ein Nachteil kann darin bestehen, dass entscheidende kriminalistische Erkenntnisse erst nach längerer Spurensuche gewonnen werden und so Zeit verloren wird, unmittelbar Täterverfolgungsmaßnahmen einzuleiten.

2. Zentrifugales (exzentrisches) Vorgehen: Der Tatort wird spiralförmig von seinem Zentrum (z. B. der Leiche, dem aufgebrochenen Wertgelass) aus zu seiner Peripherie hin nach Spuren abgesucht. Der Vorteil der Methode besteht darin, dass sehr schnell entscheidende Daten gewonnen werden. Nachteilig wirkt sich aus, dass der Tatort betreten werden muss, bevor die betreffenden Bereiche nach Spuren abgesucht wurden. Damit verbunden ist ein gewisses Risiko, nicht erkannte Spuren zu vernichten.

3. Linienförmiges Vorgehen: Der Tatort wird in festgelegten Bahnen oder Linien (je nach Kräftelage, parallel oder sukzessive) nach Spuren abgesucht. Die Methode gelangt zur Anwendung, wenn nur sehr wenige Erkenntnisse zum Tatablauf vorliegen und ein Tatzentrum noch nicht festgestellt werden konnte. Um zu sichern, dass bei der Spurensuche kein Bereich ausgelassen wird, empfiehlt sich eine gewisse Überschneidung der Bahnen oder Linien.

4. Diagonales Vorgehen: Der Tatort wird durch mindestens zwei Detektive oder Kriminaltechniker von unterschiedlichen Grenzen systematisch nach Spuren abgesucht, wobei sich auch hier die Suchwege zweckmäßigerwei-

se überschneiden sollten. Die Methode wird sowohl bei besonders übersichtlichen Tatorten angewendet als auch, wenn anzunehmen ist, dass es kaum leicht übersehbare Spuren gibt.

5. Sektorales Vorgehen: Der gesamte Tatort wird (entsprechend seiner eigenen natürlichen Strukturierung) in Abschnitte oder Sektoren eingeteilt, die dann systematisch, eventuell linien- oder spiralförmig, untersucht werden. Diese Methode ist besonders gut geeignet für ausgedehnte, im Freien liegende Tatorte.

Wenn mehrere Ermittler parallel eingesetzt werden, sind verbindliche Absprachen über Zuordnungen unerlässlich.

Die systematischen Suchmethoden haben Vor- und Nachteile. Die Vorteile bestehen darin, dass der Tatort umfassend und gründlich nach Spuren abgesucht wird. Die Wahrscheinlichkeit, dass viele Spuren gefunden werden, ist in der Regel recht groß.

Diese Vorteile bedingen zugleich ihre Nachteile: Systematische Spurensuchmethoden sind besonders zeit- und/oder kräfteaufwendig. Das Spurenaufkommen ist zunächst zwar groß, die Beurteilung der Einzelspuren als relevant oder irrelevant häufig aber problematisch. Das Erkennen der Zusammenhänge zwischen den Einzelspuren erfordert Erfahrung, Phantasie und Intuition. Die Gefahr der Sicherung von Trugspuren sollte immer beachtet werden.

Systematische Suchmethoden sind für das Auffinden äußerlich nicht erkennbarer Spuren (z. B. von Mikrospuren) nur bedingt geeignet. Sie werden meist angewendet, wenn

- keine oder nur sehr wenige Anhaltspunkte über den Tatablauf und die Täterhandlungen vorliegen und der notwendige Ansatz für die heuristische Suchmethode nicht erkennbar ist, weil z. B. nicht sicher ist, auf welchem

Wege der Täter den Tatort betreten oder verlassen hat und welche Zielrichtung seine Handlung hatte,
- ein Tatort mit großer Ausdehnung, z. B. im freien Gelände, abgesucht werden muss und die Handlungen des Täters nicht oder nicht sicher lokalisiert werden können,
- die Suche primär auf das Auffinden äußerlich erkennbarer Objekte, wie Tatwerkzeuge, Projektile von Waffen, Diebesgut usw. gerichtet ist.

Die heuristische (subjektive) Suchmethode

Die Suchmethode folgt der erkannten bzw. vermuteten Begehungsweise. Da selten umfassende Erkenntnisse über das Täterhandeln vorliegen, muss der Ermittler zumindest partiell sicheres Wissen durch Hypothesen ersetzen. Heuristisch vorgehen heißt, Probleme mittels vorläufiger Annahmen zu lösen, die allerdings auch nie voraussetzungslos sind, sondern immer einer bestimmten Datenbasis bedürfen. »Subjektiv« wird die Methode (nicht sehr prägnant) auch deshalb bezeichnet, weil die Spurensuche am Handeln des Täters (des »Subjektes« der Straftat) und seinem Motiv orientiert ist.

Ausgangspunkt für die Spurensuche sind der Zu- oder Abgangsweg des Täters, Anfangs- oder auch Endpunkte seines Handelns (die Begehungsweise wird zurückverfolgt) oder offensichtliche, durch das Täterhandeln verursachte, signifikante Spuren oder Tatortveränderungen. Die Spurensuche erfolgt dort, wo der Täter sicher oder vermutlich gehandelt hat. Sie ist deshalb in starkem Maße selektiv angelegt.

Die Anwendung der »subjektiven« Methode kann sehr effektiv sein, aber auch zu folgenschweren Irrtümern und Fehlern führen. Ratinow (1970, S. 315) nennt sie deshalb auch gefährlich, »weil der Untersuchungsführer, indem er das Ereignis nur von seinem Gesichtspunkt aus betrachtet und annimmt, dass auch andere Personen so gehandelt haben müssten, wie er selbst an ihrer Stelle gehandelt haben würde, irrtümlicherweise diejenigen Vermutungen zurückweisen kann, von denen er annimmt, dass sie ›zu einfach‹ oder ›zu kompliziert‹, ›zu dumm‹ oder ›zu klug‹ für den Täter sind«.

Es genügt also landläufig nicht, sich als Ermittler einfach in die Situation des Täters hineinzudenken, sondern man muss dies tun unter Berücksichtigung der eigenen Persönlichkeit, der eigenen moralischen Intentionen und der andersartig strukturierten Persönlichkeit des Täters. Das setzt voraus, dass der Detektiv Angaben über die Täterpersönlichkeit im Sinne relativ stabiler Merkmale auch tatsächlich besitzt oder vermutet sowie die situativen psychischen Bedingungen und Abläufe kennt. Dann ist es ihm möglich, die Handlungsziele und -motive des Täters zu erkennen, die sich ihm bietenden Handlungsmöglichkeiten und -alternativen zu analysieren, um daraus Erkenntnisse über das tatsächliche Handeln zu erlangen.

Die Analyse der tatrelevanten Veränderungen kann solche Daten erbringen, die aber oft nur fragmentarischen Charakter haben dürften, wenn Fähigkeiten, Fertigkeiten, Gewohnheiten, Charaktereigenschaften, Intelligenz, Motive, Ziele, Willensqualitäten, Lebensweise (wenn sich z. B. ein Täter längere Zeit an einem Ort aufgehalten hat) und berufliche Eigenschaften aus den vorhandenen Daten geschlossen werden. Aktuelle psychische Zustände wie Hektik, Nervosität, Affekt, Gelassenheit usw. sind sicherlich besser zu bestimmen.

Auch die heuristische Methode hat, wie wir gesehen haben, Vor-und Nachteile. Da die Spurensuche selektiv erfolgt, ist sie im Hinblick auf Zeit-und Kräfteaufwand effektiv. Die Beurteilung der Spurenlage erfolgt ganzheitlich. Relevanz oder Irrelevanz einzelner Spuren können präziser bewertet und bestimmt werden. Die Methode ist somit geeignet, auch nach nicht direkt wahrnehmbaren Spuren

(Mikrospuren) zielgerichtet und erfolgversprechend zu suchen.

Ihr Risiko liegt in der Möglichkeit, von falschen Prämissen in Bezug auf die vermutete Begehungsweise auszugehen. Es wird dort gesucht, wo der Täter nicht gehandelt hat. Relevante Spuren werden so nicht gefunden, irrelevante u. U. als relevant eingeordnet.

Die heuristische Spurensuchmethode setzt, soll sie ohne nicht vertretbares Risiko erfolgen, relativ sichere Erkenntnisse über die Begehungsweise und einen sicheren, signifikanten Ansatzpunkt für die Spurensuche voraus. Wenig geeignet ist sie, wenn sich intensives Täterhandeln auf einen engen räumlichen Bereich konzentriert und die einzelnen Handlungsabläufe kaum differenzierbar sind.

Zu beachten ist unbedingt, dass die Spuren relativ selten in der Reihenfolge aufgefunden werden, in der sie entstanden sind.

In der detektivischen und kriminalistischen Alltagspraxis sind systematische und heuristische Suchmethoden in »reiner« Form selten sinnvoll. Situationsgerechtes Vorgehen erfordert häufig die flexible Kombination beider Methoden, indem je nach Tatortsituation und Erkenntnisstand zunächst systematisch entscheidende Spuren gesucht werden, die es gestatten, die weitere Suche dann heuristisch fortzuführen.

Variiert werden kann die Spurensuche auch in Abhängigkeit davon, ob der Tatort im engeren oder weiteren Sinne abgesucht wird, wobei beide Methoden je nach konkreter Ausgangslage von Vorteil sein können.

Die Sicherung von Spuren und Vergleichsmaterial

Ein typischer Algorithmus der Spurensicherung lässt sich so darstellen:

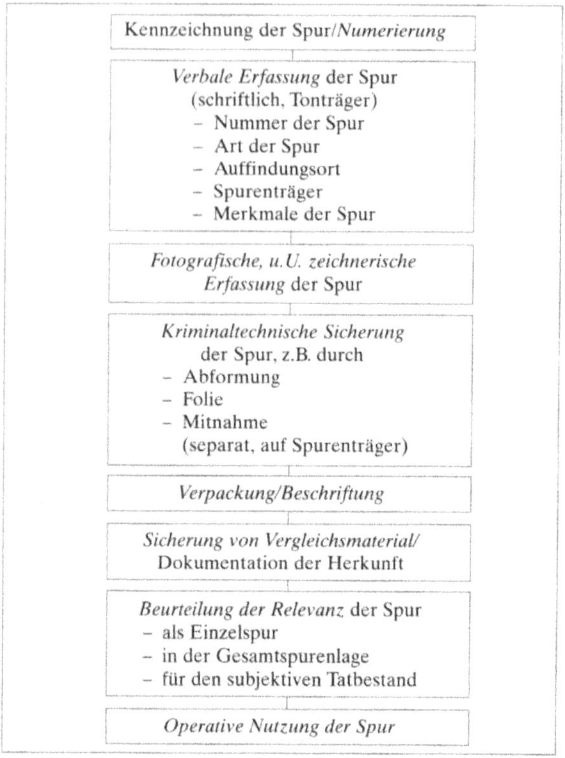

Soweit aus zwingenden Gründen (drohende Vernichtung von Spuren o. Ä.) keine Notsicherung erforderlich ist, erfolgt die Sicherung der Spuren erst nach Beendigung ihrer Suche am gesamten Tatort. In Kenntnis der Gesamtspurenlage kann so entschieden werden, ob und auf welche Weise die einzelnen Spuren effektiv gesichert werden können. Es kann möglicherweise auf die Sicherung einzelner Spuren verzichtet werden, wenn mehrere Spuren den gleichen Informationsgehalt haben. Die schrittweise Sicherung von einzelnen Spuren im Verlaufe der Tatortuntersuchung und die damit verbundenen Aktivitäten bergen dagegen immer die Gefahr in sich, noch nicht gefundene Beweismittel zu beschädigen oder zu vernichten.

Die **Spurensicherung** kann auf verschiedene Weise erfolgen:

1. Die fotografische Sicherung von Spuren erfolgt zeitlich vor Anwendung anderer Sicherungsverfahren, insbesondere vor der kriminaltechnischen Sicherung. Es wird so gewährleistet, dass bei eventueller Beschädigung von Spuren durch andere Sicherungsverfahren zumindest der fotografische Beleg für die ursprüngliche Existenz und Beschaffenheit der Spur zur Verfügung steht.

2. Die Sicherung durch verbale Beschreibung: Die Spur wird in der Tatortdokumentation erfasst und beschrieben nach Art und Nummer der Spur, Auffindungsort und Spurenträger, äußeren Merkmalen wie Größe, Form und Farbe und den Beziehungen zu anderen Spuren und zum Tatort. Die verbale Erfassung hat zwar keine originäre Beweisbedeutung, unterstützt aber die Gesamtaussage über Existenz und Bedeutung der Spur.

3. Der zeichnerischen Sicherung von Spuren sind nicht alle Spurenarten zugänglich. Auf zeichnerische Weise können Einzelspuren (z. B. eine signifikante Schuhspur), aber auch komplexe Spurenbilder (z. B. ein Gangbild) gesichert werden. Die zeichnerische Sicherung von Spuren hat im Allgemeinen nur unterstützende Bedeutung, so bei Fahndungs- und Suchmaßnahmen.

4. Kriminaltechnische Spurensicherung: Es ist besonders wichtig, die Sicherungsmethode anzuwenden, die den Informationsgehalt der Spur optimal bewahrt. Datenverluste können aber nicht immer ausgeschlossen werden. Bei Abformverfahren wird die Spur nicht im Original, sondern als Kopie gesichert.

5. Sicherung mit Spurenträger: Die Sicherung der Spur durch Mitnahme (u. U. Beschlagnahme) des Spurenträgers ist insofern besonders günstig, als die Spur im Originalzustand zur Verfügung steht und Datenverluste durch Veränderung der Spur weitgehend ausgeschlossen werden können. Allerdings ist es vielfach nicht möglich, die Spur mit dem Spurenträger zu sichern.

Die Sicherung von Spuren erfolgt teilweise in verbindlich vorgegebenen Arbeitsschritten:

1. Die aufgefundene Einzelspur wird zunächst mit einer Nummerntafel markiert und verbal erfasst, gegebenenfalls schon als Einzelspur fotografiert.

2. Nach Beendigung der Spurensuche erfolgt die fotografische Sicherung des gesamten Tatortes mit den markierten, aber noch nicht gesicherten Einzelspuren. Lage und Markierung der Einzelspuren müssen erkennbar sein.

3. Nach der fotografischen Sicherung des gesamten Tatortes erfolgt die Sicherung der Einzelspuren. Dabei ist folgender Algorithmus empfehlenswert:

- Die aufgefundene Spur wurde bereits markiert, also numerisch erfasst.
- Sie wird (in der Regel zunächst vorläufig) schriftlich oder auf Tonträger/Video in den folgenden Einzelheiten beschrieben:
    - Nummer und Art der Spur,
    - Auffindungsort und Spurenträger,
    - äußere Merkmale der Spur (Größe, Form, Farbe),
    - Beziehungen der Spur zu anderen Spuren und zum Tatort.

- Die Einzelspur wird mit deutlich sichtbarer Markierung fotografiert. Dabei ist ein Maßstab anzulegen, mit dessen Hilfe die Größe der Spur verdeutlicht wird.
- Die Einzelspur wird u. U. ausgemessen und zeichnerisch (mit Maßstab) erfasst oder skizziert.
- Die Einzelspur wird in Abhängigkeit von ihrer Art und Größe, der Art des Spurenträgers mit dem günstigsten, ihren Informationsgehalt am ehesten bewahrenden kriminaltechnischen Verfahren gesichert; Sicherungsart und Sicherungsverfahren sind zu dokumentieren.
- Die Lagerung der gesicherten Spuren am Tatort hat so zu erfolgen, dass ein Übertragen von Spurenelementen ausgeschlossen ist.
- Die gesicherte Spur wird so verpackt, dass eine Spurenzerstörung oder -veränderung ausgeschlossen ist. Die Verpackung ist zu beschriften (Nummer und Art der Spur, von wem gesichert); Einzelspuren sind getrennt zu verpacken.
- Es ist im Hinblick auf die gesicherte Spur zu überlegen, ob Vergleichsmaterial gesichert werden muss. Ist dies der Fall, muss die Sicherung gleichfalls dokumentiert werden (Art des Vergleichsmaterials, wann, wo, von wem gesichert). Das Vergleichsmaterial ist zu verpacken und eindeutig als solches zu kennzeichnen. Die Verpackung ist entsprechend zu beschriften. Verwechslungsmöglichkeiten des Vergleichsmaterials untereinander oder mit dem Spurenmaterial sind unbedingt auszuschließen.

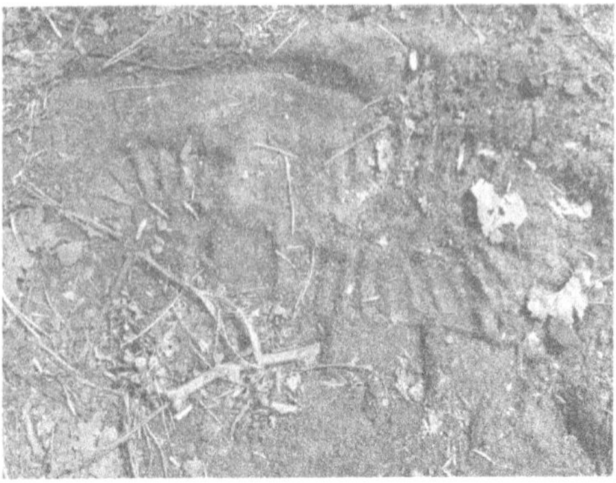

4. Nach der Sicherung der Einzelspuren erfolgt die schon erwähnte fotografische Sicherung des gesamten Tatortes, wobei die Lage der Einzelspuren durch ihre Markierung erkennbar sein muss.

Spezialfall DNA/DNS

Etwas Begriffliches vorab: DNA ist im Englischen die Abkürzung von ***D**esoxyribo**n**ucleic **a**cid*, im Deutschen heißt diese Säure ***D**esoxyribo**n**uclein**s**äure*, was die deutsche Abkürzung DNS ergibt. DNA und DNS können also synonym Verwendung finden.

Über diese neuere Entwicklung der Untersuchung biologischer Spuren, die menschliches Zellmaterial mit DNS als Träger der genetischen Information enthalten, schreibt Frank Menzer (2012, S. 367):

»Die Zuordnung einer Blutspur zu einer bestimmten Person oder der Ausschluss einer bestimmten Person als Spurenverursacher ist das angestrebte Ergebnis einer Vergleichsuntersuchung zwischen der Spur und ihren Merkmalen einerseits und den Eigenschaften von Vergleichsproben der in Betracht gezogenen Personen andererseits.

Die dafür bis in die neunziger Jahre des vorigen Jahrhunderts genutzten Möglichkeiten der Serologie im weitesten Sinne wurden durch molekularbiologische Untersuchungen, auch bekannt als sogenannter genetischer Finderabdruck, ersetzt. Zur Untersuchung wird die in den kernhaltigen Zellen enthaltene Erbsubstanz DNS (englisch DNA) herangezogen. Dazu wird gegenwärtig ein aus bis zu 17 Systemen bestehendes DNS-Profil ermittelt, zu dem das Amelogeninsystem zur Feststellung der Geschlechtszugehörigkeit gehört.

Ergibt der Vergleich des Profils der Blutspur mit dem Profil der Mundschleimhaut auch nur ein abweichendes Merkmal, so ist diese Person als Spurenverursacher auszuschließen. Beim Vorliegen verwandtschaftlicher Beziehungen gilt der Ausschluss dann als sicher, wenn zwei bzw. drei nicht übereinstimmende Merkmale festgestellt sind.

Bei Übereinstimmung besteht eine sehr hohe Wahrscheinlichkeit dafür, dass der Spurenverursacher und die Vergleichspersonen identisch sind. Die Wahrscheinlichkeit dafür wird berechnet. Sie kann so hoch sein, dass kein begründeter Zweifel an der Identität möglich ist.«

An die Spurensicherung von biologischem Material sind besonders hohe Anforderungen zu stellen, die der Detektiv kennen muss. Deshalb geben wir Frank Menzer (2012, S. 359-360) noch einmal das Wort:

»Die dominierende Untersuchungsmethode in der Forensischen Biologie ist neben der Mikroskopie die DNS-Analyse, ein hochempfindliches Verfahren, das mit geringsten Spurenmengen eindeutige, kriminalistisch außerordentlich bedeutsame Ergebnisse liefert. Die hohe Empfindlichkeit der Untersuchungsmethode zwingt zu größter Sorgfalt beim Umgang mit Spurenträgern bzw. den Spuren. Unbedingt ist eine Kontamination mit Fremd-DNS zu vermeiden. Es muss verhindert werden, dass DNS-haltiges Material – etwa durch Husten, Niesen oder Anfassen mit bloßen Fingern – die Spur verunreinigt und damit das Untersuchungsergebnis verfälscht. Schon bei der Spurensuche ist durch Tragen von Schutzbekleidung, einschließlich

Mundschutz, und die Benutzung von DNS-freien Spurensicherungsbestecks entsprechende Vorsorge zu treffen. Das betrifft auch alle nachfolgenden Untersuchungsschritte. Diese Vorsichtsmaßnahmen sind zwingend bei Straftaten der mittleren und schweren Kriminalität einzuhalten, und zwar selbst dann, wenn von vornherein, zum Zeitpunkt der Tatortarbeit, nicht sicher ist, ob DNS-Analysen im weiteren Verfahren erforderlich werden.«

Die operative Spurenauswertung

Sind der Ereignisort beschrieben und der objektive sowie subjektive Befund aufgenommen, erfolgt vor Ort eine erste Auswertung der Ergebnisse. Sie dient der Erlangung solcher Hinweise aus dem aufgefundenen Material, die einen direkten Einfluss auf die weitere Ermittlungstätigkeit haben können. Operative Spurenauswertungen sind keine Sachverständigengutachten!

Unter der operativen Spurenauswertung versteht man demnach die erste zusammenhängende Beurteilung aller Informationen und sachlichen Beweismittel, um weitere Erkenntnisse über Vorbereitung und Planung sowie Tatgeschehen, Handlungsablauf, Täter und Opfer zu gewinnen.

Ziele der operativen Spurenauswertung bestehen darin,

- Personen als Tatverdächtige auszuschließen (z. B. Ereignisortberechtigte),
- Fahndungsmaßnahmen einzuleiten bzw. konkreter fortzuführen,
- Hinweise auf die Begehungsweise zu erhalten,
- Anhaltspunkte für die Versionsbildung, zum Auffinden weiterer Spuren und zur Beschaffung von Vergleichsmaterial zu gewinnen,
- aufgefundene Spuren auf ihre Relevanz zu prüfen (Tatspuren oder Trugspuren),

- weitere Ansätze für die Spurensuche und -sicherung festzulegen,
- weitere Ermittlungsrichtungen zu bestimmen (z. B. Zeugenfeststellung, Festlegung eines eventuellen Täterkreises).

Ergeben sich durch die operative Spurenauswertung keine weiteren Hinweise auf das Ereignis bzw. auf Täter und Zeugen, wird der Erste Angriff beendet.

Die Tatortdokumentation

Die Dokumentation des Tatortes hat verschiedene Funktionen:

1. Sie dient den Zwecken der Beweisführung. Indem sie die reale Situation am Tatort widerspiegelt, ist sie ein wichtiges Mittel der gerichtlichen Wahrheits- und Entscheidungsfindung. Dazu ist es erforderlich, dass
   - die Tatortdokumente die kriminalistischen Tatsachenfeststellungen vollständig widerspiegeln und Wahrscheinlichkeitsaussagen, kriminalistische Schlussfolgerungen und Versionen als solche gesondert und eindeutig ausgewiesen sind,
   - die erfassten Daten nachprüfbar und die Wege ihrer Erlangung nachvollziehbar sind,
   - beschriebene Zustände und Abläufe mit den dokumentierten Daten rekonstruiert werden können.

2. Die Tatortdokumentation ist Grundlage für gutachterliche Aussagen. Die Dokumentation der Spurensituation, des gesicherten Vergleichsmaterials, der Sicherungsbedingungen und -verfahren und der Veränderungen am Spurenmaterial sind eine wichtige Voraussetzung und Grundlage für Expertisen.

3. Die Tatortdokumentation ist Grundlage für weitere Ermittlungs-und Beweismaßnahmen. Generell ist die Tatortarbeit eine entscheidende Basis für den Fortgang der Ermittlungen. Die Tatortdokumente sind eine zwingende Voraussetzung für die Bestimmung der Ausgangsbedingungen bei Untersuchungsexperimenten und Rekonstruktionen.

Eine zielgerichtete Führung der Beschuldigtenvernehmung sowie die damit verbundene Aussagenüberprüfung bedingen ebenfalls eine sichere Tatortkenntnis.

4. Die Tatortdokumentation ist Mittel der Kommunikation zwischen den Beteiligten. Eine umsichtige und präzise Ermittlungsführung bedarf stets auch der Verständigung, Beratung und Meinungsbildung der Verfahrensbeteiligten. Die Tatortdokumentation bildet dafür eine wichtige Grundlage.

Die Tatortdokumentation erfolgt durch verbale Beschreibung, durch fotografische und zeichnerische Erfassung der Tatortmerkmale sowie insbesondere bei schwerwiegenden Straftaten auch mittels Bildaufzeichnung. Im Allgemeinen gehören zur Tatortdokumentation:

- der Tatortbefundbericht,
- der Spurensicherungsbericht, eingeordnet in den Tatortbefundbericht oder als selbstständiges Dokument,
- die Fotodokumentation, integriert in den Tatortbefundbericht oder als eigenständige Anlage,
- der Bericht über den Einsatz des Fährtenhundes,
- Tatortzeichnungen und/oder -skizzen,
- Berichte über Ermittlungen zur Feststellung von Zeugen und Verdächtigen und deren Ergebnisse,
- wenn gefertigt, die Ton- bzw. Videoaufzeichnung über die Tatortuntersuchung.

Der Tatortbefundbericht

Der Tatortbefundbericht soll so gefertigt werden, dass es möglich wird,

- die Maßnahmen,
- den Tatortbefund,
- die Tatsituation und das Tatgeschehen

zu rekonstruieren.

Der Tatortbefundbericht ist recht komplex angelegt. Er umfasst sowohl die kriminalistischen Maßnahmen am Tatort, deren Ergebnisse und sich darauf gründende Schlussfolgerungen als auch die weiteren Maßnahmen.

Damit der Tatortbefundbericht aber seiner eigentlichen und primären Funktion,

- zur Unterstützung der gerichtlichen Entscheidungsfindung ein reales, objektives Bild der am Tatort vorgefundenen Situation zu vermitteln und
- eine gedankliche, aber auch eine reale Rekonstruktion der Tatsituation oder des Tatablaufes zu ermöglichen,

gerecht werden kann, sind diese einzelnen Ebenen deutlich voneinander abzuheben. Insbesondere an die Beschreibung des objektiven Tatbefundes sind hohe Anforderungen gestellt. Damit wird verhindert, dass Tatsachenfeststellungen, Vermutungen, Bewertungen und Schlussfolgerungen miteinander verschmelzen und eine Scheinrealität schaffen, die im Fortgang der Ermittlungen fälschlicherweise als wahr und sicher beurteilt und zur Grundlage von Entscheidungen gemacht wird.

Am Tatort wird festgestellt, dass ein Fenster des Tatzimmers offensteht, im Tatortbefundbericht wird formuliert, dass der Täter das Fenster geöffnet habe. Bei den weiteren

Ermittlungen wird diese Vermutung als Tatsache betrachtet und das Öffnen des Fensters durch den Täter als Element seiner Begehungsweise eingeordnet.

Tatsachenfeststellungen sind, wie das obige Beispiel zeigt, strikt von den Schlussfolgerungen des Detektivs zu trennen. Beide müssen als solche deutlich erkennbar sein. Kriminalpolizisten, Staatsanwälte, Richter und Sachverständige, die im Allgemeinen nicht an der Tatortarbeit teilnehmen, müssen anhand des Tatortbefundberichtes eindeutig feststellen können, welche Aussagen objektive Realität widerspiegeln und welche Interpretation sind.

Die Tatortbeschreibung kann durch Fotos, Zeichnungen oder Skizzen sukzessive ergänzt werden, wodurch sich ihre Aussagekraft erheblich erhöht. Allerdings ist es auch möglich, die Fotodokumentation geschlossen der Tatortbeschreibung als Anlage anzufügen.

Die Beschreibung der Situation am Tatort erfolgt durchgehend in der Gegenwart. Ein Wechsel der Zeitebenen könnte Missverständnisse darüber verursachen, wann welche Abläufe erfolgten und wann welche Feststellungen getroffen wurden.

Die verbale Beschreibung des Tatortes erfolgt von einem festgelegten Fixpunkt aus (z. B. der Eingangstür zum Tatzimmer) in Uhrzeigerrichtung. Bei heterogenen Tatorten ist die Beschreibung von einem Punkt aus nicht immer möglich, wodurch verschiedene Fixpunkte bestimmt werden müssen. Festlegung und Wechsel von Fixpunkten sind zu dokumentieren.

Im Allgemeinen wird darauf orientiert, die Auflistung der gesicherten Spuren (nach Art, Auffindungsort, Spurenträger, Sicherungsverfahren, Vergleichsmaterial und Verbleib) in den Tatortbefundbericht zu integrieren. Insbesondere bei komplizierten Sachverhalten mit einer besonderen Bedeutung der Spurenlage und der Notwendigkeit gutachterlicher Aussagen ist die Anfertigung eines separaten Spurensicherungsberichtes zweckmäßig.

Der Spurensicherungsbericht

Neben der Auflistung der gesicherten Spuren sollte der Spurensicherungsbericht folgende Angaben enthalten:

- konkrete Untersuchungsfragen an den Sachverständigen, bezogen auf die benannten Spuren,
- Veränderungen am Spurenmaterial, die nach der Tatfeststellung durch äußere Einflüsse, z. B. das Sicherungsverfahren, eingetreten sind,
- Hinweise darüber, ob das Spurenmaterial durch die Auswertung verändert und danach vernichtet werden kann,
- Spurenbewertungen, die schon erfolgten, und ihre Ergebnisse (operativ am Tatort, durch andere Einrichtungen usw.).

Die Fotodokumentation

Die Abfolge der fotografischen Erfassung des Tatortes muss die folgenden Prinzipien berücksichtigen:

- vom Allgemeinen (dem Tatort in seiner Gesamtheit) zum Speziellen (der einzelnen Spur),
- von der Peripherie zum Zentrum,
- nach der vermutlichen Abfolge der Täterhandlungen.

Bestandteile der Fotodokumentation sind:

1. Orientierungsaufnahmen: Sie stellen den Tatort in seiner räumlichen Umgebung, eingeordnet in andere Gebäude, in Straßen, Verkehrseinrichtungen usw. dar.

2. Übersichtsaufnahmen: Sie werden vor der Spurensuche (also ohne Spurenmarkierung) und nach Abschluss der Spurensuche (also mit den gefundenen und markierten

Spuren) angefertigt. Übersichtsaufnahmen sollen den Tatort in seiner Gesamtheit, u. U. aus unterschiedlichen Blickrichtungen (Tür/Fenster) darstellen.

3. Teilübersichtsaufnahmen: Sie widerspiegeln wesentliche Teilelemente des Tatortes, z. B. das Tatortzentrum, einen Zugangsweg zum Tatort, eine komplexe Spurenlage etc.

4. Detailaufnahmen: Die Detailaufnahmen sind die fotografische Erfassung der einzelnen Spuren und Beweisgegenstände mit der entsprechenden Markierung.

Videoaufzeichnungen

Sie werden insbesondere bei komplizierten und schwerwiegenden Straftaten angefertigt. Besonders anschaulich darstellbar ist das Vorgehen des Täters am Tatort, indem der Auffindeweg seiner Spuren mittels der heuristischen Suchmethode nachgestaltet wird.

Tatortzeichnungen

Zu unterscheiden sind Tatortzeichnungen und Tatortskizzen. **Tatortzeichnungen** werden maßstabgerecht angefertigt. Die Maße und Bezeichnungen der einzelnen Details werden in einer Legende erfasst. **Tatortskizzen** sind häufig das am Tatort angefertigte Grundgerüst der Zeichnung. Sie müssen nicht maßstabgerecht sein. Maße und Bezeichnungen können unmittelbar eingetragen werden. Bei den Tatortzeichnungen und -skizzen können folgende Grundarten unterschieden werden:

1. Die Grundrisszeichnung oder -skizze: Sie stellt eine Draufsicht des Tatortes in seinen territorialen Ausmaßen und gegenständlichen Merkmalen dar.

2. Kreuzprojektionszeichnung oder -skizze: Sie ist dann erforderlich ist, wenn senkrechte Flächen (z. B. Wände) und ihre Lage zueinander und zur Ebene dargestellt werden müssen. Die Darstellung erfolgt so, als wären die senkrechten Flächen zur Ebene hin abgeklappt.

3. Dreidimensionale Zeichnungen oder -skizzen: Sie werden erarbeitet, wenn kriminalistisch relevante Details an Wänden oder in Raumecken dargestellt werden sollen. Die Abbildung erfolgt aus überhöhter Winkelperspektive.

4. Schnittzeichnungen oder -skizzen: Sie sind Quer- oder Längsschnitte von Gebäuden (z. B. zur Verdeutlichung von Geschoßhöhen, Wand- und Deckenstärken, der Führung von Schornsteinen, Wasser- und Gasleitungen usw.).

Neue Entwicklungen

Seit einigen Jahren sind bei Tatorten schwerer Gewaltkriminalität und bei Unfallorten 3D-Tatortkameras im Einsatz, die zunehmend Handaufmaß und Messtisch verdrängen. Durch diese moderne 3D-Vermessungstechnik ist eine schnelle und exakte digitale Erfassung und virtuelle Rekonstruktion von Örtlichkeiten in geschlossenen Räumen sowie im freien Gelände möglich. Mit Sicherheit wird diese Technik zukünftig noch umfassender durch die Strafverfolgungsorgane angewendet werden. Der Detektiv, der sich mit der polizeilichen Tatortarbeit beschäftigt, muss aber einen Überblick über alle Dokumentationsarten besitzen, zumal gerade bei Altfällen die 3D-Technik in der Regel noch gar nicht zum Einsatz kommen konnte. Weiterhin wird es weite Bereiche der Kriminalität geben, in denen sie auch zukünftig nicht verwendet werden wird, u. a. aus Kostengründen.

Bei Bildern aus einer Überwachungskamera ist es heute möglich, mit einem Laserscanner den Körper des Täters zu vermessen. Auch diese Methode bietet große Perspektiven.

Besonderheiten bei der Sicherstellung von Schusswaffen

Auch bei dieser risikoreichen Maßnahme haben die Eigensicherung und der Schutz Unbeteiligter Vorrang gegenüber dem Schutz der Spuren vor Veränderung oder Zerstörung. Bei der Sicherstellung ist die Lage der Waffe zu fotografieren, Waffenart, Lage und Ladezustand sind zu beschreiben. Anhaftungen wie Haare und Fasern sind fachgerecht zu sichern und zu asservieren. Die Waffe muss entladen werden, wobei gegebenenfalls ein Waffenexperte hinzuzuziehen ist. Bei diesem Vorgang sind keine neuen Spuren zu verursachen (Gefahr der Trugspuren). Sämtliche Veränderungen sind zu dokumentieren. Mit Hülse und Projektil ist genauso professionell zu verfahren (Lage markieren, fotografieren und vermessen, Hülse mit Holzstäbchen aufnehmen und einzeln und weich verpacken, Projektil mit den Fingern und Handschuhen aufnehmen, nie mit der Pinzette).

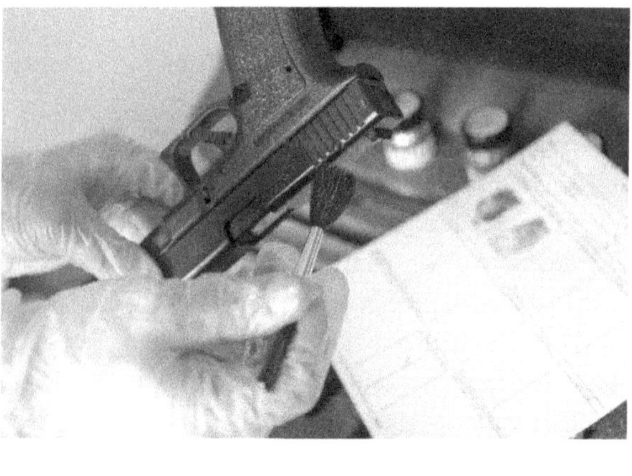

Für die Verpackung der Waffe ist ein geeignetes Behältnis zu nutzen, damit verhindert werden kann, dass z. B. nach der Trocknung »Teile« (abfallende Spuren) wie Blut, Hautschuppen oder Haarfragmente nicht verloren gehen. Der Schutz der Waffe vor äußeren Einflüssen ist immer zu gewährleisten.

Auf Griffschalen oder Kolben der Waffe können DNA-Spuren vorhanden sein, wie auch auf verschossenen und nicht verschossenen glatten Munitionsteilen Fingerspuren und/oder DNA-Spuren gefunden werden.

Noch ein Wort zur Sicherheit beim Antreffen (Auffinden) von Waffen. Waffen sind immer als geladen zu betrachten, bis die Sicherheit festgestellt ist. Sicher ist eine Waffe, wenn das Magazin aus der Waffe entfernt ist und das Patronenlager leer ist.

Die Aufnahme einer Waffe, sprich das In-die-Hand-Nehmen einer Waffe, hat so zu erfolgen, dass die Waffe keine Gefährdung für einen selbst oder für andere Menschen darstellt. D. h., sie wird nicht auf Menschen gerichtet, und der Finger geht **niemals** an den Abzug! Wenn man sich mit Waffen auskennt, dann überprüft man den Ladezustand, und die Sicherheit ist her- und somit festgestellt.

Die Sicherstellung von Fahrzeugen

Auch in diesem Fall sind alle Voraussetzungen für eine optimale Spurensuche, -sicherung und -auswertung zu schaffen. Die Auffindesituation muss exakt dokumentiert werden. Motor (läuft, warm/kalt), Beleuchtung, Radio, Türen offen oder geschlossen etc., (Unfall-)Spuren, Beschädigungen, Passgenauigkeit der Anstoßstellen zum Gesamtbild, Art der Reifenspuren (Brems-, Beschleunigungs-, Blockierspur), umherliegende Passstücke (Kunststoffteile, Glas, Lacksplitter), Schuhspuren, Blutspuren, Relikte (Tatwaffen, Tatwerkzeug, Zigarettenreste), allgemeine Situationspuren wie Wetter, Lichtverhältnisse, Beleuchtung, Verkehrszeichen und spezifische Situationsspuren wie Stellung der Sitze, Lenkradhöhe, Zustand von Schaltern.

Weiterhin ist das Fahrzeug zu beschreiben (Kennzeichen, Typ, Marke, Türen, Verschlusszustand, Beleuchtung, besondere Merkmale wie Aufkleber, Anbauten, Beschriftungen).

Dass auch bei der Tatortarbeit an und in Fahrzeugen die gefundenen Spuren markiert werden müssen, muss eigentlich nicht Erwähnung finden, wird aber zuweilen grob fahrlässig unterlassen. Eine Dokumentation aller im Fahrzeug vorhandenen Gegenstände, von Verformungen mit Vermessung, von fehlenden Teile und möglichen Passstücken sowie von Fremdlackantragungen ist unerlässlich. Geachtet werden muss insbesondere auf:

- Werkzeugspuren von Schraubendrehern an Tür und Fensterfalz (Kratzer/Scharten), von Nachschließwerkzeugen (Ausbau erforderlich) und von Bohrern (Schloss, Verriegelung),
- zerstörte Scheiben und Bruchspuren,
- Steine (wenn Scheibe eingeworfen) und Nothammer,
- hinterlassene Gegenstände = Relikte,
- Kontaktspuren (Substanzübertragungen) einschließlich DNA-Spuren (Lenkrad, Türgriff, Schalthebel u. a.),
- Textilfasern (sichern durch Abkleben auf Sitzen, an Kopfstützen und Gurten), wobei eingeschmolzene Fasern den Ausbau des »Spurenträgers« erfordern,
- Fingerspuren an geeigneten Stellen (Spiegel, Armaturen, Schalthebel, Fenster, Türen, lackierte Flächen),
- Aschenbecherinhalt (Zigarettenkippen, Kaugummi etc.),
- Materialspuren im Fußraum (separat zum jeweiligen Sitz sichern),
- Identitätspapiere, Führerschein, falls man solche findet,
- Versteckmöglichkeiten in Hohlräumen (Drogen, Schmuck u. a.),

- Manipulation an Fahrgestell-/Motornummer,
- unklare Schweißnähte und Neulackierungen.

Verdächtige Gegenstände (Tatwerkzeuge, Tatwaffen, Beute, Maskierungsmittel) müssen sachgerecht sichergestellt werden.

Die Sicherstellung von Schriftstücken

Bei der Sicherstellung sind Handschuhe zu tragen, um keine daktyloskopischen Spuren (Fingerspuren) zu hinterlassen. Die Schriftstücke sind nicht einzuheften oder zu klammern und niemals als Schreibunterlage benutzen (latente Schreibdruckrillen beim Schreiben vor allem mit dem Kugelschreiber könnten entstehen). Geheftete und gebundene Dokumente im Originalzustand belassen. Sensible (Fotopapier) und thermoaktive (Faxpapier) Dokumente müssen vor Licht und Wärme geschützt werden. Weitere Regeln sind: keine Ablöseversuche bei aufgeklebten Dokumenten und Etiketten, zerrissene oder zerschnittene Dokumente nicht zusammenkleben, nasse oder feuchte Dokumente trocknen. Achtung, auch Speichelanhaftungen auf Verschlussklappe oder Briefmarke sind ebenfalls zu schützen.

Schlechtes Beispiel: In der Erzählung *Das Haus »Zu den drei Giebeln«* treffen Sherlock Holmes und Dr. Watson am Tatort einen Polizei-Inspector, und Holmes fragt nach dem Verbleib eines Blattes Papier, das er gern sehen würde.

Und der Inspector führt aus: »Natürlich, es befindet sich in meinem Notizbuch. Ich lasse nie etwas unbeachtet, auch wenn es noch so nebensächlich zu sein scheint. Schließlich habe ich 25 Jahre Berufserfahrung. Ich kann Ihnen nur den guten Rat geben, Mr. Holmes, ebenso zu verfahren. Nur so kommt man an Fingerabdrücke und Ähnliches.«

Daraufhin sagt Sherlock Holes recht spöttisch: »Ich werde Ihren Rat beherzigen.«

Die Sicherstellung von Datenträgern

Gesichert werden sollten, wenn zur Lösung des Falles notwendig und rechtlich auch durchsetzbar, nicht nur der Computer, sondern alle Datenträger und Speichermedien. Dazu gehören Audio- und Videokassetten, Disketten, CD-ROM, Festplatten, Datenbänder, Speicherkarten, Mobiltelefone, SIM-Karten, Pager, Personal Digital Assistents (PDA), Credit- und Smartcards, Lesegeräte, Ton- und Bildaufzeichnungsgeräte (Kameras, Videorekorder, Diktiergeräte etc.), Bordcomputer, elektronische Wegfahrsperren und Unfalldatenaufzeichnungsgeräte. Diese Aufzählung ließe sich im digitalen Zeitalter mühelos fortsetzen.

Die Suche richtet sich vor allem nach der Art der Daten, denn es ist schon ein Unterschied, ob man Bilder, Texte, Datenbanken oder SMS aufspüren will. Die Einbeziehung von IT-Spezialisten versteht sich von selbst, vor allen Dingen, wenn komplizierte IT-Systeme durchforstet oder gelöschte Daten wieder hergestellt werden müssen.

4. Wie findet man Zeugen?

Wenn eine Straftat begangen wurde, werden Zeugen gesucht. Aber auch Verdächtige lassen sich mit einer systematischen Suche am Tatort und in seiner Umgebung finden. Denn nicht nur in Kriminalromanen kehrt der Täter recht häufig zum Ort seines Verbrechens zurück.

Über ein ungewöhnliches Beispiel ist 2002 berichtet worden. Ein 31-jähriger Mann raubte eine Spielhalle in Berliner Wedding aus. Er hatte die allein anwesende Angestellte angegriffen und Geld aus der Kasse genommen. Drei Minuten später war er aber wieder da, und gleichzeitig traf die alarmierte Polizeistreife ein. Das Geld hatte er aber nicht mehr bei sich. Der Mann gab an, dass er damit Schulden bezahlt habe. Warum der Mann zurückkam, ist rätselhaft geblieben.

Es gibt unterschiedliche Zeugenkategorien. **Tatzeugen** haben in der Regel die Tat gesehen und gehört, **Ohrenzeugen** haben nur etwas gehört, und **Zeugen vom Hörensagen** sind mit besonderer Vorsicht zu genießen. Denn sie haben nichts gesehen, gehört oder anderweitig wahrgenommen, sondern sie haben ihre Informationen von einer anderen Person.

Ermittlungen zur Feststellung von Zeugen und Verdächtigen am Tatort und in seiner engeren und u. U. auch weiteren Umgebung sind ein wichtiges Element rund um die Tatortarbeit. Methodik und Umfang der Ermittlungen hängen davon ab, welche Daten zum gedanklichen Modell des Ereignisses noch benötigt werden und welche Erfolgschancen entsprechende Ermittlungen haben (vgl. insgesamt Leonhardt 1978).

Die Zeugen- und Verdächtigenfeststellung am Tatort erfolgt im Allgemeinen nach der Tatortbesichtigung im Verlaufe der Tatortuntersuchung, ohne deren Erkenntnisse ein zielgerichtetes Vorgehen in der Regel nicht möglich ist.

Zeugen- und Verdächtigenermittlung sowie Suche und Sicherung von Spuren weisen nicht nur bezogen auf ihre Stellung im Gesamtkomplex der Tatortarbeit, sondern auch hinsichtlich ihres methodischen Grundgerüstes übereinstimmende Merkmale auf:

SPURENSUCHE UND -SICHERUNG	**ZEUGEN- UND VERDÄCHTIGEN-FESTSTELLUNG**
Schutz der potentiell vorhandenen, im Detail noch nicht erkannten Spuren *(Tatortsicherung)*	Schutz potentiell vorhandener, im einzelnen noch nicht festgestellter Wahrnehmungen durch Personen *(Schutz der Aussagen potentieller Zeugen)*
gezielte Suche nach latenten Spuren mittels systematischer oder heuristischer Methode	gezielte Feststellung von potentiellen Zeugen in entsprechend der Begehungsweise vermuteten Wahrnehmbarkeitsbereichen
Besichtigung festgestellter Spuren und Beurteilung ihrer kriminalistischen Relevanz	Befragung festgestellter Personen und Beurteilung der kriminalistischen Bedeutsamkeit ihrer Aussagen
Entscheidung über Sicherung oder Nichtsicherung der Spur	Entscheidung über Erfassung oder Nichterfassung der Aussage
operative Bewertung und Nutzung des Datengehaltes der Spur für die Folgeermittlungen	operative Bewertung und Nutzung des Datengehaltes der Aussage für die Folgeermittlungen

Für die systematische und umfassende Ermittlung von Zeugen ist es wichtig, von der Tatzeit auszugehen bzw. diese einzugrenzen. Fallabhängig kann sogar ein Öffentlichkeitsaufruf (»Wer kann Angaben machen?«) in Erwägung gezogen werden.

Die Aufgabe, Zeugen und Verdächtige ausfindig zu machen, wird im Wesentlichen von drei methodischen Anforderungen bestimmt, die allerdings in der Realität oft nicht voneinander zu trennen sind:

1. Die Ermittlungen werden von den Erkenntnissen über die akustische, optische oder sonstige Wahrnehmbarkeit des Ereignisses bestimmt. Sie sind am vermuteten Wahrnehmbarkeitsbereich orientiert. Denn wenn Per-

sonen nichts wahrgenommen haben können, sind sie keine Zeugen.

2. Anlass und Ursachen der Tat werden in einer bestimmten Beziehungslage vermutet. Die Ermittlungen sind auf die Aufklärung des Beziehungsfeldes von Tatort und Tatopfer gerichtet.

3. Die Ermittlungen müssen die Dynamik des Geschehens berücksichtigen. Notwendige Erkenntnisse über Zeugen und Verdächtige sollen aus den festgestellten und analysierten Bewegungsabläufen am Tatort und in seiner Umgebung gewonnen werden.

Ermittlungen im Wahrnehmbarkeitsbereich

Die Feststellung von Zeugen am Tatort und in seiner Umgebung folgt unabhängig von der spezifischen Ausgangslage einem methodischen Algorithmus:

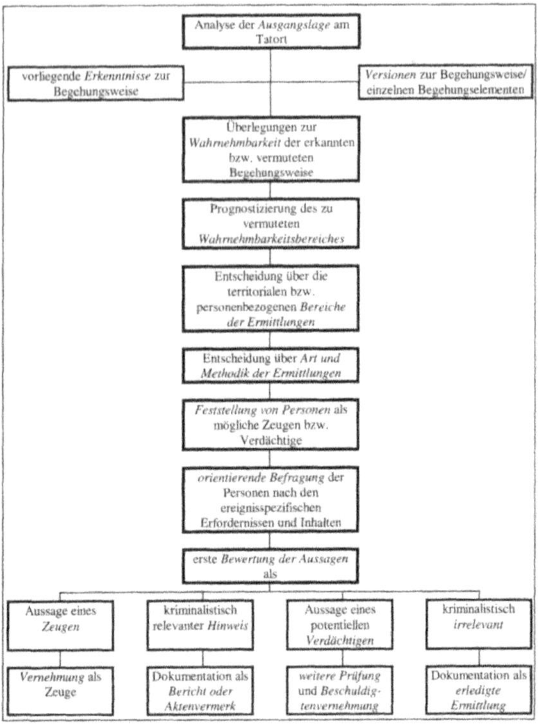

Festlegung des Wahrnehmbarkeitsbereiches

Wesentliche Grundlage für die Bestimmung von Wahrnehmbarkeitsbereichen sind die gesicherten Erkenntnisse bzw. Versionen zur Begehungsweise. Es ist also zu fragen, wie (akustisch, optisch, auf andere Weise), durch wen (Einzelpersonen, Personengruppen) und wo (territorial-räumliche Bereiche) die gesicherte bzw. vermutete Begehungsweise (oder einzelne Phasen der Tat) wahrgenommen werden konnte.

Die Wahrnehmbarkeit der Straftat hängt u. a. davon ab, ob ...

schrieben, in dem das kriminalistisch relevante Ereignis in seiner Gesamtheit oder einzelne Etappen der Tat wahrnehmbar waren.

Er umschreibt also den Sektor, in dem entsprechende Wahrnehmungen möglich gewesen waren. Ob sich auch wahrnehmungsfähige Personen an diesem Ort aufgehalten haben, wird dagegen erst durch die kriminalistischen Ermittlungen festgestellt.

Die Eingrenzung des Wahrnehmbarkeitsbereiches hat natürlich insofern fiktiven Charakter, als Wahrnehmung ohne Berücksichtigung der individuell-psychischen Komponenten ihrer Träger unterstellt wird und deren Umstände nicht bekannt sind, allenfalls vermutet werden können.

Aus der Tatsache, dass dem Detektiv die äußeren (objektiven) Bedingungen des möglichen Wahrnehmungsprozesses nie vollständig und die subjektiven Voraussetzungen wahrnehmender Personen im Allgemeinen unbekannt sind, folgt, dass

- begründete Überlegungen zum Wahrnehmbarkeitsbereich nur in den Grenzen möglich sind, wie Tatsachen oder begründete Vermutungen zur Begehungsweise vorliegen und
- Feststellungen zum Wahrnehmbarkeitsbereich nicht endgültig sind, sondern im Verlaufe der Ermittlungen stets der Präzisierung bedürfen.

Die vereinfachende, aber nicht jeder Wahrnehmungssituation gerecht werdende Regel, dass von allen Punkten, die vom Ereignisort aus sichtbar sind, auch der Ereignisort selbst einsehbar sein müsste, ist für die meisten Ermittlungsaufgaben zunächst ausreichend, auch wenn nur die optische Wahrnehmungen berücksichtigt werden. Unterstellt wird weiterhin, dass die potentiellen Zeugen positive Wahrnehmungsfähigkeiten (normaler Zustand der Sinnesorgane, keine negativen Einflüsse durch Krankheit usw.)

besitzen und bei ihnen aktuelle psychische Störfaktoren (Unruhe, Schock, Angst, Rausch, Stress) nicht vorhanden sind. Manchmal liegen allerdings auch hypothetische Erkenntnisse darüber vor, welches soziale Milieu und welche Personen bzw. Personengruppen in den entsprechenden territorialen Bereichen anzutreffen sind.

Berücksichtigt man alle Wahrnehmungsarten, gelangt man zur Erkenntnis, dass es den Wahrnehmbarkeitsbereich in aller Regel nur für eine spezielle Art von Empfindungen gibt. Werden in einem konkreten Fall potentielle optische und akustische Wahrnehmungen prognostiziert, fallen die beiden Wahrnehmbarkeitsbereiche oft erheblich auseinander und überlagern sich nur partiell, denn ein Schrei kann in einer größeren Entfernung gehört als die Tat beobachtet werden, was nicht ausschließt, dass sich einzelne Wahrnehmbarkeitsbereiche auch total überlagern können.

In Abhängigkeit von den jeweils dominierenden Empfindungen unterscheidet man zwischen Gesichts- (optisch-visuellen), Gehörs-(akustischen), Berührungs- (taktilen), Geruchs- (odorologischen), Temperatur- (thermischen) und Geschmacks- (gustatorischen) Wahrnehmungen, die in differenzierter Kombination und Gewichtung bedeutsam sein können. Für die Zeugenermittlung sind vor allem optische und akustische Wahrnehmungen signifikant.

Die Ermittlung von Zeugen sollte nicht auf einen (engen) Anwohnerkreis beschränkt werden. Auch Zeitungsausträger, Busfahrer, Taxifahrer, zufällig in der Gegend weilende Personen müssen u. U. aufgespürt werden.

5. Kriminalistisch identifizieren!

Gerhard Feix hat in seinem Buch *Kleines Lexikon für Kriminalisten* (1965, S. 239) ein heute noch gültiges Schema zum System der Identifizierung (nach Stelzer) veröffentlicht, das anschaulich macht, dass das Ziel der Suche und Sicherung von Spuren (im weitesten Sinne) darin besteht, den Spurenverursacher zu identifizieren, d. h. festzustellen.

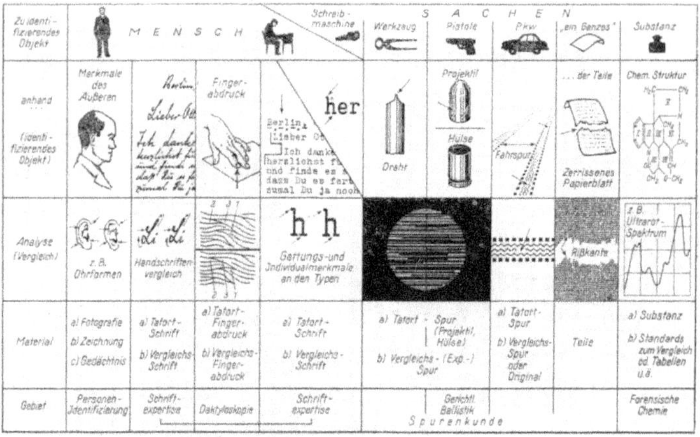

Die Identifizierung ist eine herausragend entwickelte Methode, sie ist Ziel und Prozess zur Feststellung verschiedener Objekte, die für eine korrekte Untersuchung und letztlich gerichtliche Entscheidung in Strafsachen von außerordentlicher Bedeutung sind. Es gilt die folgende Definition:

Die **kriminalistische Identifizierung** ist eine kriminalistische Vergleichsuntersuchung materieller Objekte anhand ihrer **materiellen und ideellen Widerspiegelungen**, ihrer **funktional-dynamischen Äußerungen** sowie ihrer **Teile** auf der Grundlage der Auswahl und des Vergleichs bestimmter Eigenschaften, die als **Merkmale** bezeichnet werden. Ihre Ziele sind die Feststellung der konkreten Identität eines einzelnen Objektes, der Identität von Gruppen bzw. der

Nichtidentität. Sie ist damit im weitesten Sinne eine vergleichende Untersuchung der gesuchten und zu prüfenden Objekte, die einen bekannten oder angenommenen Zusammenhang mit einem strafrechtlich relevanten Ereignis besitzen.

Jeder Detektiv muss zunächst wissen, dass die Identität eine philosophische Kategorie ist. Jedes Objekt ist nur mit sich selbst identisch (abstrakte Identität), aber das ist nur die halbe Wahrheit. Denn Mensch und Tier, Gegenstände und Stoffe verändern sich ständig, so dass die Identität mit sich selbst nur zu einem konkreten Zeitpunkt existiert. Da sich auch die kriminalistisch relevanten gesuchten Objekte stetig verändern, besteht die Besonderheit der Identifizierung darin, das Verhältnis des Objektes zu sich selbst in seinen verschiedenartigen Zuständen zu erforschen (konkrete Identität).

Wird ein konkreter Täter anhand des Spurenaufkommens am Tatort gesucht, so verändert er sich nach der Tat auf natürliche Weise. Er wird älter, die Körperzellen erneuern sich, sein Körper muss sich weiter mit der Umwelt auseinandersetzen. Darüber hinaus ändert so mancher Ganove sein Aussehen, um von Geschädigten, von Zeugen oder von der Polizei nicht erkannt zu werden. Bärte wachsen plötzlich, Frisuren werden verändert, Brillen werden getragen, vor allen Dingen Sonnenbrillen, und manch einer hat sich schon neue Hautstücke auf die Finger transplantieren lassen, damit er nicht anhand von daktyloskopischen Spuren identifiziert werden kann. Der Mensch bleibt aber immer das eine Individuum und kann noch nach Jahren oder Jahrzehnten als Spurenverursacher und als ein Täter ins Netz gehen, heute vor allen Dingen durch DNA-Spuren.

Es ist bereits festgestellt worden, dass (materielle) Spuren entweder Ergebnisse von Widerspieglungen sind oder Teilungsspuren. In der ersten Variante drückt sich der Schuh im lockeren Erdreich ein (Eindruckspur am Tatort). Wenn man nun eine Vergleichsspur (Schuhe eines Verdächtigen) hat, wird oft, auch von Kriminalisten, die es besser wissen sollten, beim positiven Ausgang des Vergleichs behauptet, dass Tatort- und Vergleichsspur identisch sind. Das ist natürlich Unsinn, denn identisch ist nur der Schuh, der beide Spuren verursacht hat. Ebenso falsch ist die Behauptung, dass Spur und Spurenverursacher identisch sind. Auch bei Teilungsspuren (Separationen) sind der Blutstropfen am Tatort und das Blut eines Verdächtigen nicht identisch (es sind ja beides »Originale« und keine Kopien), sondern es wird eine Zugehörigkeit zum ehemaligen Ganzen bestimmt.

Die ideellen Widerspiegelungen, die auch zur Identifizierung von Personen usw. herangezogen werden können, bilden die Grundlage z. B. beim Wiedererkennen. Ein Zeuge hat den Täter gesehen, und er kann ihn wiedererkennen, wenn er dieser Person gegenübergestellt wird.

Die in der Definition genannten funktional-dynamischen Komplexe müssen gesondert erläutert werden. Diese sind an bestimmte Funktionen gebunden, stellen zeitabhängige Verläufe komplexer Natur dar und lassen sich nicht nur unvollständigen mit Begriffen wie Widerspiegelung und Separation erklären. Funktional-dynamische Komplexe werden vorrangig bei der Personenidentifizierung ausgenutzt. Markante Beispiele sind die Identifizierung nach der Handschrift, der Stimme, der schriftlichen und mündlichen Rede, dem Gangbild und nach der Begehungsweise. Jeder hat schon einmal die Erfahrung gemacht, dass Menschen nur anhand ihrer Gangbilder wiedererkannt und damit in dividualisiert werden können.

Für die Untersuchung und Auswertung materiell fixierter Spuren mit dem Ziel der Identifizierung sind im Wesentlichen die Sachverständigen zuständig; der Detektiv oder Kriminaltechniker für die Suche und Sicherung. Für die sinnlich-konkreten Widerspiegelungen ist der Detektiv bzw. Vernehmer zuständig, denn wird von einem Zeugen eine Person in der Nähe des Tatortes oder am Tatort gesehen, muss die Person zuerst beschrieben werden. Erst dann kann eine Vergleichsuntersuchung (Wiedererkennung) vorgenommen werden.

Ob eine Identifizierung glückt, ist immer von der guten Vorarbeit des Detektivs abhängig. Dazu zählen:

- die gründliche und sorgfältige Sicherung, Erhaltung und Verpackung der zu untersuchenden Gegenstände, die einem Gutachter geschickt werden,
- die Beschaffung von Vergleichsmaterial,
- eine ausreichende Information des Sachverständigen über die Straftat, die Art und Weise der Auffindung, Sicherung und Behandlung der Identifizierungsobjekte. Dabei ist es außerordentlich wichtig, dass alle Veränderungen und Beschädigungen an den Identifizierungsobjekten zur Kenntnis gegeben werden,
- eine gut formulierte und konkrete Fragestellung an den Sachverständigen, was einschließt, dass sich der Detektiv Klarheit darüber verschafft, welche Untersuchungsfragen durch die Identifizierung im Gutachten geklärt werden müssen.

Es gibt ungewöhnliche Spuren, anhand derer man einen Täter identifizieren kann, was ein Blick in die Kriminalgeschichte beweist.

Sein Appetit wurde 1980 einem Brandstifter im ostfranzösischen Juraort Morez zum Verhängnis. In den Trümmern eines ausgebrannten Selbstbedienungsladens fand die Polizei eine angebissene Pastete unweit einiger Benzinkanister. Der Verdacht richtete sich bald auf den 20-jährigen Philippe Bourgois, der wenige Tage zuvor bei einem Diebstahl in diesem Laden gestellt worden war und der nun anhand seines Gebissabdrucks eindeutig identifiziert, das heißt überführt werden konnte.

In einem Fall in Ungarn aus dem Jahr 1970 waren am Tatort eines schweren Verbrechens, das in einer Wohnung begangen worden war, an der Außenseite einer Fensterscheibe Abdruckspuren gesichert. Es handelte sich um flächendeckende Verschmierungen, in denen Punkte und Linien erkennbar waren. Die Lage dieser ungewöhnlichen Spuren ließ den Schluss zu, dass es sich um Abdrücke handeln kann, von denen einige mit der Stirn und andere mit der Nase verursacht wurden. Diese Annahme bestätigte sich schließlich. Der Täter hatte sie verursacht, als er vor der Tat durch das Fenster in die Wohnung gesehen hatte. Von 17 Personen, die als Verdächtige ermittelt worden waren, konnten 16 mit Sicherheit als Täter ausgeschlossen werden. Eine Person wurde gerade durch diese seltenen Spuren als Täter überführt.

In der Ho-Chi-Minh-Straße (heute Weißenseer Weg) in Berlin-Lichtenberg wurde im Juli 1987 die Wohnung einer Familie komplett ausgeräumt. Noch am selben Tag geschah ein zweiter Einbruch im Nachbarhaus. An den Wohnungseingangstüren stellten die Kriminalisten Abdrücke von Ohren sicher, die auf denselben Spurenverursacher hindeuteten. An weiteren 21 Türen wurden die Spurensucher fündig. Noch im gleichen Jahr wurde ein Tatverdächtiger festgenommen; er war nur einen halben Zentimeter kleiner, als die Kriminalisten anhand der Höhe der Ohrabdrücke ermittelt hatten. Die Lauschspuren von den Tatorten stimmten mit den Vergleichsabdrücken überein. 17 Einbrüche konnten dem Mann nachgewiesen werden.

6. Wer fragt, der hat die Initiative

Die **Befragung** ist ein zielgerichtetes, planmäßig geführtes Erkundungsgespräch zur Gewinnung von Aussagen zu einem Sachverhalt. Für die Befragung durch den Detektiv gibt es keine gesetzlichen Vorschriften; der Befragte muss mit der Befragung einverstanden sein oder er verweigert die Aussage.

Der Befragungsprozess besitzt einige Besonderheiten:

1. Er ist ein bewusst einseitig geführter und sachlich orientierter Kommunikationsprozess. Wer fragt, der hat immer die Initiative!
2. Die Personen kennen sich in der Regel nicht. Diese Fremdheit sowie Unterschiede in der Intelligenz, in der Bildung, im Alter, im Geschlecht, in den Denkweisen, Haltungen und Einstellungen sind häufig Ursachen von Kommunikationsstörungen und Kommunikationsschranken (Vorurteile, Voreingenommenheit).
3. Die Tatsache, dass ein Detektiv fragt, kann zu Kontaktschwierigkeiten und negativen Beeinflussungen führen.
4. Die Aussage hat für den Befragten eine große persönliche Bedeutsamkeit, wenn seine Schuld in dem anliegenden Sachverhalt berührt ist. Daher ist die Aussagebereitschaft sehr differenziert, und es muss immer mit konfliktbesetzten Reaktionen gerechnet werden.
5. Von dieser Aussagebereitschaft ist wiederum das Aussageverhalten abhängig.
6. Ein Befragter sollte erst einmal zu einem sog. **freien Bericht** aufgefordert werden, bei dem dieser, Aussagewilligkeit vorausgesetzt, Gelegenheit zu einer zusammenfassenden Darstellung bekommt, also seine Sicht auf den Fall darlegen kann. Erst danach sollte der Detektiv mit seinen Fragen beginnen.

Der Begriff der **Kommunikation** ist wesentlich weiter. Grundlage der Kommunikation ist der Austausch von Nachrichten. Nachrichten sind bedeutungshaltige Botschaften, die von jemandem ausgestrahlt (Sender) und von jemandem empfangen (Empfänger) werden.

Nachrichten können verbal und/oder nonverbal (nichtverbal) sein. Auf der verbalen Ebene finden wir entweder explizite, direkte, ausdrücklich formulierte Nachrichten (»Ja, ich gebe es zu, ich habe das weggenommen.«) oder implizite, indirekte Nachrichten, die interpretiert werden müssen (»Ich war irgendwie abgelenkt ...«).

Auf der nonverbalen Ebene übermitteln wir Botschaften

1. durch Stimme, Betonung, Aussprache,
2. durch begleitende Mimik und Gestik,
3. durch körperliche Reaktionen (z. B. Schwitzen, Erröten, Erbleichen, Unruhe) und
4. auch durch das Nichts-Sagen, das Schweigen.

Der Detektiv befindet sich bei seiner Befragung oft in einer sozialen Konfliktsituation, z. B. beim Diebstahl im Einzelhandel. Ein **sozialer Konflikt** ist allgemein eine Beziehung, in der zwei oder mehr Beteiligte mit Nachdruck versuchen, gegensätzliche Handlungspläne zu verwirklichen, und sie sind sich damit ihrer Gegnerschaft bewusst. Das ist der Fall, wenn ein Ladendieb durch den Detektiv gestellt worden ist.

Durch **Stress** eines Kommunikationspartners oder beider Partner kann sich ein Konflikt hochschaukeln und gefährlich werden. Stress ist eine allgemeine, unspezifische Reaktion des gesamten Organismus auf Stressoren (Auslöser).

Stressoren sind alle äußeren und inneren Anforderungen, die als bedrohlich oder unangenehm empfunden werden. Der Körper reagiert dann auf drei Ebenen:

1. emotional/kognitiv (die Erkenntnis betreffend): Wut, Angst, Gedankenblockade, Konzentrationsschwäche – unter Stress leidet das Denken, wenn Gefühle überwiegen, wird es leicht persönlich,
2. vegetativ: Schweiß, Übelkeit, Magendruck, Herzklopfen,
3. muskulär: Verspannung, Zittern, Verkrampfen.

Die Befragung muss immer gedanklich vorbereitet werden. Folgende Aspekte spielen eine Rolle:

1. Personenkenntnis (falls man über Informationen verfügt),
2. Rechtskenntnis,
3. Auswahl des Ortes (wenn mehrere in Frage kommen), der Raum darf keinerlei Ablenkung bieten, Farben der Wände, Decken, Teppiche und Möbel sollten gedeckt sein, Bilder sind zu vermeiden, kein Telefon im Raum (wenn möglich),
4. Sachverhaltskenntnis (Situation, Umfeld, Handlungshintergründe der Beteiligten usw.), eine Liste mit vorhandenen Fakten und zu ermittelnden Fakten (Was, wo, wann, wie und warum geschah es? Wer ist beteiligt?) ist sehr nützlich,
5. Zeitpunkt der Befragung (Befragung sofort?),
6. strategische Festlegungen (Was passiert mit dem Befragten in den Situationen X oder Y? Müssen staatliche Behörden informiert oder hinzugezogen werden?).

Es gibt **offene** und **geschlossene Fragen**. Offene Fragen ermöglichen ein breites Spektrum an Antworten (Warum sind Sie heute in das Kaufhaus gekommen? Wessen Idee war es, es einmal zu probieren?). Geschlossene Fragen können Alternativfragen oder Ja-Nein-Fragen sein, bei denen es nur eine einschränkende Antwortmöglichkeit gibt (Sind Sie mit dem Fahrrad oder dem Bus gekommen? Geben Sie zu, dass Sie gestohlen haben?).

Suggestivfragen sind ein besonders Kapitel. In der Psychologie ist eine Suggestion die Übertragung eines Bewusstseinsinhaltes von einer auf eine anderen Person, unabhängig von der kritischen Kontrolle des Empfängers. Heißt, dass die Person, die befragt wird, etwas aussagt und selbst für wahr hält, was ihr eigentlich nur durch die Fragestellung eingeredet worden ist.

Suggestivfragen sind demnach Fragen, die dem Antwortgeber eine Antwort nahelegt. Solche Fragen sind:

1. **Voraussetzungsfragen**. Warum haben Sie die Vase angefasst? Diese Frage wirkt zunächst harmlos, aber ist in dieser Befragung noch gar nicht geklärt worden, dass die Vase überhaupt angefasst wurde, wird sie eine Suggestivfrage. Das Anfassen wird einfach unterstellt.
2. **Unvollständige Alternativfragen**. Durch die Fragestellung werden die Antwortmöglichkeiten vorgegeben oder eingegrenzt. War der Mantel braun oder rot? Die richtige Fragestellung wäre: Welche Farbe hatte der Mantel?
3. **Erwartungsfragen**. Hatte die Verkäuferin nicht schon ein Telefon in der Hand? In der Frage wird angedeutet, was für eine Antwort erwartet wird.
4. **Entscheidungsfragen**, besser Entscheidungsvorhalte. Das sind direkte Behauptungen. »Das müssen Sie doch gesehen haben!«
5. **Präzisierende Fragen**. Eine unermüdliche Aufforderung nach präziserer Beschreibung der Ereignisse kann bereits suggestiv wirken.

Die Fachleute sind sich aber darüber einig, dass ein völliger Ausschluss der Suggestion in einer Befragung nicht möglich ist. Besonders Kinder und alte Menschen besitzen eine hohe Suggestibilität, sind also überdurchschnittlich für Suggestionen empfänglich. Hier ist besondere Vorsicht geboten.

Anders sind **Fangfragen** zu bewerten. Fragen wie »Schlagen Sie Ihre Frau nach wie vor?« oder »Geben Sie zu, auch diesen Ladendiebstahl begangen zu haben?« sind unzulässig. Die Antwort »Ja« beinhaltet im Falle des Ladendiebstahls das Eingeständnis, dass der Befragte früher und auch jetzt eine Diebstahlshandlung begangen hat. Auch bei der Antwort »Nein« wird zumindest eine frühere Wegnahmehandlung eingestanden. Dagegen sind **Überrumpelungsfragen** zulässig, die bei einem Tatverdächtigen, der als Vorsatztäter gehandelt hat, Voraussetzungsfragen sind, die aber nicht suggestiv wirken, da jener in der Regel genau weiß, was er tat. Eine solche Frage ist z. B. »Hatten Sie auch ein Messer in der Hand?« unter der Voraussetzung, dass das Messer bisher in der Befragung noch gar keine Rolle gespielt hat.

Grundsätze der Fragestellungen

1. Bevor Sie eine Frage formulieren, müssen Sie genau wissen, was Sie damit erreichen wollen.
2. Stellen Sie immer nur eine Frage.
3. Formulieren Sie Ihre Fragen kurz, präzise und für den Befragten leicht verständlich.
4. Lassen Sie dem Befragten ausreichend Zeit zum Nachdenken, bevor er antwortet.
5. Vermeiden Sie in Ihren Fragen alle Hinweise auf die von Ihnen bevorzugte Antwort.
6. Unterlassen Sie Wertungen in Ihren Fragen und verzichten Sie darauf, dem Befragten, Vorwürfe zu machen.
7. Alternativfragen kommen nur in Betracht, wenn die Alternativen den gesamten Bereich möglicher Antworten abdecken. Andernfalls würde der Detektiv von vornherein Antwortmöglichkeiten ausschließen und dadurch auf wertvolle Informationen verzichten.
8. Unterlassen Sie Suggestivfragen.

Aspekte der Aussage

In der Befragung werden von einer Person Aussagen gewonnen. Der Entstehungsprozess dieser Aussagen vom Erlebnis (von der Wahrnehmung) bis zur mündlichen Übergabe ist kompliziert und wird von einer ganzen Reihe Faktoren beeinflusst. Auf eine Kurzformel gebracht kann gesagt werden, dass alle Stufen, die die Aussage in ihrer Entwicklung zurücklegt (Wahrnehmen, Einprägen, Reproduzieren) Beeinflussungen unterliegen, deren Kenntnisse praktischen Nutzen bringen, um den Wahrheitsgehalt der Aussage einschätzen zu können. Das ist der **historische Aspekt** jeder Aussage.

Weil die Aussage nicht von der aussagenden Person losgelöst werden kann, sprechen wir auch vom **Persönlichkeitsaspekt** der Aussage. Berufe, Erfahrungen oder soziale Beziehungen zu anderen Menschen, die mit dem konkreten Fall in irgendeiner Weise verknüpft sind, prägen den Inhalt der Aussage.

Weiterhin ist die Aussagesituation wesentlich. Es ist ein Unterschied, ob ein Zeuge in seiner häuslichen Umgebung oder in einem Kriminalbüro vernommen wird. Die Art und Weise der Protokollierung seiner Aussage, die Anwesenheit von weiteren Personen usw. beeinflussen das Aussageverhalten und damit die Aussage. Diese Faktoren weisen auf den **Situationsaspekt**.

Schließlich muss auf den **semantischen Aspek**t hingewiesen werden. Die Semantik ist die Lehre von der Bedeutung der Wörter und ihren historischen Wandlungen. Es ist also die Frage, ob die beiden Beteiligten (der Frager und der Gefragte) solche Zeichen und Wörter verwenden, dass sie sich gegenseitig verstehen. Ist dies nicht der Fall, was oft gar nicht bemerkt wird, haben wir es mit einer Quelle von Missverständnissen zu tun, die oft später nicht mehr ausgeräumt werden können.

Der Mörder Schunicht und ein Rotterdamer Kommissar

Von dem Berliner Kriminalkommissar Weien wird eine schöne Vernehmungsgeschichte aus der Zeit um 1900 erzählt. Denn einem Verdächtigen oder Beschuldigten ein Geständnis abzulocken, gehört zur hohen Schule der Vernehmung, von der Weien viel verstand.

Er erhielt als Wachhabender eine Anzahl Gefangener zugeführt, darunter den eines Mordes verdächtigten Schunicht. Dieser wusste aber nichts von dem Mordverdacht, sondern glaubte, er sei wegen einer Meldeübertretung festgenommen worden. Weien vernahm alle gleichzeitig (was, wie wir jetzt wissen, ja ziemlich fragwürdig ist), Schunicht als letzten. Da der Vorletzte, der einen Stein in ein Fenster geworfen hatte, nicht sogleich seine Missetat gestand, sagte der Beamte zu ihm: »Wer etwas getan hat, muss auch so viel Ehrgefühl haben, dass er seine Tat auf sich nimmt.« Daraufhin gestand jener, und Weien entließ ihn mit den Worten: »Sie sind doch wenigstens noch ein anständiger Mensch, der Ehrgefühl hat; da will ich Sie nicht hierbehalten.«

Alsdann wandte sich Weien – es war inzwischen zwei Uhr nachts geworden – Schunicht zu und sagte zu ihm: »Sehen Sie, den habe ich gehen lassen, weil er noch Ehre im Leibe hat; ich hoffe, dass auch Sie noch so viel Ehrgefühl besitzen und das offen gestehen, was Sie einmal getan haben. Sie sollen die Witwe H. ermordet haben. Was sagen Sie dazu?«

Der völlig überraschte und wohl richtig angepackte Schunicht gestand sofort den Mord. Später widerrief er zwar das Geständnis, konnte aber auf Grund der nunmehr erlangten Beweise rechtskräftig verurteilt werden.

Mancher Beschuldigte wird zuweilen von der Kriminalpolizei mit der Frage empfangen: »Wollen Sie etwa aussagen?« Damit erübrigen sich zwangsläufig freier Bericht und Befragung. Besser dran war ein Rotterdamer Kriminalkommissar, dem 1981 ein 17-jähriger Ganove den wohl umfänglichsten freien Bericht der Kriminalgeschichte präsentierte. Einmal festgenommen, sprudelten die Schuldbekenntnisse wie ein Wasserfall. Nach der Summierung der gestandenen Diebstähle, Überfälle und Brandstiftungen, die dem Täter umgerechnet über fünf Millionen Mark Beute eingebracht hatten, zählte der erschöpfte Kommissar über 2.000 Delikte. Ein solches Ermittlungsglück ist aber höchst selten und kommt im Leben eines Detektivs praktisch nicht vor.

7. Die Personenbeschreibung

Eine Person zu beschreiben, ist eine schwierige Aufgabe. Hat ein Zeuge den Täter nur kurz wahrgenommen, taucht die Frage auf, welche Angaben selbst bei einer relativ kurzzeitigen Wahrnehmung erwartet werden können. Auf diese Frage kann nicht mit einer Faustregel geantwortet werden, da vielfältige situations-, tätigkeits- und persönlichkeitsbezogene Komponenten zu beachten sind. Eine allgemeine Orientierung für den Praktiker gibt die folgende Aufstellung:

- Geschlecht,
- Körpergröße im cm (ca.) oder in einer Relation (war kleiner oder größer) oder mit einem Begriff: klein, mittelgroß, groß, sehr groß,
- scheinbares Alter,
- Körperbau (Gestalt); die Beurteilung der Gestalt des Menschen ist von seiner Körpergröße abhängig, denn Körperumfang und Leibesfülle werden im Verhältnis zur Größe betrachtet: korpulent, dick, untersetzt, schlank, sehr schlank,
- ethnische Zugehörigkeit,
- Kopf- und Gesichtsform: rund, oval, kreiselförmig, viereckig, rechteckig, pyramidenförmig, asymetrisch,
- Gesicht: Farbe (blass, gebräunt, pigmentiert), Stirn (hoch, breit, zurückweichend, senkrecht, vorstehend), Nase (Form, Größe, Nasenrücken), Augen (Farbe), Augenbrauen (Form und Farbe), Ohren (Form, abstehend, anliegend), Mund und Lippen (Größe, Form, Relationen), Zähne (Größe, Farbe, Lücken, Zahnersatz), Kinn (Form), Haar (Form = Frisur, Länge, Ansatz, Farbe, Struktur), Bart (Form und Farbe),
- Körperhaltung und Gang,
- Brille, Schmuck,

- Bekleidung,
- mitgeführte Gegenstände,
- Stimme und Sprache (Stimmhöhe und -fülle, Akzent, Dialekt, Sprachfehler),
- auffällige Merkmale (Tätowierungen, Narben, Amputationen).

Welche Bedeutung die Gestalt eines Menschen nicht nur für die Personenbeschreibung, sondern auch für eine spontane Wiedererkennung hat, zeigt ein neuer Fall aus Rheinland-Pfalz. Ein Unbekannter hatte 2015 bei einem Überfall in Olsbrücken einen fünfstelligen Betrag erbeutet. Auf die Spur kamen ihm die Kriminalisten durch Bilder aus der Überwachungskamera. Zu sehen war ein maskierter Mann, der im Schalterraum von einem Angestellten mit einer vorgehaltenen Pistole Bargeld fordert. Bei der Auswertung der Bilder sei einem Beamten die Statur des Mannes bekannt vorgekommen. Schnell war der Fall aufgeklärt. Der Bankräuber war ein Polizist, ein Kollege.

»Die unterhaltendste Fläche auf der Erde ist für uns das menschliche Gesicht.« Dieser Satz stammt vom Philosophen Friedrich Nietzsche. Er weist nicht nur darauf hin, dass wir uns in der Kommunikation einander ins Gesicht schauen (sollten), sondern auch darauf, dass wir eine fremde Person zuerst über das Gesicht wahrnehmen, das literarisch richtig als Interesse weckende und werbefähige Physiognomie bezeichnet worden ist. Deshalb wird manchmal bei Personenbeschreibungen spontan der Ausdruck des Gesichts benannt. Anmutungsqualitäten wie düster, aggressiv, grobschlächtig, sadistisch, schlau, gerissen oder gutaussehend sind solche Beispiele. Diese unterscheiden sich qualitativ ganz erheblich von den anderen Merkmalen, für die es im Äußeren der Person direkte objektive Entsprechungen gibt. Der Ausdruck des Gesichts dagegen wird gefühlsmäßig interpretiert und bezeichnet. In der Befragung ist zu erkunden, was der Aussagende im Allgemeinen unter diesen Bezeichnungen versteht und warum er sie im konkreten Fall angewendet hat.

Natürlich können ganz andere sichere Beschreibungen zu Körperteilen gegeben werden, die in der obigen Aufzählung nicht erfasst sind. Sie bietet aber dem Detektiv und Praktiker Anhaltspunkte, wonach er fragen könnte, wenn der Zeuge von sich aus keine weiteren Aussagen zur Beschreibung machen kann und will.

Angaben zu Personenbeschreibungen können wie jede andere Aussage wahr oder falsch sein. Wenn sie falsch sind, müssen sowohl der Irrtum als auch die vorsätzlich falsche Aussage (Lüge) in Betracht gezogen werden.

Besonders gut werden sich solche Merkmale einprägen, die »ins Auge springen«, die also wesentlich vom Normalfall abweichen. Solche Angaben erfolgen in der Regel spontan. Es gehört aber auch zu den Aufgaben des Detektivs, die Personenbeschreibung auf nicht im freien Bericht genannte Punkte zu lenken, ohne »Druck« auszuüben oder die Antworten vorzugeben, wobei man sich im Rahmen der oben gegebenen Orientierung bewegen könnte, natürlich aktualisiert durch die Erkenntnisse vom gerade zu untersuchenden Fall (z. B. spezifischer Geruch, Besonderheiten im Verhalten). Andere dominierende Merkmale wird der Befragte schon aus eigenem Antrieb nennen. Ist der freie Bericht zur Personenbeschreibung nicht sehr ergiebig, muss nachgefragt werden. Das soll weitgehend suggestivfrei geschehen.

Zur Objektivierung der Personenbeschreibung können Hilfsmittel verwendet werden (Farbtafeln, Haarfarbenkatalog, Muster von Frisuren und Barttrachten, Grundtypen des Körperbaus).

Bei der Beschreibung von Sachen, Orten usw. müssen natürlich andere Merkmale genannt und erfragt werden.

Wie eine Person wahrgenommen wird, hängt immer von den konkreten Umständen ab. Durch verschiedene Faktoren kann es zu gravierenden Fehlinterpretationen kommen.

Eine westsibirische Streckenwärterin machte 1982 in der Nähe von Kemerowo auf einem vorbeirauschenden Zug etwas Merkwürdiges aus und meldete dies sogleich ihrem Dispatcher: »Der Zugbegleiter benimmt sich sehr komisch. Er hat sich mit einem dicken brauen Pelz umhüllt, aufs Trittbrett gelegt und brüllt vor lauter Kälte!« In Wahrheit hatte sie sich selbst einen fetten Bären aufgebunden. Mit einem großen Satz auf das Trittbrett des noch langsam fahrenden Zuges rettete sich ein Meister Petz, von einer wilden Hundemeute erst geweckt und dann verfolgt, doch der Zug wurde immer, immer schneller ...

8. ... und wie haben Sie sich erkannt?

»Und Adam erkannte sein Weib Heva, und sie ward schwanger«, heißt es lakonisch im 1. Buch Mose des Alten Testaments. Geht das Erkennen nicht so friedlich mit dem Willen der beiden Beteiligten vor sich, gehört es ins Kriminalfach. Dann gibt es noch am Ende der Untersuchung ein Urteil, auf das das Gericht erkennt. Erkennen und Wiedererkennen spielen aber auch im Leben eines Detektivs unter einem ganz anderen Aspekt eine Rolle.

Auch wenn der Privatermittler eher selten Wiedererkennungen durchführt, muss er über diese kriminalistische Methode Bescheid wissen. Wiederkennungen werden vorrangig bei der Kriminalpolizei oder vor Gericht im Beweisverfahren inszeniert, deren Ergebnisse oft eine erhebliche belastende Rolle spielen, wenn jemand wiedererkannt und damit als »Täter« identifiziert wurde.

Insbesondere der Detektiv, der sich in Strafrechtssachen auskennt, kommt nicht umhin, solche Wiedererkennungen zu bewerten, z. B. bei Mordermittlungen (vgl. Kapitel 7 Teil IV). Es ist nämlich gar nicht so selten, dass jemand fälschlicherweise wiedererkannt wird, vor allen Dingen dann, wenn die Wiedererkennung methodisch unrichtig durchgeführt worden ist.

Wiedererkennen ist eine Variante der Aktualisierung von Gedächtnisinhalten, also ein Prozess und zugleich ein Ergebnis psychischer Tätigkeit, eine Form des Identifizierens.

Hat man eine Person, ein Objekt usw. in der Vergangenheit schon einmal wahrgenommen, ist es möglich, über dieses ohne dessen Anwesenheit zu berichten, z. B. bei einer Personenbeschreibung aus dem Gedächtnis. Diese Art nennt die Psychologie auch freie Reproduktion. Bei der Wiedererkennung dagegen ist ein Gedächtnisinhalt bei Anwesenheit des Objektes zu aktualisieren.

Wiedererkennen ist eine ursprüngliche Fähigkeit, die nicht an die Sprache gebunden ist. Deshalb können Kinder Personen wiedererkennen, bevor sie überhaupt zu einer einigermaßen brauchbaren Beschreibung fähig sind. Da die Wiedererkennung ein ursprünglicher psychischer Prozess ist, eine täglich von jedem Menschen vielfach vollzogene Erkenntnisleistung, die im Wesentlichen automatisiert abläuft, besitzt sie in der Regel auch eine höhere Treffsicherheit als Resultate des freien Reproduzierens; Ausnahmen bestätigen natürlich auch hier die Regel.

Vor der Wiedererkennungsmaßnahme ist der Zeuge zu der Person zu befragen, die er am Tatort gesehen hatte. Es ist unbedingt zu fragen, ob ihm diese Person schon vor der Straftat bekannt war. Wenn ja, ergeben sich nicht nur für die Auswahl der Wiedererkennungsmaßnahme Konsequenzen (bei gutem **Bekanntheitsgrad** ist eine Wahlkonfrontation sinnlos), sondern auch für die Personenbeschreibung, die nicht nur von den Wahrnehmungen zur Tatzeit gespeist wird.

Klassifikationen

Wiedererkennungen könnten unterschiedlich klassifiziert werden, und zwar

1. nach den Subjekten der Wiedererkennung: vor allen Dingen Zeugen und Geschädigte, aber auch Verdächtige, Beschuldigte und Angeklagte. In der praktischen Tätigkeit treten die Letztgenanten als Identifizierende auf (z. B. geständiger Hehler erkennt die Person wieder, von der er den fraglichen Gegenstand erhalten hat),

2. nach den Objekten: lebende Personen, Leichen, lebende und tote Tiere, Sachen, Handschriften, Räume und Lokalitäten, Prozesse und Ereignisabläufe,

3. nach den Sinnesbereichen: Wiedererkennungen erfolgen optisch (das Äußere von Personen – Gesamterscheinung und funktional-dynamische Eigenschaften wie Gestik, Mimik, Gangart – und Gegenständen sowie Prozesse), akustisch (Personen- und Objektidentifizierung anhand von Stimme, Sprache und Geräusche sowie Identifizierung von Prozessen), taktil (Tastsinn – das Äußere von Personen und Sachen), gustatorisch (Geschmack – innere Zusammensetzung) und osmisch (Geruch – innere Zusammensetzung),

4. nach dem Charakter der Objekte: Die Konfrontation wird durchgeführt anhand der Objekte im Original (Wiedererkennung unmittelbar) oder in der Kopie (Wiedererkennung mittelbar, Fotografie, kinematografische Filme, Video); in der klassischen Bildvorlage werden die Objekte in der fotografischen Abbildung vorgewiesen,

5. nach der Hauptzielstellung der Wiedererkennungsmaßnahme: Die Wiedererkennung wird durchgeführt,

um ein verdächtiges Objekt zu überprüfen oder ein bestimmtes Objekt in einer begrenzbaren Ausgangsmenge aufzufinden (z. B. Arbeiter eines Betriebes, Passanten zu einem konkreten Zeitpunkt an einer belebten Straßenkreuzung usw.),

6. nach der Kenntnis der Beteiligten: Die Identifizierung erfolgt in Kenntnis beider Beteiligter, in Kenntnis nur eines Beteiligten oder in Unkenntnis beider,

7. nach Situation und Ort: Vornahme der Wiedererkennung in einer Dienststelle, unter den Bedingungen von Ort und Zeit der Wahrnehmung (oft verbunden mit einer Rekonstruktion des Ereignisses) oder unter den Bedingungen einer natürlichen Situation,

8. nach der Anzahl der Objekte: Möglich sind die Einzelkonfrontation, die Wahlkonfrontation mit einem beschränkten Personenkreis (mit folgenden Untergruppen: Vorstellung gleichzeitig in einer Personengruppe oder nacheinander) oder die Wahlkonfrontation aus einer großen Ausgangsmenge,

9. nach den real erreichten Ergebnissen der Wiedererkennung: sichere individuelle Identifizierung, sichere individuelle Nicht-Identifizierung (Ausschluss der vorgestellten Objekte), wahrscheinliche individuelle Identifizierung (Person ist sich in der Aussage unsicher) und Aussagen über eine gewisse Ähnlichkeit (Gruppenidentifizierung). Nebenergebnisse sind Hinweise aus dem nonverbalen Verhalten (Ausdruck u. a.) der beteiligten Personen (keine Beweise!) und Anregung von Assoziationen bei erneuter Wahrnehmung des Objektes (z. B. fällt dem Zeugen noch ein Detail des Ereignisses ein).

Wahlkonfrontation mit einem beschränkten Personenkreis

Der Begriff beinhaltet, dass Personen zum Zwecke der Identifizierung so einander gegenübergestellt werden, dass der Identifizierende direkt aus einer Gruppe auswählen kann. Die Wahlgegenüberstellung ist die am häufigsten durchzuführende Art.

Zur unmittelbaren Vorbereitung gehören die richtige Auswahl der Vergleichspersonen und die Sicherung ihres Einsatzes bei der Wahlgegenüberstellung. Vergleichspersonen können Kriminalisten und andere Polizeibeamte sein, sofern sie nicht an der Untersuchung des Falls beteiligt und mit den späteren Zeugen bislang nicht in Kontakt gekommen sind. Auch andere Bürger können, wenn sie damit einverstanden sind, an der Wahlgegenüberstellung mitwirken.

Prinzipien der Wahlgegenüberstellung sind:

1. Ähnlichkeit der vorzuweisenden Personen: Eine Ähnlichkeit muss zum Verdächtigen bzw. Beschuldigten hergestellt werden, d. h. zu der Person, deren Überprüfung durch die Wiedererkennung erfolgt. Eine Ähnlichkeit ist dann erreicht, wenn Geschlecht und ethnische Besonderheiten übereinstimmen und darüber hinaus das scheinbare Alter, die Größe, die Statur, die Grundfrisur und die Haarfarbe (oder das Fehlen von Kopfhaar) sowie die Kleidung keine allzu großen Differenzen aufweisen. Die Polizeidienstvorschrift (PDV)100 »Führung und Einsatz der Polizei« sagt dazu in 2.2.7: »Die Vergleichspersonen sollen den Tatverdächtigen oder Beschuldigten insbesondere nach Geschlecht, Aussehen und Verhaltensweisen entsprechen. Die Gegenüberstellung ist grundsätzlich als Wahlgegenüberstellung und verdeckt durchzuführen.« Ausgangspunkt ist die vom Zeugen abgegebene Personenbeschreibung. Es muss eine solche Bekleidung angelegt werden, die der zur Tat getragenen

entspricht. Da Täter bekanntlich versuchen, ihr Aussehen zu verändern, ist es in vielen Fällen geboten, auch in dieser Hinsicht das ursprüngliche Aussehen wieder herzustellen (Tragen einer bestimmten Frisur, Entfernen des Bartes, Verwendung eines künstlichen Bartes). Je ähnlicher das Aussehen der vorgestellten Personen ist, desto zuverlässiger ist das Resultat der Wiedererkennung. Wenn dagegen nur eine Person eine Ähnlichkeit mit der vom Zeugen beschriebenen Person besitzt, könnte allein diese Tatsache in hohem Maße suggestiv wirken oder dazu führen, dass sich der Zeuge ganz bewusst auf diese Person festlegt, obwohl er sich gar nicht sicher ist.

2. Anzahl der Vergleichspersonen: Zu dem Verdächtigen bzw. Beschuldigten werden sechs bis acht Personen hinzugestellt.
3. Der Wiederzuerkennende wählt seinen Platz selbst.
4. Kennzeichnung der Personen: Alle an der Identifizierung beteiligten Personen müssen eindeutig gekennzeichnet sein (Nummerntafeln, Symbolschilder). Der Verdächtige oder Beschuldigte wählt sich seine Tafel selbst aus. Gibt es mehrere Wiedererkennende, werden sie auch durch Nummern ausgewiesen, um spätere Verwechslungen zu vermeiden.
5. Alle gegenübergestellten Personen dürfen dem Wiedererkennenden nicht bekannt sein: Bis zum Zeitpunkt der Identifikation dürfen sie nicht wahrgenommen werden. Das gilt sowohl für die Vergleichspersonen (z. B. Kriminalisten, Polizisten) als auch für den Verdächtigen/Beschuldigten. Wenn also der Wiedererkennende den Wiederzuerkennenden vor der Identifikation bereits auf dem Korridor oder im Besucherraum des Kriminalamtes sieht, vielleicht noch in einer eindeutigen Situation (Handfessel), kann man sicherlich auf die Wiedererkennung verzichten. Auch weitere mit der Straftat im Zusammenhang stehende Personen (z. B. Mittäter, Zeugen) sind nicht als Vergleichspersonen heranzuziehen.

6. Optimale Bedingungen bei der Gegenüberstellung.
7. Beobachtung der an der Wiedererkennungsmaßnahme beteiligten Personen.

Ergebnisse der Verhaltensbeobachtung sind keine direkten Beweise auf Schuld oder Nichtschuld des Wiederzuerkennenden, auf eine wahre oder falsche Aussage des Zeugen, aber sie geben wichtige Hinweise, die für die innere Überzeugung des Kriminalisten bedeutsam sind (Meiden des Blickkontaktes durch den Beschuldigten; Unsicherheiten, die aber auch in der Situation begründet liegen können). Da auch das Verhalten der Beteiligten im Protokoll erscheint, kann es sogar der erkennende Richter zur Bewertung der Wiedererkennung heranziehen.

Eine **Lichtbildvorlage** ist eine kriminalistische Maßnahme zum Zwecke der Identifizierung, die im Vorweisen von Fotografien besteht, auf denen Personen oder Sachen abgebildet sind. Man unterscheidet folgende Arten:

1. Für die Vorlage der Lichtbilder von Personen aus einem großen Personenkreis (z. B. Täterlichtbildkartei oder moderne Speichermedien) ist eine Vorauswahl unerlässlich, die sich insbesondere auf das Geschlecht, das Alter (plus oder minus fünf Jahre), die Größe und die Statur bezieht. Haarfarbe und -form oder andere leicht veränderliche Merkmale sowie die einseitige Ausrichtung auf begangene Straftaten (auf einschlägig Vorbestrafte) sollten nicht die Kriterien für die Auswahl der zur Vorweisung kommenden Bilder sein. Zur Unterstützung des Einsichtnehmenden ist es erforderlich, sich auf die relativ stabilen signifikanten Merkmale zu konzentrieren und durch eine ruhige Wiedererkennungssituation die ganzheitliche Wahrnehmung zu fördern.
2. Vorlage der Lichtbilder von Personen und Sachen aus einer beschränkten Gruppe (mindestens sechs Vergleichspersonen und -objekte).

3. Einzelvorlage einer Fotografie zur Identifizierung unbekannter Toter, und nur in diesem Fall. Sonst zeugt die Vornahme einer Einzelvorlage aus den oben genannten Gründen von fachlichem Unverständnis. Findet der Detektiv in den polizeilichen Akten eine solche Maßnahme (wie auch eine Einzelvorstellung von Personen), so hat er gute Chancen, das Wiedererkennungsergebnis als falsch zurückzuweisen.

Jede Lichtbildvorlage ist protokollarisch zu belegen.

Friedrich Kitzinger (1923, S. 62-63) wusste bereits vor fast 100 Jahren in seinen *Juristischen Aphorismen*: »Wenn die Polizei, der Staatsanwalt oder Richter Jemandem eine Person oder eine Photographie zeigt und ihm die Frage vorlegt ›Ist das der X?‹ – und das geschieht täglich –, stellen sie eine Suggestivfrage gröbster und schlimmster Art. Es müsste eine Anzahl von Personen oder Bildern gezeigt und gefragt werden: Ist der X darunter, und welcher ist es?«

1990 war in der Hauptstadt Berlin der Noch-DDR eine Ausländerin sexuell belästigt worden; sie konnte den Täter und seine Arbeitsbekleidung relativ gut beschreiben. Schnell hatte man einen Verdächtigen in Latzhose ergriffen, um ihn dem Opfer mit den Worten zu präsentieren: »Nicht wahr, der war's?« Als die Geschädigte abnickte, merkten die Kripo-Leute, dass sie gegen Kitzingers Grundsatz verstoßen hatten. Also gab es als Zugabe eine lehrbuchmäßige Wahlgegenüberstellung mit sechs Vergleichspersonen! Bei genauerem Hinsehen war die Bezeichnung Vergleichspersonen aber schlecht gewählt: Der latzhosige Tatverdächtige stand in der Gruppe als Einziger mit Arbeitssachen. Die anderen sechs Beamten, die man schnell aus ihren Stuben geholt hatte, stimmten vom Typ in keiner Weise mit der Beschreibung des Täters überein; sie waren viel größer und mit Anzughose und Hemd bekleidet. Einen Lichtblick hatte der verantwortliche Kriminalist dennoch: Die Krawatten durften abgelegt werden! Der Wert dieser Aktion: Null. Sie erinnert an die hübsche Karikatur von Heinz Jankofsky, auf der eine Zeugin den Gangster zwischen fünf Schneemännern wiedererkennen soll.

Die deutschen Richter sind nicht besser. Sie lenken alle Aufmerksamkeit geschickt auf den Anklagten, der natürlich auf der Anklagebank sitzt. Die obligatorische Frage der Richter, ob der Zeuge im Gerichtssaal den Rechtsbrecher wiedererkennt, ist daher nur rhetorisch und mehr ein Gag, um die Vernehmung vor Gericht heiter zu beginnen.

Nicht ganz so einfallslos ging es 1981 im Münchener Amtsgericht zu. Erkundigte sich der Richter: »Erkennen Sie in dem Angeklagten den Mann wieder, der Ihnen das Auto gestohlen hat?« Nur zögernd antwortete der Kläger: »Nach der Rede des Herrn Verteidigers bin ich nicht einmal mehr sicher, ob ich jemals ein Auto besessen habe.«

Zum Schluss noch etwas Erfreuliches, denn ab und an gibt es Glückstreffer, auch ohne Organisation einer Wiedererkennungsmaßnahme. Im September 1994 hämmerten in Brandenburg drei Deutsche auf zwei türkische Jugendliche mit Baseballschlägern ein. Ein 19-jähriger Türke wurde dabei schwer verletzt. Bei der Aufnahme im Krankenhaus traute er seinen Augen nicht! Die flüchtigen jungen Männer mit ihren schicken Basecaps wurden auch gerade blutend hereingebracht. Auf der Bundesstraße 1 waren sie nach kurz nach dem Verbrechen selbst Opfer geworden – und zwar eines Verkehrsunfalls. Solch ein Ermittlungsglück sei allen Detektiven gewünscht!

9. Die Kunst der Observation

Definition Observation

Der Begriff Observation stammt vom lateinischen *observare* = beobachten und bedeutet eben Beobachtung oder auch zielgerichtete Überwachung. Definiert wird sie allgemein als das beabsichtigte und planmäßige Wahrnehmen des Verhaltens von Personen in einer realen Umwelt. In der Tätigkeit der Detektive ist sie ein zielgerichteter Maßnahmekomplex zur Informationsbeschaffung über Einzelpersonen, Personengruppen, Objekten oder Gegenständen. Da die Observation ein umfangreiches Gebiet darstellt, werden hier nur die Grundlagen der personenbezogenen Observation behandelt.

Die Observation von Personen durch Detektive stellt einen Eingriff in das Recht auf informationelle Selbstbestimmung dar. Hier wird das Datenschutzrecht zu Ungunsten des Beobachteten durchbrochen, da er regelmäßig nicht vorher einwilligt und sich damit mit den Maßnahmen nicht einverstanden erklärt. Sollte vorher eine Einverständniserklärung eingeholt werden, hat sich die Maßnahme, wie jeder denken kann, von vornherein erledigt. Neben den gesetzlichen Eingriffsvoraussetzungen ist für den Einzelfall immer auch das Übermaßverbot (Grundsatz der Verhältnismäßigkeit) zu beachten, nach dem eine Observation sowie die Sammlung von Daten insbesondere nur in dem Umfang betrieben werden dürfen, als es zur Erreichung des jeweils verfolgten gesetzlichen Eingriffszwecks erforderlich ist.

Zu den Zwecken des vorbeugenden Personen- und Objektschutzes können Personen zur Abklärung ihrer Verhaltensweisen im Umfeld gefährdeter Personen und Objekte auch heimlich beobachtet werden, solange sie sich in der Öffentlichkeit aufhalten und die Art ihrer Beobachtung selbst nicht etwa einen entwürdigenden oder beleidigenden Charakter hat. So wurden vor Jahren die Schwarzen Männer der Inkassounternehmen verboten.

Die Funktionen der Observation sind vielfältig:

1. Aufklärungsfunktion: Verbesserung der Informationslage zu einem Sachverhalt, Vorkommnis, zu einem Verdacht, zu einer Person usw.,
2. Präventivfunktion: in einer offenen Observation sollen Zielpersonen von einem bestimmten Vorhaben abgehalten werden oder es sollen weitere Anschläge usw. verhindert werden,
3. Repressivfunktion: die observierte Person soll zu einem taktisch günstigen Zeitpunkt festgenommen werden (§ 127 StPO vorläufige Festnahme durch jedermann, § 229 BGB Festnahme einer Person zur Selbsthilfe),
4. Fahndungsfunktion: Aufenthaltsort, Fluchtrichtungen, Kontakte gesuchter Verdächtiger sollen festgestellt werden (z. B. durch den Ermittlungsdienst des Werkschutzes).

Wirksame Observationen sind außerordentlich intensiv hinsichtlich der Anzahl der benötigten Kräfte. Wenn zum Beispiel eine Zielperson ein Fahrzeug benutzt, werden über einen längeren Zeitraum mindestens zwölf Personen mit vier Fahrzeugen benötigt!

Besonders erfolgreich sind Observationen dann, wenn der Observant (der die Observation Durchführende) taktisch geschickt in ein bestimmten Milieu eingebunden wird, so dass er sich zwar offen bewegen, aber nicht enttarnt werden kann.

Observanten benötigen eine ausgezeichnete Ausbildung und herausragende Persönlichkeitseigenschaften. Sie müssen sehr gut beobachten können, entscheidungssicher, konzentrationsfähig und ausdauernd sein. Für die Organisation und Durchführung, also für die Abstimmung mit den

Kollegen, sind eine hohe Kommunikationsfähigkeit und schnelles Handeln erforderlich. Beobachterwechsel, Fixierung von Zwischenergebnissen und eine völlige Beherrschung der technischen Hilfsmittel sind weitere Herausforderungen für den Detektiv, denen er gewachsen sein muss.

Für die Durchführung von Observationen wird zwischen verschiedenen, teilweise untereinander kombinierbaren Formen und Techniken unterschieden, die in diesem Buch nur angerissen werden können.

Vor- und Nachteile der Observation

Die Entscheidung für eine Observation sollte stets verantwortungsbewusst in realer Beurteilung des bisherigen Ermittlungsergebnisses oder Auftragsstandes getroffen werden. Observationen sind mit Vor-, aber auch mit Nachteilen verbunden, deren Einfluss auf die jeweilige Ermittlungslage bedacht werden sollte.

Von Vorteil ist, dass Observationen einmalige Erkenntnisse zu Tage fördern können, weil das Verhalten des zu Beobachtenden unabhängig von äußeren Ermittlungseinflüssen wahrgenommen wird und beurteilt werden kann. Das Verhalten in der Befragung ist fast immer Reaktion, das Verhalten bei einer Beobachtung immer Aktion. Die gewonnenen Erkenntnisse sind unabhängig vom Wollen des Beobachteten.

Die zumeist verdeckte Durchführung von Observationen dient auch dem Schutz des Betroffenen. Wenn der Detektiv sich nicht selbst enttarnt, gibt es keine Hinweise für andere Personen, dass Ermittlungen gegen diese Person laufen. Auf der anderen Seite ist es auch möglich, dass unter bestimmten Voraussetzungen durch Observationen schneller und umfassender, auch eindeutiger Beweise geschaffen werden als durch andere Ermittlungshandlungen: Der Täter wird bei einer Observation auf frischer Tat gestellt, die Observation führt zu einem bisher unbekannten Mittäter, es werden Verstecke oder gestohlene Gegenstände festgestellt.

Es gibt aber auch Nachteile. Durch eine Observation, sei sie noch so perfekt ausgeführt, kann immer nur äußeres Verhalten erfasst, nicht jedoch Motive und Einstellungen. Werden Observationen von der Zielperson als solche erkannt, kann das zu Scheinergebnissen führen. Hinzu kommt, dass die Erfolgswahrscheinlichkeit von Observationen kaum kalkulierbar ist, weil nicht der Detektiv, sondern der Beobachtete die Hauptrolle in diesem Stück spielt.

Beobachtungsergebnisse sind in der Regel einmalig und nicht wiederholbar. Deshalb gilt der alte Detektivsatz noch heute: Eine nicht genutzte Chance ist eine vertane Chance!

Psychologische Aspekte und Probleme

Observieren ist selektives, also zielgerichtetes, ausgewähltes Wahrnehmen. Voraussetzung dafür ist eine klare Bestimmung der Beobachtungspunkte.

Observieren verlangt Ausdauer, Willensanspannung und Konzentrationsfähigkeit, insbesondere bei längerdauernden Einsätzen, die zunächst nur auf gegenständliche Objekte (Häuser, Straßen, Pkw usw.) gerichtet sind.

Observieren bedeutet immer eine kritische Haltung zum Vorgehen, aber auch Stabilität, z. B. eine Beobachtungsaufgabe infolge vermeintlicher Entdeckung nicht vorzeitig aufzugeben.

Observieren beinhaltet nicht nur eine Identifizierung; diese ist aber *die* Voraussetzung bei der Personenobservation. Die zur Observation ausgeschriebene Person muss selbstverständlich anhand der beschriebenen Merkmale erkannt bzw. wiedererkannt werden.

Observieren heißt auch Einprägen des Wahrgenommenen. Das Einprägen ist immer wichtig, auch wenn der

Detektiv mit verschiedenen technischen Hilfsmitteln arbeitet (Kamera, Video, Diktier- oder ein anderes Tonaufzeichnungsgerät, schriftliche Aufzeichnungen). Bei legendierten Beobachtungen ist häufig nur das Vermögen zur gezielten Gedächtnisleistung entscheidend.

Observieren ist häufig nicht auf die reine Wahrnehmung beschränkt, sondern bedeutet zudem situationsgerechtes, rechtlich begründetes, zweckbestimmtes Eingreifen (z. B. durch Identitätsfeststellung, vorläufige Festnahme). Auch hier ist Entscheidungssicherheit im Hinblick auf die rechtliche Absicherung, den taktisch richtigen Zeitpunkt und die taktisch zweckmäßige Verfahrensweise des Eingriffs gefordert.

Der Observationsplan

Objektive und systematische Beobachtungen bedürfen eines Observationsplanes und einer genauen Organisation. Zielperson, Observationsteam und Observationsmittel sind genau zu definieren. Wer, wann (Zeitraum) und wo die einzelnen Detektive eine Observationsaufgabe haben, muss festgelegt werden. Ein Plan, der aber durch die konkrete Observationssituation und durch nicht vorhersehbare Ereignisse auch operativ verändern werden kann.

Arten und Formen der kriminalistischen Observation

Observationen können unterschieden werden:

1. nach der Bewegung des Beobachters. Hier kennen wir die **stationäre Observation**, die dann angewendet wird, wenn das Erscheinen der zu beobachtenden Person erwartet wird. Als Ziele sind hier die Verhinderung von Straftaten und die Ergreifung des Täters zu nennen. Bei

der Standobservation wird eine direkte Beobachtung eines Zielobjektes durchgeführt, um Abläufe an diesem Zielobjekt dokumentieren und beweisen zu können. Hierzu wird entweder ein getarntes Observationsfahrzeug oder ein Basisfahrzeug (Observationsmobil) oder eine geeignete Örtlichkeit gesucht, aus der heraus die Observation durchgeführt werden kann. Zu den geeigneten Örtlichkeiten zählen beispielsweise öffentliche Gebäude wie Gaststätten o. Ä. oder auch speziell angemietete Räumlichkeiten im Bereich des Zielobjektes.
Bei der **Bewegungsobservation** verfolgt der Observant, wie der Name schon sagt, zu Fuß, mittels Fahrzeug oder auch in öffentlichen Verkehrsmitteln, nachdem er die zu beobachtende Person an geeigneter Stelle aufgenommen hat. Nach der Positionierung der Beobachter gibt es hier dann die **Abschnittsbeobachtung**, die **Reihenbeobachtung** (vorgesetzt, nachgesetzt) und die **Parallelbeobachtung**. Die Bewegungsbeobachtung soll relevante Erkenntnisse aus dem Verhalten der Person (Kontaktaufnahmen, aufgesuchte Räume und Orte) erbringen.
Zu beachten ist, dass beide Grundformen wechselseitig ineinander übergehen können. Die stationäre Observation wird zur Bewegungsobservation, wenn die Person das beobachtete Objekt verlässt, aber unbedingt weiter beobachtet werden muss. Andererseits wird die Bewegungsobservation zur stationären Observation, wenn die Zielperson ein bestimmtes Objekt oder Gebäude (Gaststätte, Wohnung, Arbeitsstelle usw.) betritt und dort längere Zeit verweilt.

2. nach der Sichtbarkeit und Wahrnehmbarkeit. Die **gedeckte Observation** ist so zu organisieren, dass die Beobachter nicht bemerkt werden. Die **verdeckt-offene Beobachtung** kann auch als Einordnung in Alltagsabläufe definiert werden, bei der die zu beobachtende Person den Detektiv zwar sieht, ihn aber nicht als solchen iden-

tifiziert. Die **legendierte Beobachtung** kann ebenfalls als eine solche Mischform betrachtet werden. Dagegen hat die **offene Observation** mehr einen demonstrativen Charakter. Die Beobachter sollen gerade von der zu beobachtenden Person wahrgenommen werden, um sie dadurch zu einem bestimmten Verhalten zu veranlassen oder von bestimmten Handlungen abzuhalten.

3. nach der Dauer. Wir unterscheiden die **durchgehende Observation** (also »rund um die Uhr«) und die **sporadische Observation**, die anlassbezogen ist.

4. nach der Intensität. Bei der **harten Observation** kommt es primär auf die Kontaktsicherung an, heißt, der Kontakt darf auf keinem Fall verlorengehen. Die **lockere Observation** hat das primäre Ziel, die Verdeckung der Maßnahme abzusichern.

Es gibt verschiedene Observationssysteme, die sich schematisch gut darstellen lassen. Die beiden nachfolgenden Abbildungen sind dem ZAD-Lehrmaterial von Sigurd Feineis entnommen (1995, S. 13 und 14).

Der Observationskessel

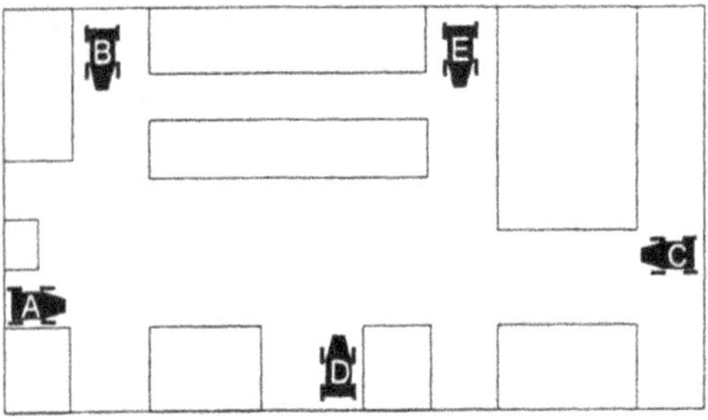

Wenn eine Zielperson verlorengegangen ist, kommt der Observationskessel zur Anwendung, wenn man weiß, wo sich die Zielperson vermutlich aufhalten wird. Ein Observationskessel kann mit Fußobservanten oder aus Fahrzeugen heraus gebildet werden. Er ist keine statische Observation, sondern die Observanten bewegen sich aus dieser Rundumaufstellung auf den Mittelpunkt hinzu und suchen dabei nach der Zielperson oder seines eventuell abgestellten Fahrzeuges.

Das ABC-System

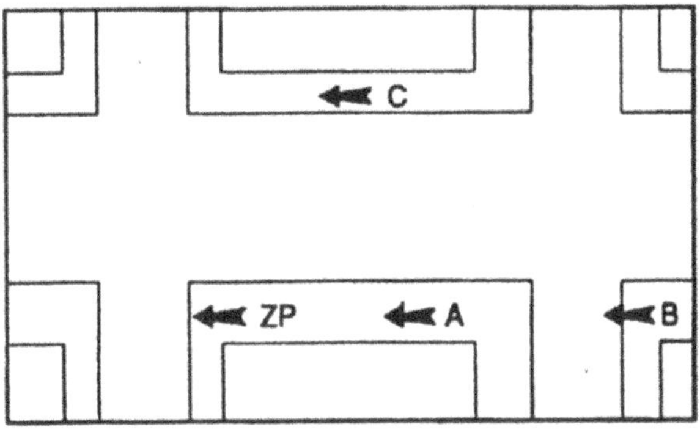

Das ABC-System ist eine Doppelreihenobservation, die nur bei der Observation als Fußgänger anzuwenden ist. Zwei Detektive (A und B) folgen der Zielperson (ZP) auf der einen Straßenseite, auf der anderen Straßenseite geht Detektiv C. Wechselt die Zielperson die Straßenseite und geht in alter Richtung weiter, wechselt ein Detektiv ebenfalls die Straßenseite. Je nach Bewegungsänderung der Zielperson lösen sich also die Detektive ab.

Der Bericht

Ist die Observation beendet, muss die Arbeit des Detektivs dokumentiert werden. Es ist ein Arbeitsnachweis gegenüber dem Auftraggeber und soll alle gewonnenen Erkenntnisse durch Beobachtung beinhalten, und zwar minutengenau, ist subjektgenau (wer macht was), objektgenau (wo macht wer was) und gerichtsverwertbar. Die (professionellen) Zeugen, also die Observanten, müssen ladungsfähig benannt werden. Observationsprotokolle enthalten keine Wertungen, nur Feststellungen. Falls doch einmal subjektive Wahrnehmungen und Vermutungen erwähnt werden müssen, sollten sie immer als solche deklariert werden.

Sind mehrere Observanten in Einsatz, schreibt jeder eigenständig seinen Beobachtungsbericht, woraus ein Verantwortlicher einen Gesamtbericht fertigt.

Die **Observation auf Verkaufsflächen** als Spezialfall der allgemeinen Observation wird in Kapitel 4 Teil V näher behandelt.

10. Kriminalistisches Denken

»Das kriminalistische Denken ist streckenweise rein logisches Denken« (Walder 1964, S. 63). Logisch denken heißt folgerichtig, widerspruchsfrei, begründet, beweisend, korrekt, auf den Gesetzen der Logik aufbauend denken, heißt ableiten, schlussfolgern, induzieren, deduzieren, Analogien zu vergleichbaren anderen Daten herstellen. Die Logik versagt aber, wenn die zum Ableiten notwendigen Aussagen (Prämissen) falsch sind. Das ist z. B. der Fall, wenn eine Spur der Tat zugeordnet ist, die aber in Wirklichkeit in keiner Beziehung zum Verbrechen steht. Daher kommt der Sammlung von (richtigen) Daten das Primat zu. »Man darf den Erkenntniswert jener Logik nicht überschätzen«, schreibt Walder richtigerweise (1964, S. 112), »sie entwickelt nur das, was schon in den Prämissen steckt.«

Das kriminalistische Denken ist durch eine eigenwillige Verknüpfung von induktiven und deduktiven Methoden gekennzeichnet. Die Anfangsetappen werden durch ein Vorherrschen der Induktion, die Sammlung der Daten, das Feststellen des zu untersuchenden Ereignisses charakterisiert, dagegen die Schlussetappen durch das Vorherrschen der Deduktion, d. h. durch die Bewertung des gesammelten faktischen Materials von der Position des Gegenstandes der Beweisführung und des Tatbestandes aus. In jedem konkreten Moment der geführten Untersuchung vereinigen sich die genannten Methoden bei einem relativen Primat sowohl der einen als auch der anderen Methode.

Induktives Denken: Die Tatsache, dass die Straftat in der Vergangenheit liegt, bestimmt von vornherein den Weg der Falluntersuchung. Er führt von den Wirkungen der Tat (Veränderungen im materiellen Milieu, Wahrnehmungen von Zeugen) zur Ursache, zum Ereignis selbst. Induktives Denken liegt also vor, wenn der ermittelnde Detektiv, ausgehend von einem bestimmten Datenpotential, auf einen Tathergang, eine konkretisierbare Begehungsweise schließt und sich so ein erstes Modell vom Ereignis schafft.

Deduktives Denken: Der Detektiv geht von diesem ersten Modell (mit Wahrscheinlichkeitscharakter) aus und schließt auf weitere Spuren. Er überprüft also Folgerungen, die sich aus dem Arbeitsmodell ergeben.

Bei der Untersuchung eines Einbruchsdiebstahls stellte der Detektiv zunächst fest, dass ein Täter gewaltsam einen Seiteneingang des Geschäftes geöffnet, mehrere wertvolle Geräte entwendet und das Objekt wieder auf dem Zugangsweg verlassen hat. Erst die operative Spurenauswertung führte durch den Hinweis, dass die Tür von innen geöffnet worden war, zu einer entscheidenden Präzisierung des Modells. Begründet war anzunehmen, dass sich der Täter hatte einschließen lassen. Der deduktive Schluss aus der Tatsache, dass er sich einige Zeit an einem für seine Zwecke günstigen Ort aufgehalten haben musste, führte zur Feststellung von weiteren Spuren, vor allem im Mikrobereich, in einem kleinen Nebenraum, die entscheidend zur Ermittlung des Täters beitrugen.

Der Wahrheitswert eines jeden logischen Schlusses hängt vom Wahrheitswert der Voraussetzungen (Prämissen) ab. Setzt der Detektiv zwei Annahmen miteinander in Beziehung und leitet er von diesen beiden Daten einen Schluss ab, so kann nicht erwartet werden, dass der Schluss eine sichere Aussage beinhaltet. Das trifft auch zu, wenn eine wahre Aussage mit einer Vermutung kombiniert wird.

Beispiel: Am Tatort wird eine Schuheindruckspur gefunden. Bezüglich der Relevanz könnte festgestellt werden:

1. Spur gehört sicher zur Tat.
2. Spur ist mit einer bestimmten Wahrscheinlichkeit durch die Tatbegehung entstanden.
3. Spur steht in keiner Beziehung zur Straftat.

Aus der Spur selbst können diagnostische Daten gewonnen werden. Möglich wären z. B. die folgenden Aussagen:

4. Herrenschuh, Größe 27, bestimmte Marke und Modell.
5. Mit einer Wahrscheinlichkeit von 50 % handelt es sich um den unter 4. genannten Schuh.

Setzt man die einzelnen Daten in Beziehung (außer 3.), so ergeben sich folgende Schlüsse:

1. und 4. lassen den sicheren Schluss zu, dass der Täter den genannten Schuh bei der Tat getragen hat, weil er auf eindeutigen, wahren Prämissen beruht.

1. und 5. führen folglich zu dem Ergebnis, dass der Täter mit einer bestimmten Wahrscheinlichkeit diesen Schuh getragen hat.

2. und 4.: Die Wahrscheinlichkeit der Relevanz bestimmt die Wahrscheinlichkeit des Schlusses.
2. und 5. bilden das ungünstigste Ergebnis: Die Prämissen haben beide Wahrscheinlichkeitscharakter, so dass die Wahrscheinlichkeit des Schlusses noch geringer ist. Das schließt jedoch nicht aus, dass auch diese Folgerung Nutzen bringen kann.

Die **Vermutung**, mit der der Detektiv arbeiten muss, ist das belebende und eigentliche Element kriminalistischen Denkens. Was sicher gegeben ist oder sicher abgeleitet wurde, braucht nicht noch einmal durchdacht werden, es sei denn, man hat einen Fehler gemacht. Diese sicheren Daten müssen für das Denken jederzeit verfügbar sein, was in der Regel eine gewisse Ordnung der Daten voraussetzt.

Annahmen sollten erst formuliert werden, wenn man alle Möglichkeiten, sichere Daten zu erhalten, ausgeschöpft hat. Sind im Wesentlichen nur unsichere (wahrscheinliche) Daten vorhanden, so muss mit ihnen natürlich auch gearbeitet werden; die kriminalistische Aufgabe wird dadurch aber nicht gerade erleichtert.

Vermutungen sind Hilfsmittel für das Denken und ersetzen nicht die Wahrheit, denn sie können sich als richtig oder falsch erweisen. Bestätigt sich die Annahme, hat man einen Fakt mehr, bestätigt sie sich nicht, muss man sich rechtzeitig von ihr lösen können.

Falsch ist deshalb eine negative Haltung zu **kriminalistischen Versionen**. Annahmen sind produktiv, weil durch sie vorläufig beantwortet wird, worüber noch keine sicheren Kenntnisse vorhanden sind. Liegen den Wahrscheinlichkeiten statistische Berechnungen zugrunde und beziehen sie sich auf einen Gegenstand in unabhängiger Weise (z. B. auf den Täter), so können sie u. U. sogar Beweisbedeutung erlangen (Indizienbeweis).

»Finden wir nichts«, schrieb schon der Altmeister der Kriminalistik Hans Groß (1898, S. 428), »so ist es verhältnismäßig am besten, schlimm ist es aber in den häufigen

Fällen, wo wir das Richtige fälschlich gefunden zu haben glauben und es dann verfolgen.« Das Schicksal eines Falles hängt also vor allen Dingen davon ab, wie er zuerst aufgefasst wurde.

Schließlich sei darauf hingewiesen, dass Sherlock Holmes, dieser Meisterdetektiv aus den Kriminalerzählungen von Sir Arthur Conan Doyle, auch ein Meister der logischen Schlüsse war. »Der vollendete Denker«, sagte Sherlock Holmes einmal in der Erzählung *Fünf Apfelsinenkerne*, »müsste eigentlich imstande sein, anhand einer einzigen Tatsache, welche ihm in allen ihren Beziehungen klar geworden ist, sowohl die Begebenheiten, die daraus folgten, als auch diejenigen, welche vorauszugingen, zu ermitteln. Genauso wie Cuvier den Bau eines ganzen Tieres bei der Betrachtung eines einzigen Knochens festzustellen vermochte. Wir sind uns noch viel zu wenig bewusst, was wir alles durch bloße Geistesarbeit erreichen können. Mit Hilfe des Studiums vermag man Probleme zu lösen, an welchen diejenigen verzweifelten, die die Lösung nur vermittelst ihrer fünf Sinne zu finden trachten. Der Höhepunkt der Kunst lässt sich jedoch nur erreichen, wenn der Forscher es versteht, alle Fakta zu benutzen, die zu seiner Kenntnis gelangen.

Das hat aber ein so universelles Wissen zur Voraussetzung, wie es selbst in unserer Zeit freier und allgemeiner Bildung nur wenigen zugänglich ist. Dagegen scheint es mir nicht so ganz unmöglich, dass ein Mensch alles Wissen besitzt, das ihm in seinem Fach nützlich werden kann, und dies zu erwerben habe ich mich redlich bemüht.

... Der Mensch soll seine kleinen Gehirnkammern mit dem füllen, was er voraussichtlich gebrauchen wird, das übrige kann er in den dunkelsten Winkel seiner Bibliothek stecken, wo er es im Notfall findet.«

Die Untersuchungsintuition

Wer kennt das nicht aus der Kriminalliteratur? Der Detektiv hat plötzlich und unerwartet einen genialen Einfall, der zum Täter und damit zur Aufklärung eines Verbrechens führt. Die Untersuchungsintuition, zugegebenermaßen kein schönes Wort, ist aber ein wesentliches Element des kriminalistischen Erkenntnisprozesses, das die unmittelbare, plötzliche Einsicht in Zusammenhänge und das spontane Finden von Problemlösungen beinhaltet. Die psychologischen Prozesse, die der Intuition generell zugrunde liegen, laufen nur teilweise bewusst ab. Die Untersuchungsintuition beruht vor allen Dingen auf Erfahrungen in der detektivischen Arbeit und auf sehr gute Fähigkeiten in der Bewertung von komplexen Sachverhalten. Dem intuitiven Denken als einem wichtigen Moment der gedanklichen Arbeit des Detektivs geht in der Regel eine intensive Beschäftigung mit einem Problem voraus. Es wird durch Anschauungen, die Assoziationen hervorrufen, angeregt. Die durch die Untersuchungsintuition scheinbar plötzlich gewonnene Erkenntnis, die für Außenstehende häufig zu einer überraschenden und verblüffend zutreffenden Lösung führt, besitzt Hinweischarakter, ist also kein Beweis.

Zusammengefasst kann die Intuition als der scheinbar plötzliche Einfall, der »glückliche Gedanke«, oft durch Assoziationen hervorgerufen, kurz und knapp definiert werden. Der Detektiv sollte über großes Fachwissen verfügen, aber immer auch ein guter intuitiver Denker sein.

TEIL III

Der Wirtschaftsdetektiv – Spezialist im Unternehmen

*»Inmitten von Aktionen und Reaktionen
in einer solchen Masse von Menschen
ist jede mögliche Kombination von Ereignissen
denkbar, und es wird sich so manches
kleines Problem auftun, das verblüffend
und phantastisch sein mag, ohne kriminell zu sein.«*

Sherlock Holmes zu Dr. Watson

1. Kleine Berufskunde

In der heutigen Wirtschaftslage, die sich auch durch extreme Konkurrenzsituationen ausgezeichnet, werden Wirtschaftsdetektive sehr häufig und erfolgreich eingesetzt. 2002 kamen schon 80 Prozent der Aufträge direkt oder indirekt aus der Wirtschaft, sagte die Präsidentin des Bundesverbandes Deutscher Detektive (BDD) Evelin Wippermann. Durch Wirtschaftskriminalität entstehen Schäden von ca. 150 Milliarden Euro im Jahr. Ohne die Arbeit der Detektive fiel dieser Betrag ca. 15 Milliarden Euro höher aus. Ein ganz großer Bereich sind die Mitarbeiterdelikte, so Evelyn Wippermann, vor allem der Verrat von Betriebs- und Geschäftsgeheimnissen, Diebstahl, unberechtigte Fehlzeiten oder Schwarzarbeit.

Die **Tätigkeitsfelder** der Wirtschaftsdetektive sind die Abwehr und Verhinderung von Geschäfts-, Betriebs- und Industriespionage, das Aufspüren von Lauschangriffen und deren Prävention, Prüfungshandlungen bei einem Verrat von Betriebs- und Geschäftsgeheimnissen, der Schutz von Geheimnisträgern, Ermittlungen bei verschiedenen Delikten wie Untreue, Betrug einschließlich Ausschreibungs- und Subventionsbetrug, Unterschlagung, Diebstahl, Patent-, Marken- und Produktpiraterie, Delikte im Bereich der Daten- und Computerkriminalität und Sabotage, die Aufdeckung unzulässiger Abwerbung und Untersuchungen beim Angriff auf den Ruf einer Institution oder eines Unternehmens.

Die Abwehr von **Wirtschaftsspionage**, die in der ökonomischen Auseinandersetzung zwischen den Ländern Markt- oder Know-how-Vorteile bringen soll, wird ein immer größerer Tätigkeitsbereich. In einigen Ländern kann man von einer staatlichen Steuerung sprechen, in anderen Ländern wird sie nur punktuell gelenkt und/oder durch hochspezialisierte Bereiche der Geheimdienste unterstützt.

Die Abgrenzung zwischen Wirtschafts- und Industriespionage ist dort zu ziehen, wo die Spionage ausschließlich durch das Interesse eines spähenden Unternehmens betrieben wird – und nicht durch politische bzw. nationale Interessen. Die **Industriespionage** ist vom Verständnis her der Konkurrenzspionage gleichzusetzen. Vor allem geht es hier um das Know-how, um Waren oder andere Informationen zu Märkten, Marktpraktiken, Unternehmen, Personal, Ausbildungen, Patente und Marken, Kunden usw. Der Rahmen kann international, national, regional oder auch branchenspezifisch ausgeprägt sein.

In einem Vortrag von Dr. Treffke (Verfassungsschutz Brandenburg) im Jahre 2013 an der Sicherheitsakademie Berlin wurde festgestellt, dass die Unternehmensverantwortlichen bei nachweislichen oder vermuteten Spionagevorkommnissen in der Regel keine Anzeigen bei der Polizei machen, da große Sorge besteht, dass die ausgespähten Unternehmen als nicht sicher und angreifbar in den öffentlichen Fokus geraten. Zudem muss die Polizei bei Erkenntnissen zu strafbaren Handlungen (zu sog. Offizialdelikten) diese von Amts wegen verfolgen. Das gilt ja für die Verfassungsschutzorgane und die Geheimdienste der Bundesrepublik Deutschland nicht.

Der Wirtschaftsdetektiv prüft auch Konkurrenzmanipulationen und bekämpft kriminelle Praktiken im Rabattwesen. Er überwacht die Preise und wird ermittelnd tätig, wenn eigene Mitarbeiter Konkurrenztätigkeiten für andere Unternehmen ausführen. Zu den weiteren Aufgaben gehören die Durchführung von Preisüberwachungen, das Erbringen von Beweismaterial bei unlauterem Wettbewerb und die Aufklärung von Versicherungsmissbrauch und -betrug. Er prüft Finanzen und Kredite, untersucht Fälschungen im Waren- und Belegverkehr und bei Geschäften ohne Rechnung, er deckt Schwarzarbeit auf, wenn der Auftraggeber den Auftrag gegeben hat, und kümmert sich detektivisch um illegale Firmenausschlachtungen, unerlaubte

Arbeitnehmerüberlassungen, betrügerische Warentermingeschäfte und dubiose Anlage-Angebote.

Schon aus dieser Aufzählung seiner umfangreichen Aufgaben wird deutlich, dass der Wirtschaftsdetektiv ein hochqualifizierter Allrounder ist, der glänzend in das Wesen der Wirtschaftsprozesse vorzudringen vermag.

Bei den **Vertragsverhandlungen** muss im Ergebnis eine festumrissene Beauftragung vereinbart werden. Im Gespräch sind der Bedarf, die konkreten Maßnahmen und Einsatzstrukturen zu klären. Gegebenenfalls ist auch der Betriebsrat in die Gespräche einzubeziehen. **Der Positiv-Check** ist dabei die Prüfung der Durchführbarkeit nach Kriterien wie Kompetenz des Detektivs/der Detektei, Mittel- und Personalverfügbarkeit und Wirtschaftlichkeit des Auftrages. Der **Negativ-Check** bezieht sich dagegen darauf, ob der erteilte Auftrag illegal und mit den Grund- und Persönlichkeitsrechten nicht vereinbar ist. Das Ergebnis der rechtlichen Prüfung muss dann negativ sein!

Die **Vergütung** differiert erheblich. Bei Einsätzen mit Spezialtechnik sind Stundensätze bis zu 125 Euro zu veranschlagen. Ein Angestelltenverhältnis ist bei einer wirtschaftsdetektivischen Tätigkeit äußerst selten, zumeist arbeiten bei größeren Aufträgen mehrere selbstständige Detekteien zusammen. Als Auftragnehmer kommen Vergütungen zwischen 35 und 65 Euro pro Stunde in Betracht.

Auch in den Vertragshandlungen, die vom Wesen her immer offen sind, sollten gedanklich verschiedene Konfliktsituationen durchgespielt werden. Es ist zu ermitteln, ob der Detektiv bei Annahme des Auftrages in kritische Situationen kommen kann und es möglicherweise zu Strafanzeigen gegen den ermittelnden Detektiv kommt. Nur in Abwägung aller Umstände ist der Auftrag als durchführbar einzustufen und anzunehmen.

2. Cybercrime und IT-Forensik

Das Thema der Internetkriminalität ist so groß, dass es hier nur kurz angerissen werden kann. Der Übergang vom Industriezeitalter in das Informationszeitalter ist abgeschlossen und hat zur Folge, dass für diesen Bereich ausgebildete Fachleute ihre Tätigkeit zur Abwehr und Aufklärung von Straftaten und deren Prävention verrichten müssen. **Cybercrime** (von englisch *cyber* = Kurzform für Kybernetik und *crime* = Verbrechen) sind Straftaten mit Computern, E-Mails, Suchmaschinen, Big Data & Analytics, Clouds, Smartphones und Socialmedia. Digitale Endgeräte usw. haben das Internet als Verbindungsmittel zwischen allen digitalen Punkten und sind somit auch Tatmittel.

Computerbetrug, Betrug bei Zugangsrechten, Täuschen, Abfangen und Ausspähen, Diebstahl digitaler Identitäten usw. sind Straftaten, mit denen der Detektiv in der Wirtschaft, aber auch in der privaten Beauftragung zunehmend Berührung hat. Sind die eigenen Fähigkeiten und Fertigkeiten auf diesem Feld nicht ausreichend, kann man sich an die erfahrenen Spezialisten der Behörden oder an spezialisierte Kollegen wenden.

Die Bundesrepublik Deutschland hat auf die Bedrohung durch Cybercrime und Cyberterrorismus mit der Schaffung eines **Nationalen Cyber-Abwehrzentrums** reagiert, welches vom Bundesamt für Sicherheit in der Informationstechnik (BSI) koordiniert wird. Die Landeskriminalämter wie auch das Bundeskriminalamt (BKA) haben ebenfalls wirksam arbeitende Abteilungen aufgebaut, die sich um dieses Kriminalitätsfeld kümmern. So gibt das BKA seit 2010 ein Bundeslagebild Cybercrime heraus. Im Bundeslagebild Cybercrime 2013 wird von einem großes Dunkelfeld und einer zunehmende Professionalisierung ausgegangen. Das sollte uns zu denken geben.

In den früheren Jahren haben sich diplomierte Kriminalisten oder Ingenieure der **IT-Forensik** gewidmet, die nun schon seit einigen Jahren einen festen Platz als anerkannter Studiengang an einigen Hochschulen und Universitäten besitzt. Diese Spezialisten haben ihren Platz in Behörden wie auch in Unternehmen gefunden. Sie untersuchen Verdachtsmomente oder erkannte Straftaten, die in Verbindung mit IT-Systemen durchgeführt wurden. Ein großer Bestandteil ihrer Tätigkeit besteht in der Analyse und der Auswertung **digitaler Spuren**. Die gerichtliche Verwertbarkeit dieser Ergebnisse ist immer der Nachweis einer professionellen Arbeit, d. h., dass die Analyseschritte und die Spuren lückenlos und umfassend dokumentiert werden müssen.

Die Analyse besteht aus den Schritten der Identifizierung, der Datensicherung, der Gesamtbewertung und der gerichtsverwertbaren Aufbereitung. Dieser gesamte Prozess muss sorgfältig und detailliert dokumentiert werden. Und wie bei allen detektivischen Aufgaben geht es um Fragestellungen wie:

- Wer ist das Opfer?
- Wann ist was passiert?
- Auf oder mit welchem System?
- Wie wurde konkret vorgegangen?
- Welche Methoden hat der Täter angewendet?

3. Die Aufgaben in der Überwachung des Betriebsablaufs

Wirtschaftsdetekteien werden oft beauftragt, das Personal eines Unternehmens zu überprüfen. Auftraggeber sind im Rahmen der **Personenüberprüfung** die betreffenden Unternehmen und Personalabteilungen, aber auch Headhunter, Arbeitsvermittler und Krankenkassen, wenn es um Ermittlungen geht, die Mitarbeiter bzw. Mitglieder betreffen. Als **Gründe für den Detektiveinsatz** müssen berechtigte Interessen vorliegen, z. B. Überprüfung von Bewerberangaben, Fragen der Qualitätskontrolle, Verdacht auf Betrug bei Lohnfortzahlungen im Krankheitsfall, auf Spesen und Tankkartenbetrug oder widerrechtliche Nutzung von Unternehmenseigentum.

Der **Auftragsinhalt** sollte Angaben zu dem betreffenden Mitarbeiter, einen Auftragsgrund, einen finanziellen Rahmen und die Ziele und Verwertbarkeit der Ermittlungen beinhalten.

Bei der **Überprüfung von Bewerberunterlagen** sollte die Zustimmung des Bewerbers eingeholt werden. Der Detektiv analysiert anhand von Ausschreibung und der Bewerbungsunterlagen, ob sich der Bewerber aufgrund seiner fachlichen und sozialen Qualifikation adäquat, d. h. auf die »passende« Stelle beworben hat. Eine Recherche im Internet zum Bewerber ist unerlässlich, ebenso die Bestätigung von Arbeits- und Schulzeugnissen durch den vormaligen Arbeitgeber bzw. die absolvierte Schule. Die Fälschung von Arbeitszeugnissen ist eine beliebte Methode, um sich in ein besseres Licht zu setzen. Da wird aus »Er erfüllte die ihm übertragenen Aufgaben zu unserer Zufriedenheit« (was eine relativ schlechte Bewertung ist) mit Hilfe von Kopiertechnik schnell »zu unserer vollsten Zufriedenheit«, was zwar sprachlicher Unsinn ist (voll kann nicht mehr gesteigert werden), aber das höchste Lob des Arbeitgebers in der offizielle Zeugnissprache umschreibt. Wird eine solche Fälschung aufgedeckt, ist der Straftatbestand der Urkundenfälschung erfüllt. Alle Ermittlungsergebnisse sind exakt zu protokollieren, die als Anlagen im Gesamtbericht an den Auftraggeber erscheinen.

Qualitätskontrollen sind dann erforderlich, wenn der Arbeitgeber Zweifel hegt, dass sein Mitarbeiter die ihm übertragenen Aufgaben ordentlich, sachgerecht und nach den betrieblichen Vorgaben und Weisungen erledigt. Das ist ein sehr detailliertes Aufgabengebiet, das höchst fallspezifisch bearbeitet werden muss. Hierzu benötigt der Detektiv unbedingt die jeweilige Stellenbeschreibung und alle Vorgaben (schriftlich oder mündlich), die der Arbeitnehmer erfüllen muss. Vor allen Dingen bei Mitarbeitern im Außendienst und auf wechselnden Arbeitsstellen (z. B. im Bauwesen) ist eine exakte Material-, Personal- und Kostenplanung notwendig, weil in der Regel Observationen durchgeführt werden müssen. Auch hier sind alle Aktivitäten zu protokollieren und mit dem Bericht an den Auftraggeber zu übersenden.

Ebenso aufwendig sind Ermittlungen zum **Verdacht auf unberechtigte Lohnfortzahlung**, weil auch hier Observationen unabdingbar sind. Der Bericht an den Auftraggeber ist mit einer Fotomappe und/oder Videomaterial sehr aussagekräftig, denn es kommt doch darauf an, Tätigkeiten, die nicht zu denen eines Kranken gehören, nachweisen zu können. Unter Ausnutzung einer Legende kann die zu überprüfende Person auch direkt angesprochen und über die jeweilige Tätigkeit befragt werden, z. B. wenn trotz Krankschreibung Handwerkerleistungen privat und auf eigene Rechnung verrichtet werden.

Der **Verdacht auf Spesen- und Tankkartenbetrug** wird auf ähnliche Weise nachgewiesen, nämlich über Observationen. Blicke in das Fahrtenbuch des Außendienstlers sind ebenso wertvoll wie Überprüfung der tatsächlich gefahrenen Kilometer. Anfahrtspunkte und Zeiten sind genau zu protokollieren. Manchmal ist es auch notwendig, an Tankstellen den Kilometerstand des Fahrzeuges abzulesen und die getankte Menge sowie den bezahlten Betrag zu dokumentieren. Bei Geschäftsessen und Hotelaufenthalten kann der Detektiv gegebenenfalls unter Vorlage der Vollmacht des Auftraggebers Informationen über Zimmerpreise usw. einholen. Eine Observation ist auch nach Ende der Arbeitszeit empfehlenswert, da es möglich ist, dass das Fahrzeug unerlaubt weiter privat genutzt wird und private Essen als Spesen abgerechnet werden.

Ein **Verdacht auf widerrechtliche Nutzung von Firmeneigentum** kann nur über Observationen aufgeklärt werden. In der Regel sollte der Detektiv zwei Stunden vor Arbeitsschluss Stellung beziehen und nach Arbeitsende die Zielperson durchgängig oberservieren. Tritt sie den Heimweg an? Fährt sie zu einer anderen Arbeitsstelle weiter? Wird dafür das Firmen-Kfz genutzt? Wird auf der anderen Arbeitsstelle Werkzeug oder Material des Arbeitgebers genutzt? Fotos und Videosequenzen beweisen auch hier die Verfehlungen des Arbeitnehmers.

Zur **Dokumentation** der Tätigkeit des Wirtschaftsdetektivs gehören ebenso Protokolle und Abschlussberichte. Observationsprotokolle sollten chronologisch aufgebaut sein, z. B:

- 06.30 Uhr. Die Zielperson wurde vor ihrer Wohnung beim Verlassen des Hauses aufgenommen.
- 06.45 Uhr. Sie erreichte die Arbeitsstelle in der Musterstraße ohne Halt und betritt den Baucontainer.
- 07.30 Uhr. Sie verlässt den Baucontainer 30 Minuten nach Arbeitsbeginn.

An den Bericht sind hohe Anforderungen zu stellen. Wichtige Kriterien sind Nachrichtenehrlichkeit, Präzision und eine Beschränkung auf Fakten; dichterische Freiheit ist nicht gestattet. Vermutungen sind als solche zu kennzeichnen. Mit einem Abschlussbericht kann der Auftraggeber nur dann effektiv arbeiten, wenn er zeitnah erarbeitet worden ist.

4. Der Versicherungsbetrug

Versicherungsbetrug ist die betrügerische Erlangung einer Geld- oder Sachleistung von einem Versicherungsunternehmen. Täter ist der Versicherungsnehmer oder

Anspruchsteller; diese Betrüger werden nach § 263 StGB (Betrug) strafrechtlich zur Verantwortung gezogen.

Versicherungsbetrug wird zum Teil bandenmäßig organisiert. Im Jahre 2002 nahm die Berliner Polizei 66 Betrüger fest, die insgesamt einen Schaden von 250.000 Euro verursachten. Sie inszenierten Verkehrsunfälle und kassierten dann bei den Fahrzeugversicherungen ab. Insgesamt wurden 30 Unfälle inszeniert. Als Haupttäter wurden drei Libanesen und zwei Deutsche im Alter zwischen 30 und 40 Jahren festgenommen. Die inszenierten Unfälle liefen immer nach demselben Schema ab. Die Beteiligten kannten sich zumeist nicht. Gemäß der Absprache drängte einer der Autos den Wagen eines Mittäters beim Überholen von der Straße ab. Dieser prallte dann gegen einen weiteren Wagen, der von der Bande am Straßenrand geparkt worden war. Nach Schätzungen des Landeskriminalamtes Berlin entstehen rund 20 Prozent der Fahrzeugschäden, die bei Versicherungen angegeben werden, durch fingierte Unfälle.

Die Formen des Betrugs sind darüber hinaus sehr verschieden. Daten werden verschwiegen, oder es werden falsche Angaben gemacht. Gar nicht vorhandene Schäden werden vorgetäuscht. Vorsätzlich herbeigeführte Schadensereignisse werden als Unfall dargestellt. Man schätzt, dass insgesamt ein Viertel der Anspruchsteller falsche Angaben macht und dass zehn Prozent aller Schadensmeldungen in der Sach-, Haftpflicht- und Kfz-Versicherung betrügerisch sind.

Als Spezialfall gibt es den Versicherungsmissbrauch. Der gleichnamige § 265 StGB bestimmt: »Wer eine gegen Untergang, Beschädigung, Beeinträchtigung der Brauchbarkeit, Verlust oder Diebstahl versicherte Sache beschädigt, zerstört, in ihrer Brauchbarkeit beeinträchtigt, beiseite schafft oder einem anderen überlässt, um sich oder einem Dritten Leistungen aus der Versicherung zu verschaffen, wird mit Freiheitsstrafe bis zu drei Jahren oder mit Geldstrafe bestraft, wenn die Tat nicht in § 263 mit Strafe bedroht ist.«

Der eigentliche Sinn dieses Straftatbestandes ist, dass Vorfeldhandlungen zum Betrug unter Strafe gestellt werden.

Um den Versicherungsbetrug zu begegnen, wehrt sich die Branche entschieden. Der Zusammenschluss der Versicherer zu einem Pool (Rückversicherung) und unabhängige Schadensgutachter (teilweise werden mehrere Gutachten erstellt) sind solche Gegenmaßnahmen. Auch der Schadensfreiheitsrabatt ist eine Regelung, die sich gegen den Versicherungsbetrug wendet. Mittlerweile habe die Versicherungen Betrugserkennungssoftware im Einsatz.

Ist der Detektiv beauftragt, einen Versicherungsbetrug zu einer Kfz-Versicherung zu bearbeiten, so hat er die allgemeinen Grundsätze der Tatortarbeit zu beachten (Zeiten, Orte, Zeugen, Tatbeteiligte, Art und Weise des Unfalls). Die beteiligten Fahrzeuge sind genau unter die Lupe zu nehmen. Es ist auf alles zu achten: Drift- und/oder Schleuderspuren, Farbabrieb oder -aufrieb, Korrosion, Splitter und Glühlampen, wenn diese beschädigt sind.

In der **Kompatibilitätsanalyse** werden Rekonstruktionen von Unfällen durchgeführt. Die ewige Fragestellung ist: Passen die Schäden an zwei Fahrzeugen zueinander und sind sie mit dem vorgetragenen Unfallablauf in Einklang zu bringen? Hierzu ist die Morphologie der Schäden zu dokumentieren (fotografisch/zeichnerisch) und sind eindeutige Deformationsmuster zu analysieren (Überdeckung Anstoßwinkel und Höhenzuordnung, »Abdruck« als passende Anstoßposition usw., Intensitätsvergleich, Schadenkompatibilität).

Der Gesamtverband der deutschen Versicherungswirtschaft e. V. (GDV) schätzt den jährlichen Gesamtschaden, der durch Versicherungsbetrug alleine in der Schaden- und Unfallversicherung entsteht, auf rund vier Milliarden Euro. Das ist eine Summe, die nicht nur durch die großen, spektakulären Fälle entsteht. Es sind die massenhaften unscheinbaren, alltäglichen Betrügereien, die für diesen Schaden verantwortlich sind.

Eine bundesdeutsche Datenbank soll nun Betrügern das Leben erschweren. Negativpunkte gibt es z. B. für den Zusammenstoß zweier Autos in einer einsamen Straße oder für einen totalen Brandschaden in einem Eigenheim. Auch Zeugen von Versicherungsfällen werden unter Umständen abgespeichert. Weist ein Fall eine zu hohe Punktzahl auf, wird er vom Versicherungsunternehmen an den Gesamtverband der Deutschen Versicherungswirtschaft (GDV) gemeldet. Dort werden dann Name und Adresse des Kunden kodiert und anonym in ein Computersystem namens »Uniwagnis« hinterlegt.

Diese gemeinsame Warn- und Hinweisdatenbank speichert also Daten von Versicherten und Nichtversicherten anonymisiert in sieben Kategorien: Kfz, Unfall, Rechtsschutz, Sachversicherung, Lebensversicherung (inkl. Berufsunfähigkeit und Pflegerente), Transport (Reiserücktritt, Reisegepäck) und Haftpflicht. Verdächtige Angaben zur Krankenversicherung werden nicht gesammelt.

Natürlich, die Verbraucherschützer sind unglücklich mit dieser Warndatei. Grundsätzlich sei zwar, so hört man, die Verfolgung schwarzer Schafe unter den Kunden durchaus auch im Interesse der ehrlichen Versicherten, denn schließlich könnten dadurch mittelfristig die Prämien sinken, aber vor einer blinden Sammelwut der Assekuranz wird gewarnt. Es würden zu viele Daten unbescholtener Bürger gesammelt.

Bei der Untersuchung von Versicherungsbetrügereien, die oft ja nur als Volkssport aufgefasst und damit bagatellisiert werden, sollte sich der Detektiv neben den Spuren vor allen Dingen den Personen widmen, die an den angeblichen Schadensereignissen in irgendeiner Weise beteiligt sind. Hier ist auch im Umfeld zu ermitteln, denn oft kommen Hinweise aus Bereichen, die man von dort gar nicht vermutet hatte.

Ein Sachversicherer in Schwerin wurde z. B. dadurch schwer geschädigt, dass durch Fehler beim Bau von Neubauwohnungen, deren Keller sehr tief gelegen waren, Versicherungsbetrüger in großer Anzahl zu Werke gingen. Bei sehr starkem Regen wurden die Keller regelmäßig überflutet, so dass einige Bewohner, die einen neuen Fernseher, neue Möbel und sonstige Dinge brauchten, vor einem solchen im Wetterbericht angekündigten Regen ihre zu ersetzende Ware in den Keller schafften, die dann durch die Nässe unbrauchbar wurde. Hier war es wichtig im Umfeld zu ermitteln, weil sich natürlich eine solche kriminelle Begehungsweise »herumspricht«. Man kann sich denken, dass in diesem Fall auch die Versicherungsbedingungen grundsätzlich geändert wurden.

Am 24. März 2015 wurde ein 56-jähriger Autohändler vom Landgericht Potsdam zu einer Freiheitsstrafe von fünf Jahren und neun Monaten wegen 400-fachen Versicherungsbetrugs verurteilt. Wenn diese Tatintensität vielleicht auch einen Ausnahmefall darstellt, zeigt er aber, dass die Schadenssummen bei einem einzelnen Täter enorm hoch sein können.

Täuschen, tricksen, betrügen – viele Menschen aus dem In- und Ausland sehen darin nur harmlose Vergehen. Jedoch sind dieselben Menschen oft maßlos empört, wenn sie selbst das Opfer von Lügnern und Betrüger werden. Kriminologisch sei angemerkt, dass Ostdeutsche bei besonders miesen Betrügereien deutlich zurückhaltender sind als Westdeutsche. Wie dem auch sei, Detektive sind sehr erfolgreich dabei, große und kleine Versicherungsbetrügereien aufzudecken.

5. Das Auffinden von vermisstem oder unterschlagenem Eigentum

Manchmal gerät das Firmeneigentum außer Kontrolle, und auch in diesem Fall schlägt die Stunde der Detektive. Allerdings steht vor dem Auffinden immer die schwierige Aufgabe des Suchens, die natürlich von der Art des Eigentums abhängig ist.

Auftragsgründe können sein:

- gekündigte Leasing- oder Finanzierungsverträge, aber der Vertragsgegenstand (z. B. Pkw) befindet sich noch im Besitz des anderen Vertragspartners,
- unrechtmäßige Nutzung von Firmeneigentum,
- Ansprüche aus Insolvenzverfahren,
- selbstständige und unberechtigte Verlängerung eines Vermietungszeitraums,
- unrechtmäßige Nutzung von Vorführwagen und
- Streitigkeiten nach Scheidungen (was dann aber im Allgemeinen mehr die Aufgabe eines Privatdetektivs ist).

Beim Auftragsgespräch muss der Detektiv erfahren, nach welchem vermissten Gut er suchen muss. Beim Kfz gehören das polizeiliche Kennzeichen, die Farbe des Autos, das Baujahr, besondere Kennzeichen usw. zu den Grunddaten, natürlich auch, wer wann das Auto gemietet, geleast oder finanziert hat. Bei anderen Gegenständen sind Seriennummern und Beschreibungen obligatorisch, wobei eine Fotografie vom gesuchten Objekt immer sehr hilfreich ist.

Zivilrechtlich gesehen ist das Unternehmen **Eigentümer** der Sache, der **Nutzer** Besitzer. Von diesem sind Name, Vorname, Geburtsdatum, Anschrift, Telefonnummer (Festnetz und Funk) und besondere Merkmale (wenn solche Informationen vorhanden sind) aufzunehmen. Gibt es Bürgen oder Mitnutzer, so sind diese Angaben ebenfalls relevant.

In dem Auftragsgespräch sollte der Sachverhalt genau erörtert werden. Gibt es einen rechtmäßigen Grund, zielgerichtet zu suchen und sicherzustellen? Wann und durch welche Umstände wurde der Verlust bemerkt? Hat schon ein anderer Ermittler gesucht und nichts gefunden? Wie ist dieser vorgegangen? Was war wahrscheinlich der Grund für sein Scheitern? All diese Daten, die mit den Antworten erlangt werden, sind für die Strategie des Detektivs von überragender Bedeutung.

Im Rahmen der Vorermittlungen muss gründlich recherchiert werden. Das Internet, Telefonbücher, Foren, Gebrauchtwarenhändler (falls der Pkw verkauft wurde), Landeseinwohneramt, Arbeitgeber (für Kontakt zum Nutzer), Auftraggeber (Bürgen, Adressen), Auskunfteien wie z. B. Creditreform oder Bürgel, verschiedenartige Netzwerke usw. sind für Auskünfte und Ermittlungen zu nutzen, wobei auch der Bürge (falls vorhanden) in die Voruntersuchungen einbezogen werden muss.

Verläuft die Suche erfolgreich, ist der Gegenstand sicherzustellen. U. U. muss sogar der Nutzer mit dem Fakt der Zurückholung konfrontiert werden. Hier ist Fingerspitzengefühl gefragt, denn das Konfliktpotential einer solchen Situation ist nicht unerheblich. Die Sicherstellung kann der Detektiv selbst vornehmen, wobei auch andere beauftragt werden können (per Abschleppdienst, Lieferanten, z. B. Autohaus, Speditionen).

Vor der Zurückholung ist der Zustand des Gegenstandes beweiskräftig zu dokumentieren, am besten durch fotografische oder Video-Aufnahmen. Schäden sind aufzunehmen, Seriennummern oder polizeiliche Kennzeichen zu prüfen, denn nichts wäre peinlicher als das Zurückholen eines falschen Gegenstandes. Über die Sicherung ist ein aussagekräftiges Protokoll zu fertigen, und dem Nutzer ist ein Sicherstellungsprotokoll auszuhändigen.

Oft werden sichergestellte Gegenstände zu einem Verwahrort gebracht, worüber ein Verwahrprotokoll Auskunft gibt. Ist der Auftrag vollständig erledigt, muss wie immer ein Abschlussbericht geschrieben werden – und natürlich eine Rechnung.

6. Objekt- und Schwachstellenanalyse

Bei diesem Tätigkeitsfeld geht es vor allen Dingen um die Beurteilung der baulichen Gegebenheiten eines Unternehmens und damit um den Schutz vor kriminellen Angriffen. Der oder die Täter können auf verschiedene Weise in das geschützte Objekt gelangen, was eine Objekt- und Schwachstellenanalyse berücksichtigen muss.

Kriminologisch werden einige Hauptarten der **Diebstahlskriminalität** unterschieden.

Eine **einfache Wegnahme** braucht nicht erklärt zu werden.

Die rechtswidrige Zueignung von Sachen, die der Täter in seinem Besitz hat, ist für Detektiv insofern interessant, weil die Zurückholung von solchen Gegenständen zu einem Aufgabengebiet gehört (vgl. das vorherige Kapitel).

Die Täuschung des Geschädigten oder die Anwendung besonderer Geschicklichkeit begegnet uns als **Trickdiebstahl**, **Taschendiebstahl** oder **Beischlafdiebstahl**.

Ein **Einbruch** (Einbrechen) liegt immer dann vor, wenn ein Diebstahl durch das gewaltsame Eindringen nach Überwindung von Sicherungen und Hindernissen mit abschließender Wegnahme von Gegenständen aus einem **Gebäude**, einem umschlossenen Raum oder einem Behältnis begangen wird. Der Begriff **umschlossener Raum** ist im Sinne von verschlossen, verriegelt oder anderweitig vor unberechtigtem Eindringen oder Zugang gesichert zu verstehen. Der Begriff **Behältnis** schließt ein, dass es sich dabei um alle Formen des Aufbewahrens bzw. Verwahrens von Geld, Sachwerten und anderen Gegenständen handeln kann (Kassetten, Koffer, Schränke, Blechschränke, Tresore, ummauerte Wertgelasse, Automaten, Paketzustelleinrichtungen usw.).

Das Kriterium **Gewalt** erfordert, dass eine erkennbare Veränderung des ursprünglichen Zustandes der Sicherung oder des Hindernisses vorliegt, das bei der Tatbegehung überwunden wurde. Ob zur gewaltsamen Öffnung körperliche Kraft allein zur Anwendung gelangt oder Einbruchwerkzeuge benutzt wurden, ist für die kriminologische Charakterisierung als Einbrechen unerheblich. In Abhängigkeit von der Art der Gewaltanwendung und der Überwindung der Hindernisse und Sicherungseinrichtungen entstehen typischen Spurenbilder, die als **Einbruchsspuren** bezeichnet werden.

Das sind Spuren, die durch das gewaltsame Eindringen entstehen. Neben daktyloskopischen und trassologischen Spuren (Schuh- und Handschuhspuren) sowie Faser-, Glas-, Geruchs-, Anstrichstoff- und Substanzspuren (z. B. Blut bei Verletzungen des Täters, Schmutz-, Staub- und Bodenspuren) sind für Einbruchdiebstähle vor allen Dingen Werkzeugspuren charakteristisch. Oft können auch DNA-Spuren gesichert werden.

Nachschließen liegt vor, wenn der Täter mittels eines schlossfremden Werkzeugs (Sperrhaken, Dietrich) oder eines nicht zum Schloss gehörenden Schlüssels oder eines unberechtigt in Besitz gebrachten, zum Schloss gehörenden Schlüssels in verschlossene Gebäude, Räume oder Behältnisse eindringt. Bei der letztgenannten Begehungsweise des sog. Nachschlüsseldiebstahls nutzt der Täter oft begünstigende Umstände aus und verwendet in Brief- und Lichtkästen, unter Abtretern, in Schubläden, in Fenstern und in anderen Verstecken abgelegte und zum Schloss gehörende Originalschlüssel. Eine spezielle Art stellt der zielgerichtete Diebstahl von Schlüsseln aus Taschen oder von solchen, die z. B. in Eingangstüren stecken, dar, um nachfolgend einen Nachschlüsseldiebstahl zu begehen.

Als **Einsteigen** wird die Begehungsweise bezeichnet, wenn mit dem Ziel der Wegnahme von Gegenständen zum unberechtigten Betreten eines Gebäudes oder eines umschlossenen Raumes eine Öffnung benutzt wird (unverschlossene Fenster, Balkontüren, Dachluken, Kellerfenster, Licht- und andere Schächte, Defekte im Oberlicht usw.).

Einschleichen bedeutet, dass der Täter unerkannt über normale, nicht verschlossene oder verriegelte Zugänge in ein umfriedetes Gelände in ein Gebäude bzw. einen Raum eindringt (z. B. Vorbeischleichen am Wachdienst, Pförtner).

Das **Einschließenlassen** stellt eine besondere Begehungswese der Diebstahlskriminalität dar. Ihr Wesen besteht darin, dass sich der Täter zunächst berechtigt in einem öffentlichen Gebäude (Gaststätte, Warenhaus, Supermarkt, Museum, Theater) zu den Öffnungszeiten als normaler Besucher aufhält, sich dann versteckt und einschließen lässt, um einen Diebstahl begehen zu können. Muss beim Verlassen des Objektes Gewalt gegen ein Hindernis (verschlossene Türen) oder eine Sicherungseinrichtung angewendet werden, handelt es sich eigentlich um einen Ausbruch. Die dann entstandenen Spuren sind dann Ausbruchsspuren – ein Begriff, der im Allgemeinen leider nicht verwendet wird. Denn nicht selten handelt der Täter in Verschleierungsabsicht. Obwohl er sich hat einschließen lassen, werden beim Verlassen des Objektes vorsätzlich Spuren erzeugt, die auf einen Einbruch hindeuten sollen. Nicht wenige Detektive sind in der Vergangenheit schon in diese Falle getappt.

Die einzelnen Erscheinungsformen und Begehungsweisen gehen in der Realität häufig ineinander über. In Abhängigkeit von den objektiven Bedingungen und den subjektiven Fähigkeiten und Fertigkeiten des Täters können unterschiedliche Mittel und Methoden angewendet werden, z. B. Einsteigen, dann Aufbrechen von Türen und Behältnissen, mit einem vorgefundenen Schlüssel Öffnen des Panzerschrankes.

Mit diesen Erkenntnissen im Kopf muss der Detektiv bei seiner Objekt- und Schwachstellenanalyse folgende Punkte berücksichtigen:

1. Die territoriale Lage des Objektes: Stadtgebietsmerkmale, Milieu, angrenzende Straßen, Grundstücke, Geschäfte und Wohnhäuser, nächste Polizeidirektion, Feuerwehr und nächstes Krankenhaus, jeweils mit Adressen und Kontaktdaten (Telefon usw.),
2. die Bewachungssituation: Wird das Objekt durch einen Sicherheitsdienst bewacht? Wenn ja, durch welches? Art und Weise der Bewachung und Objektsicherung,
3. die Einfriedung: Gitter, Zäune, Hecken, Mauern, ihre Höhe, Abschließbarkeit der Türen und Tore in der Einfriedung, Videoüberwachung des Geländes einschließlich der Kamerapositionen, Standort der Videoüberwachungszentrale,
4. Freigelände: Gibt es angrenzende Grünanlagen, Parks, Gewässer, Parkplätze? Werden diese überwacht? Wenn ja wie?,
5. Zufahrten, Ein- und Ausgänge: alle Zufahrten und Ein- und Ausgänge mit den jeweiligen Adressen, Unterscheidung in Haupt- und Nebentore,
6. Gebäude: Höhe, Dachform, Anzahl der Etagen, Außenhaut, wie viele Fenster an welchen Seiten, Sichtschutz an den Fenstern, ihre Verschließbarkeit, Hauseingänge, Fahrstühle (wie viele und wo, bis in welche Etage, zugelassene Nutzlast, Fahrstuhlnotdienst mit Nummer, Lage des Fahrstuhls in oder am Gebäude), Einsehbarkeit von außen, Grundriss des Gebäudes und der Etagen, Zimmeranzahl pro Etage, Zu- und Abgänge, Treppenhäuser, Toiletten, Teeküchen, Fluchtpläne, Bauart der Fenster und Türen und deren Brennbarkeit, Lagerung von leicht entzündlichen und brennbaren Materialien, bestehendes Brandschutzsystem und vorhandene Löschtechnik, bestehendes Sicherheitssystem, bestehende Alarmaufschaltung

und Notstromversorgung, notstromversorgte Bereiche, Fluchtwege pro Etage und für das gesamte Objekt,

7. Verschließbarkeit von Gebäudeöffnungen: Wächterkontrollsystem in der Verantwortung welcher Firma, elektronische Türöffner, Türchipkarten oder andere Einlasssysteme, Zutrittsbefugnisse für welche Personen oder Personengruppen,
8. Erfassung aller aktuellen und spezifischen Objekteigenschaften und Organisationsgegebenheiten wie
   - Mitarbeitergepflogenheiten (ansässige Firmen, Arbeitszeitbeginn und -ende, Pausenzeiten, Schlüsselregime (für welche Etagen und Räume haben die Mitarbeiter Schlüssel?),
   - Lieferantenverhalten: Zeit der Postzustellung, regelmäßige Lieferanten (Besitz von Schlüsseln oder Ausweisen), Zutritt durch Hintereingänge oder Rampen, Einlasskontrolle von betriebsfremden Lieferanten,
   - Besucherverkehr: freier Zutritt oder nicht, Klingelanlage, automatische Türöffner, Anmeldung mit Gegensprechanlage, Kontrolle durch den Wachschutz,
9. technische Anlagen für Müll, Klima, Belüftung.

In der zu erarbeitenden Analyse ist ausreichend Täterphantasie zu entwickeln und das Objekt aus Tätersicht zu durchleuchten. Verschiedene Szenarien und Möglichkeiten eines Angriffs auf das Objekt sind durchzuspielen, Schwachstellen und Organisationsprobleme aufzulisten und Gegenmaßnahmen vorzuschlagen. Vorschläge für die Verbesserung der Sicherheitslage und des Objektsschutzes können variantenhaft unterbreitet werden, die entweder maximal, normal oder optimal sein dürfen. Die Vorschläge umzusetzen, wenn sie so vom Auftraggeber akzeptiert werden, ist natürlich immer eine finanzielle Angelegenheit.

Die Objekt- und Schwachstellenanalyse ist dem Auftraggeber persönlich und in schriftlicher Form vorzustellen, zu erläutern und zu übergeben.

7. Drohnen

Früher wurden Drohnen als UFOs bei der Polizei gemeldet. Heute sieht man sie hin und wieder am Himmel, und es taucht gesetzmäßig die Frage auf, was der Betreiber dieses Fluggerätes gerade vorhat. Denn diese Geräte werden immer mehr nicht nur von Profis für verschiedene Tätigkeiten genutzt, von denen durchaus auch Gefahren ausgehen können. Drohnen sind schon so billig zu haben, dass Neugierige ihre Nachbarn ausspionieren können ...

Drohnen und Multicopter sind unbemannte Fluggeräte, die per Fernbedienung oder Computer gesteuert werden. Nach heutigem Verständnis gibt es eine Abgrenzung zwischen Drohnen und Multicopter. Letztere sind in der Regel eingesetzte Fluggeräte, die sich mittels horizontaler drehender Rotoren fortbewegen. Drohnen fliegen dagegen vermittels vertikaldrehender Rotoren oder mit Düsenstrahltriebwerken. Kleine unbemannte Flugsysteme (englisch *unmanned aircraft system* = UAS) sind nicht größer als eine Hand, große unbemannte Flugsysteme haben die Spannweite eines Verkehrsflugzeugs, so z. B. Boeing Condor (nach Wikipedia Drohnen). Die Steuerung kann GPS-gestützt per Computer vorgenommen werden, weiterhin ist es möglich, spezielle Geräte auf autonomes Fliegen zu programmieren. Fernbedienung oder Handy-Apps lassen eine gerätenahe Steuerung (im weitesten Sinne) zu. Kameras, die vibrationsfrei in 4K-Auflösung übertragen, und andere anzubringende Geräte sind noch lange kein Ende der technologischen Entwicklung.

In der Bundesrepublik Deutschland ist das Thema Flug von Drohnen und Multicoptern noch nicht bundeseinheitlich und damit abschließend geregelt. Unter Umständen wird auch erst eine europäische Vorgabe abgewartet. In einigen Staaten der USA ist in den Städten das Betreiben von professionellen unbemannten Flugsystemen nicht gestattet.

Zum professionellen Betreiben einer Drohne oder eines Multicopters in Deutschland sollten nach heutigem Stand folgende Parameter beachtet bzw. folgende Dinge beherrscht werden:

- Fluggerät (Start und Landung, Flugmanöver, Flug bei Wind und Wetter, Flugnotfall z. B. bei Absturz und beim Hängenbleiben in Stromleitungen, Wartung und Pflege des Gerätes),
- Flugzweck (Bedienung der Zweckgeräte, z. B. der Kamera, Datenübertragung vom Flugsystem zum Rechner, auftraggeber- und nutzergerechte Verarbeitung der Daten),
- rechtliche Rahmenbedingungen (Flugkundigennachweis, Angaben zum Flugsystem wie Art des Gerätes, Anhängelast, u. U. Lärmpass in Anlehnung an die Lärmvorschriften für Luftfahrzeuge, Aufstiegsgenehmigung, Zustimmung des Grundstückseigentümers, Unbedenklichkeitserklärung der zuständigen Ordnungsbehörde oder Polizeidienststelle, bei Flug über Naturschutzgebiete Stellungnahme der zuständigen Naturschutzbehörde),
- Versicherung (Nachweis gemäß §§ 37 Abs. 1a, 43 Luftverkehrsgesetz).

Einsatzmöglichkeiten und Ausrüstung

Vollautomatisch GPS-gesteuerte Drohnen aus US-amerikanischer Produktion kamen mit Sensoren und Kameras für Strahlungsmessungen und weitergehende Aufklärung auf dem Reaktorgelände Fukushima zum Einsatz.

Bei der Begutachtung von Schäden durch Sturm, Brand oder Wasser werden Drohnen eingesetzt, da diese in geringer Höhe den Schadensort überfliegen können und deren eingebaute Kamera einen Überblick aus der Vogelperspektive liefern kann. So sind die Einsatzmöglichkeiten dank der enormen Tragfähigkeiten und der vibrationsfrei einzusetzenden Technik sehr breit: Vermessung und Kartierung, Vermessungen im Bauwesen, in landwirtschaftlichen Bereichen, in der Forstwirtschaft, bei der Suche und Rettung von Menschen und Tieren in den Wäldern und Bergen, z. B. nach Schneelawinen und Verschüttungen. Weitere Gebiete sind die Versorgung oder Erstversorgung von schwer zu erreichenden Personen durch Abwurf von Versorgungsmitteln wie Nahrung, Verbandstoffe und Medikamente, z. B. im Gebirge, der Einsatz bei und nach Katastrophen, bei und nach Anschlägen, zur Überwachung von Massenveranstaltungen und Demonstrationen, Verkehrsüberwachung, Luftbilder, Waldbrandbekämpfung, Inspektionen von Bauten aller Art (Wolkenkratzer, Solar- und Windanlagen, Funkmasten, Stromleitungen, Brücken, Pipelines).

Die Technische Universität Dortmund, die Universitäten Paderborn und Siegen sowie verschiedene Unternehmen haben gemeinsam ein unbemanntes Flugsystem zur Gasmessung entwickelt. Journalisten und Immobilienmakler setzen Drohnen ein, und so geht diese Entwicklung nicht an der Detektivbranche vorbei.

Die Observation von Personen sowie das Auffinden von vermisstem Eigentum sind sicher nur einige Einsatzmöglichkeiten. Zum Beispiel ist es technisch möglich, dass Diebe von Buntmetall, die mit einem unbemannten Flugsystem ermittelt werden, mit einer künstlichen DNA vom Multicopter aus überzogen werden. Diese künstliche DNA ist nicht zu sehen und auch nicht abwaschbar, aber eindeutig nachzuweisen.

Die Observation verläuft sehr unauffällig, da die Drohnen und Multicopter so geräuscharm arbeiten, dass sie bei einem Abstand von ca. 20 bis 30 Metern nicht mehr zu hören sind. Das leichte Surren der Rotoren ist für eine sensibilisierte Person vielleicht noch auszumachen, aber sobald Geräusche durch z. B. Verkehr oder Wind vorhanden sind, verkürzt sich diese Distanz entsprechend dem eingesetzten Fluggerät.

8. Lauschen und Lauschabwehr

Zu Zeiten des Kalten Krieges war die Beschaffung von Lauschmitteln den Forschungs- und Entwicklungsabteilungen der Geheimdienste vorbehalten. Wie in den James-Bond-Filmen wurden dann die Agenten von einem Q und seiner Abteilung mit entsprechendem Equipment ausgestattet. Einer der wohl sympathischsten Schauspieler, der diesen Q darstellte, war der 1999 durch einen Autounfall verstorbene Desmond Llewelyn (nach Wikipedia Desmond Llewelyn). Er übergab seine neuentwickelten Geräte jenem James Bond, der sie entweder sofort bedienen konnte oder eben »aus Versehen« zerstörte.

Im heutigen Zeitalter sind weder die Herstellung noch die Beschaffung ein Problem. Wanzen und Abhörgeräte sowie Gerätschaften zum Aufspüren von Lauschmitteln und Überwachungsgeräten kann jeder Begabte bauen und installieren. Die Beschaffung läuft problemlos übers Internet oder Elektronikshops. Will man es schon fertig, dann kauft man in einem der Spyshops, die sich auf solches Equipment spezialisiert haben. Die Verfügbarkeit, die Installation und die Ausführung der Lauschangriffe sind sowohl für die Wirtschaft als auch im privaten Bereich für jedermann ein Problem. Denn es hat sich mittlerweile herumgesprochen, dass dem Grunde nach jeder Fernseher oder jedes Mobiltelefon zum Mithören genutzt werden kann.

Herbert Kunz, Spezialist für Lauschabwehr, definiert auf seiner Internetseite (www.lauschabwehr-kunz.de) den Begriff **Lauschabwehr** wie folgt: »Der Begriff Lauschabwehr bezeichnet die Aufklärung und Abwehr elektronischer Raumüberwachung und verdeckter Telefonanzapfung zum Zwecke des Abhörens, das Aufspüren von Manipulationen in und auf den Informations- und Kommunikationseinrichtungen (kurz: IuK-Systeme) zur Informationsgewinnung, das Erkennen von verdeckten (vercontainerten) Videosystemen und Beobachtungsanlagen sowie die Enttarnung von Datenklau auf und in den technischen Infrastrukturen. Insgesamt ist die Lauschabwehr ein ganzheitlicher Prozess von wissenschaftlichen und technischen Maßnahmen unter Nutzung neuester technologischer Verfahren sowie der Verwendung geeigneter technischer Mittel und Methoden, die in ihrer Komplexität aus visuell-technischen Untersuchungen und operativ-technischen Überprüfungen nachhaltig zur Aufklärung und zur Abwehr sowie zur Beweissicherung von Daten- und Informationslecks beitragen.«

Der Einsatz von Lausch- und anderen Überwachungssystemen wird pauschal zum Abschöpfen von Informationen und zur gezielten Aufklärung genutzt. Auf die technischen Funktionsweisen gehen wir hier nicht ein, da es sich um ein breites Feld handelt, das sich mit immenser Geschwindigkeit weiterentwickelt. Heute gibt es schon Wanzen, die eine direkte Übertragung per Mobilfunk-SIM-Karte ermöglichen. Dass Profis hier noch ganz andere Möglichkeiten haben, bedarf keiner weiteren Ausführung.

Worum geht es bei Lauschangriffen? Ein möglicher Grund für diese Form des Ausspionierens ist die Informationsgewinnung im Bereich der Unternehmen und Märkte. Das kann auf nationaler oder internationaler Ebene stattfinden und betrifft Expansion, Märkte, Marketingstrategien, Marken, Patente und Innovationen. Denkbar sind auch innerbetriebliche Situationen wie der Kampf um Führungspositionen. Rechtsstreitigkeiten oder freundliche wie feindliche Übernahmen sind ebenfalls Gründe, um Vorteile für

Verhandlungen per Wanzen zu organisieren. Ohne den seriös arbeitenden Journalisten nahezutreten zu wollen, ist es durchaus vorstellbar, dass für die »große Story« solche Mittel eingesetzt werden. Im Kontext mit Börsen und den dortigen Geschäften sind alle Szenarien denkbar. Denn hier geht es dann auch um Millionen.

In den vergangen Jahren findet Spionage nicht nur im Internet statt, sondern es wird auch auf diesem Wege versucht, die Zielunternehmen »auszuhorchen«. Einem solchen Angriff können natürlich Personen mit Geld, Macht oder Einfluss ausgesetzt sein, aber auch die verdächtige Ehebrecherin oder der verdächtige Fremdgänger.

Zur Lauschabwehr gehört im Vorfeld eine spezifizierte Schwachstellenanalyse. Im Teil 1 werden der Täterkreis und die Interessenslage ergründet. Im Rahmen einer »Täterphantasie« werden Zeit, Art und Umfang angenommen, was die Konzentration auf die Abwehrmaßnahmen verbessert. Im Teil 2 wird das Unternehmen auf Schwachstellen zur Einbringung und Installation von Abhörgeräten geprüft. Dazu gehören Zugangssysteme (Türen, Tore, Pforten, Fenster), Alarmanlagen, bauliche Anlagen, Flure, Räume usw. Zur Schwachstellenanalyse gehören auch der Bereich der IT-Infrastruktur sowie der Telefonsysteme.

Nach der Schwachstellenanalyse geht der Detektiv zur Planung der Lauschabwehr über, die ein systematisches Vorgehen bei der Prüfung der Räumlichkeiten und der technischen bzw. IT-Geräte sichert. Ebenso werden der Einsatz der Prüfgeräte, Scanner und Detektoren geplant. Schließlich kann nach der nicht-technischen (visuellen) und technischen Durchsuchung eine relative Abhörsicherheit hergestellt werden, indem man Störsignale über z. B. Rauschgenerator oder Audioblocker einsetzt.

TEIL IV

Der Privatdetektiv – Ermittlungen auch zu Mord und Totschlag

»Das beweist wieder einmal, mein lieber Watson, wie gefährlich es ist, sich aus unzureichenden Fakten Theorien zu bilden.«

Sherlock Holmes

1. Kleine Berufskunde

In Deutschland lautet diese Berufsbezeichnung und Spezialisierung Privatdetektiv, der keinerlei Sonderrechte oder hoheitliche Befugnisse besitzt und auch keine staatliche Lizenz hat. Die Privatdetektive arbeiteten wie die anderen Detektivsparten mit den Jedermanns-Rechten; sie sind normale Gewerbetreibende, die gemäß § 38 Abs. 1 Ziff. 2 GewO dem überwachungsbedürftigen Gewerbe (Vertrauensgewerbe) zuzuordnen sind. Eine Gewerbeanmeldung nach § 14 GewO reicht für die Arbeit als Privatdetektiv aber aus. Der Privatdetektiv zählt nicht zum Wach- und Sicherheitsgewerbe nach § 34a GewO und ist somit nicht erlaubnispflichtig.

Die Berufsbezeichnungen **Detektiv** oder **Privatdetektiv** sind als solche nicht geschützt. Was auch heißt, dass sich jeder Detektiv nennen und ein Gewerbe anmelden kann. Übrigens ist der Begriff Akademie in Deutschland auch nicht geschützt, so dass auch jeder theoretisch eine Detektiv-Akademie gründen könnte.

Im Zeitalter der Industrialisierung, der ansteigenden Kriminalität und der Entwicklung zur Informationsgesellschaft haben sich die ursprünglichen, vorwiegend auf dem privaten Sektor liegenden Tätigkeiten, mehr in den wirtschaftlichen Bereich verlagert. Der Privatdetektiv muss wie der Wirtschaftsdetektiv und der Einzelhandelsdetektiv überaus rechtskundig sein, damit er die geltenden gesetzlichen Bestimmungen einhält, um nicht selbst mit dem Gesetz in Konflikt zu geraten.

Die Aufgaben des Privatdetektivs sind vielfältig. Seine Einsatzgebiete sind:

- Probleme im zwischenmenschlichen Bereich von Partnerschaft und Familie,
- Unterhalts- und Erbangelegenheiten,

- Miet- und Pachtfragestellungen,
- Eigentumsdelikte wie Diebstahl, Betrug und Unterschlagung,
- Probleme in den Bereichen Freizeit, Erholung und Arbeit,
- Verleumdungen und Beleidigungen,
- Gewährleistungsprobleme sowie
- Unfall- oder andere Verkehrsereignisse.

Wendet sich ein Bürger an einen Privatdetektiv, so wird ein Auftragsgespräch vereinbart. Bei der Beauftragung kommt es zwischen dem Kunden und dem Detektiv in den meisten Fällen zu einem Dienstvertrag gemäß BGB. Das bedeutet, dass Detektive keinen Erfolg schulden, da dieser nicht garantiert werden kann – was übrigens bei Rechtsanwälten auch so ist.

Es mag im Leben Situationen geben, in der das Einschalten der Polizei nicht sinnvoll ist oder auch keine Straftat vorliegt. Dennoch hat der Beauftragende ein persönliches Interesse an der Klärung von Tatbeständen und Fakten. Als Beispiel seien hier Familien- und Erbschaftsangelegenheiten genannt, die auch dem Zivilrecht zugeordnet werden müssen.

Weiterhin werden Detektive eingeschaltet, wenn die staatlichen Organe nicht die gewünschten Ermittlungsergebnisse vorlegen können, was zuweilen auch dem Kräftemangel in den Behörden geschuldet ist.

Detektive werden oft im Vorfeld von staatlichen Ermittlungstätigkeiten im Auftrag von Privatpersonen, Rechtsanwälten oder der Wirtschaft tätig, wenn diese ein berechtigtes Interesse glaubhaft machen können.

Ihre Recherchen können aber auch parallel zu staatlichen Ermittlungstätigkeiten erfolgen. Das Ergebnis ihrer Dienstleistung kann in Zivil- oder Strafprozessen einfließen. Der Auftraggeber muss das Ermittlungsergebnis des Detektivs aber nicht bekannt geben, sondern kann es nur für sich verwerten, um mit einem Betroffenen eine individuelle Regelung oder im Falle eines Unternehmens eine betriebsinterne Lösung zu finden. Das kann den Vorteil haben, dass ungewollte negative Schlagzeilen in der Öffentlichkeit vermieden werden.

Der Positiv-Check ist auch hier die Prüfung der Durchführbarkeit nach Kriterien wie Kompetenz des Detektivs, Mittel- und Personalverfügbarkeit und Wirtschaftlichkeit des Auftrages. Der **Negativ-Check** bezieht sich dagegen darauf, ob der erteilte Auftrag illegal und mit den Grund- und Persönlichkeitsrechten nicht vereinbar ist. Das Ergebnis der rechtlichen Prüfung muss negativ sein! Es muss immer ein berechtigtes Interesse bei der beauftragenden Person vorliegen.

Die Vorermittlungen gestalten sich fallspezifisch und sind von unterschiedlicher Dauer und Intensität. Wenn es dabei um Personen geht, ist das gesamte vorhandene Informationspotential auszuschöpfen. Dazu zählen Telefonbücher (in Papierform, auf CD, im Internet), Telefonauskünfte, Rückwärtssuche (Inverssuche) in dem Fall, wenn nur eine Telefonnummer und kein Name dazu vorliegen, Angaben im Internet, Internetforen und Handelsregister. Von Ermittlungsinteresse ist auch das persönliche Netzwerk der betreffenden Person (Freunde, Bekannte, ehemalige und jetzige Nachbarn, Kollegen und Geschäftspartner).

In der Phase der Vorermittlungen wird die »Befragung« durch den Detektiv oft legendiert durchgeführt. Eine gute Legende des Privatdetektivs ist die Voraussetzung, dass sich ein glaubhaftes Gespräch entwickeln kann. Die Grundstimmung der Kommunikation sollte immer positiv sein, was auch heißt, dass der Detektiv keine negativen Gründe benennt. Die eigene Rufnummer muss unterdrückt sein, oft benutzt der Detektiv einen Aliasnamen.

2. Fallen und Fangmittel

Für den Einsatz von Fallen und Fangmittel ist eine Serienstraftat Voraussetzung und damit ein feststehender Personenkreis, in dem sich ein Täter befinden könnte. Diese Voraussetzung entfällt allerdings bei Foto- und Beobachtungsfallen, denn in jenen Fällen wartet der Detektiv ja auf eine in der Regel unbekannte Person. In Unternehmen ist unbedingt die Zustimmung der Betriebsleitung zum Anbringen einer Falle und zur Überprüfung aller Personen aus dem möglichen Täterkreis einzuholen, wenn die Falle zugeschnappt hat.

Das *Kriminalistik Lexikon* (1996, S. 103) definiert die Fallen folgendermaßen: » im weiteren Sinn Einrichtungen, mit deren Hilfe der Täter entweder sofort erkannt oder zunächst, für ihn unsichtbar, gekennzeichnet und an Hand der Kennzeichnung erkannt und somit der Tat überführt wird. Auch das vermutliche Diebesgut kann gekennzeichnet werden. Wird es im Besitz des Täters gefunden, ist das ein Indiz für seine Täterschaft.«

Wir unterscheiden Beobachtungsfallen, mechanische, elektronische und chemische Fallen. Unter kriminaltaktischem Aspekt ist immer zu beachten, dass die Anzahl der Mitwisser an der Aktion des Fallenstellens aus nachvollziehbaren Gründen klein gehalten werden muss.

Ziele der Anwendung von Fallen und Fangmittel sind der Nachweis von Berührungsvorgängen zwischen dem Täter und dem Tatobjekt, des unbefugtes Betretens von Räumen und des unbefugten Öffnens von Behältnissen und Türen. In besonderen Fällen ist auch die Gegenstandsidentität nachzuweisen.

Bei **chemischen Diebesfallen oder Fangmittel** werden Stoffe wie Silbernitrat, Methylviolett, Phenolphtalein, Fuchsin, Eosin, Rhodamin oder fluoreszierende Stoffe eingesetzt. Sie dürfen nicht sicht- und riechbar und auch nicht zu ertasten sein, nicht die Gesundheit schädigen und möglichst einzigartig und schwer zu entfernen sein.

Manche Fangmittel reagieren auf Feuchtigkeit (Fuchsin und Rhodamin färben die Haut rot), andere auf Säuren und Laugen (z. B. Phenolphtalein), und die fluoreszierenden Farbstoffe werden unter UV-Licht sichtbar. Silbernitrat dagegen reagiert auf die Feuchtigkeit der Haut *und* auf das Tageslicht.

Chemische Fangmittel werden deshalb unterschieden in selbstfärbende Fangmittel (verfärben sich unmittelbar nach Kontakt mit der Haut), Indikatorfarbstoffe (Verfärbung tritt durch Zusatz von anderweitigen Stoffen ein) und eben fluoreszierende Fangmittel (sichtbar unter ultravioletten Licht).

Bei den chemischen Fangstoffen handelt es sich meist um Pulver oder Pasten, welche auf die diebstahlgefährdeten Objekte (Geldbörsen, Wertgegenstände etc.) aufgetragen werden und bei Berührung mit der Haut sichtbar oder unsichtbar Verfärbungen herbeiführen, die teilweise wochenlang haften bleiben. Natürlich ist immer an die Möglichkeit der Übertragung dieser Stoffe auf unbeteiligte Dritte zu denken, weshalb ausgelegte chemische Fallen regelmäßig kontrolliert werden müssen. Dadurch sind eine unverzügliche Möglichkeit zur Überprüfung des in Frage kommenden Personenkreises und eventuell noch ein Überraschungseffekt sichergestellt.

Bei vielen Fangmitteln wird die den Detektiv interessierende Wirkung durch (normales) Reinigen der Hände sogar noch intensiver.

Problematisch ist der Einsatz chemischer Fangmittel auch deshalb, weil sich die Stoffe auch im ganz normalen täglichen Leben befinden können, so dass die Beweiskraft bei »Überführung« eines Täters erheblich eingeschränkt sein kann. So sind in vielen Waschmitteln optische Aufheller enthalten, die ebenfalls unter UV-Licht fluoreszieren. Deshalb wird empfohlen, mehrere Fangmittel gleichzeitig einzusetzen, damit der Täter den Beweis nicht dadurch entkräften kann, dass er z. B. zuvor mit Waschmitteln in Berührung gekommen ist.

Als elektronische Mittel werden z. B. Nachtsichtgeräte, Wärmebildkameras, Kameras oder Videotechnik (verdeckt oder offen) eingesetzt.

Zur Beschriftung und Markierung von Gegenständen, die nur unter UV- Licht sichtbar werden, werden UV-Tinten und -pasten, Fluor-Signierkreide, UV-Münzlacke und -Marker, UV-Wachsstifte und Leuchtstoffpulver verwendet.

Durch Manipulationen (Eingriffe) lassen sich auch andere Systeme als Fallen nutzen, z. B. Einbruchmeldesysteme, Brandmeldetechnik, Zutrittskontrolleinheiten und Quellensicherungsanlagen.

Technische Überwachungsmethoden beruhen auf funkbasierende oder drahtlose Technologien wie GPS-Ortungs- und Verfolgungsverfahren, GSM-Positionsermittlung und UMTS-Datenübertragungen auf das Handy.

Fotofallen werden so angebracht, dass (räumlich getrennt) der Auslöser betätigt werden kann durch das Öffnen einer Tür, durch Trittkontakt oder die Wegnahme eines Gegenstandes.

Ein besonderes Gebiet sind die **Spurenfallen**. Sie werden einerseits dann angewandt, wenn von einem Tatverdächtigen unauffällig Vergleichsmaterial beschafft werden muss. Dafür gibt es vielfältige Möglichkeiten, z. B. durch Hinstellen eines Gegenstandes, der vom Tatverdächtigen berührt werden muss. Andererseits dienen Spurenfallen auch dazu, von einem Straftäter zur Täterermittlung und Beweisführung gut auswertbare Spuren zu beschaffen (z. B. Ausstreuen von feinem Pulver auf dem Fußboden zum Erzeugung von Schuhspuren.)

3. Ermittlung bei Unterhaltsansprüchen

Was ist ein Unterhalt? Nach unserer Rechtsordnung ein soziales Versorgungsinstrument für Familienangehörige und ehemalige Familienangehörige. Das Unterhaltsrecht ist ein Bestandteil des Familienrechts und beinhaltet die Pflicht zum gegenseitigen Beistand und zur Unterhaltung der Familie. Die Ehe- und Lebenspartner haben einen Anspruch auf Wirtschaftsgeld und Taschengeld, wenn sie kein eigenes Einkommen besitzen. Eine Unterhaltsschuld tritt bei Ehepartnern, Kindern, Eltern, Müttern eines nichtehelichen Kindes und Partnern nach dem Lebenspartnerschaftsgesetz ein.

Bei Trennung unterscheidet die Rechtsordnung zwischen Trennungs- und Scheidungsunterhalt. Nach § 1361 Abs. 1 Satz 1 BGB kann bei Trennung ein Ehegatte von dem anderen den nach den Lebensverhältnissen und den Erwerbs- und Vermögensverhältnissen der Ehegatten angemessenen Unterhalt verlangen. Eine unterhaltsberechtigte, nicht erwerbsfähige Person erhält in der Regel 3/7 des Nettoeinkommens des Anderen.

Eine Erwerbspflicht des anderen, unterhaltsberechtigten Ehegatten (zumeist noch immer der Partnerin) besteht nur, wenn die Erwerbstätigkeit erwartet werden kann. War die Frau während der Ehe nicht erwerbstätig, ist diese Erwartbarkeit in der ersten Zeit nach der Trennung meist nicht gegeben.

Der Trennungsunterhalt ist wie der Scheidungsunterhalt in Geld zu entrichten und richtet sich nach der Bedürftigkeit des anspruchsberechtigten Ehegatten und der Leistungsfähigkeit des Anderen. Es kommt also nicht nur darauf an, dass ein Ehegatte bedürftig ist, der andere darf auch nicht über seinen Mindestselbstbehalt hinaus belastet werden.

Nacheheliche Unterhaltsgründe sind die Betreuung und

Erziehung eines gemeinsamen Kindes, das Nicht-Finden einer angemessenen Erwerbstätigkeit oder auch schlicht eine Einkommensdiskrepanz zwischen den ehemaligen Partnern.

Trennungsunterhaltsermittlungen

Der Detektiv kommt also vielfältig in den sog. **Trennungsunterhaltsangelegenheiten** zum Einsatz. Einmal kann der Geldgeber einen Detektiv beauftragen zu prüfen, ob der Ex-Partner vermutlich eine zu hohe Summe monatlichen Unterhalts erhält. Zum anderen soll ermittelt werden, ob der Ex-Partner in einem eheähnlichen Verhältnis (häusliche und wirtschaftliche Lebensgemeinschaft) mit einem neuen Partner lebt, wodurch der Unterhalt entfallen würde. Oder der Ex-Partner verschweigt ein Arbeitseinkommen, um den Unterhaltsanspruch nicht zu verlieren.

Beispiel: Ein geschiedener Mann aus Potsdam musste nach einem Urteil, das im Zusammenhang mit der Scheidung ergangen ist, erhebliche monatliche Unterhaltszahlungen an seine Ex-Frau zahlen. Sie lebte schon seit Jahren im Hannover und behauptete, dort alleine zu leben. Von dem gemeinsamen Sohn, dessen Existenz geheim gehalten wurde, erfuhr der Unterhaltspflichtige erst durch einen langjährigen Freund.

Den unbedarften Äußerungen des gemeinsamen Sohnes nach wohnte bei der vermeintlich Unterhaltsberechtigten schon seit geraumer Zeit ein Partner. Der konsultierte Rechtsanwalt schlug zur Reduzierung der Unterhaltszahlungen die Beschaffung von Beweismaterial zur Aufklärung der tatsächlichen Lebensumstände vor.

Verdeckte Ermittlungen, Observationen und Recherchen im Umfeld der Ex-Frau ergaben schnell Hinweise auf einen Mann, der schon seit Jahren bei der Frau lebt. Eine Überprüfung beim Einwohnermeldeamt ergab, dass der

Lebensgefährte nicht bei der weiblichen Zielperson gemeldet war, sondern offiziell bei seiner Großmutter.

Recherchen im Umfeld der Großmutter ergaben, dass sie in einer kleinen Drei-Zimmer-Wohnung lebte. Befragungen unter einer Legende bei Nachbarn offenbarten, dass die alte Dame dort schon seit dem Tod des Mannes allein lebte. Den erwachsenen Enkel würde man nur hin und wieder mal sehen, wenn er zu Besuch käme. Er solle bei seiner Freundin in Hannover leben.

Danach wurde die Großmutter direkt kontaktiert. Sie erzählte auf die Frage nach dem Sohn, dass dieser nicht bei ihr wohne. Bereitwillig gab sie sogar seine Adresse preis – die Adresse der unterhaltsberechtigten Frau.

Die gesamten Erkenntnisse deuteten auf ein sozioökonomisches Lebensverhältnis hin, weswegen nunmehr die gerichtliche Klärung der Unterhaltsfrage erneut aufgegriffen wurde. Im Ergebnis verlor die Frau ihren Unterhaltsanspruch.

Der Detektiv hatte gute Arbeit geleistet.

Zum Trennungsunterhalt gibt es eine umfangreiche Rechtsprechung. Detektivkosten müssen bei nachweislichem Fehlverhalten (Trennungsunterhalt) erstattet werden (Urteil vom 15. März 1989, OLG Stuttgart, 8 WF 96/88), Urteil vom 26. Mai 2005, OLG Schleswig 15 WF 363/04). In einem anderen Urteil wurde die Kürzung des Trennungsunterhaltes vom Oberlandesgericht Frankfurt reduziert (OLG Frankfurt a. M., 1 UF 181/00). Ein interessantes Urteil fällte der Bundesgerichtshof in Karlsruhe am 20. März 2002. Er gab der Klage eines Ehemannes statt, der eine Kürzung des Trennungsunterhalts für seine Frau geltend machte. Die Frau lebte nun mit einem neuen Partner zusammen, der allerdings homosexuell war. Die Richter hielten diesen Fakt für unerheblich, da es für die Frage des Unterhalts nicht darauf ankomme, ob es zwischen den Partnern zu Intimitäten komme oder nicht. Der Trennungsunterhalt im vorliegenden Fall ging daher der Frau durch die neue Beziehung zu einem Homosexuellen verloren (BGH, XII ZR 159/00).

In einem Ehestreit müssen Detektivkosten, die bei der Ausspähung des »Liebeslebens« des Ex-Partners angefallen sind, unter Umständen vom beobachteten Ehepartner bezahlt werden. Nach einem Urteil des Oberlandesgerichts Koblenz gilt dies jedenfalls, wenn der Einsatz eines Detektivs der Erhärtung eines konkreten Verdachts diente und die Kosten dafür nicht unverhältnismäßig sind. Das Gericht verurteilte mit seinem Spruch eine geschiedene Ehefrau dazu, im Rahmen eines Unterhaltsverfahrens die Kosten für den Einsatz des Detektivs als Teil der notwendigen Prozesskosten zu tragen. Der Ex-Ehemann der Frau hatte einen Detektiv damit beauftragt, herauszufinden, ob die Frau in einer gefestigten nichtehelichen Lebensgemeinschaft mit einem anderen Mann lebte. Denn dies hätte Auswirkungen auf die Höhe der Unterhaltszahlung gehabt. Der Detektiv bestätigte den Verdacht des Mannes. Doch damit nicht genug, er stellte auch die Kosten in Höhe von 13.000 DM in Rechnung. Diese Kosten muss nun die Ex-Frau in voller Höhe tragen (OLG Koblenz, 11 WF 70/02).

Unterhalt bei minderjährigen und volljährigen Kindern

Der Unterhalt wird erschlichen, wenn Kinder behaupten, dass sie studieren, zur Schule gehen und keine Einkünfte haben. Oftmals werden regelmäßige Beträge oder Einkommen, die der Unterhaltsberechtigte bekommt, gegenüber dem Unterhaltspflichtigen verschwiegen. Unterhaltsansprüche für minderjährige Kinder entfallen dann, wenn das Kind entweder genügend eigene Einkünfte hat oder wenn das unterhaltspflichtige Elternteil nicht in der Lage ist, den Unterhalt leisten zu können. Regelmäßig mindern eigene Einkünfte grundsätzlich den Unterhaltsanspruch, unabhängig davon, ob es Einkünfte aus Erwerbstätigkeit oder Einkünfte aus Kapitalvermögen sind.

Ein weites Feld für den Einsatz des Privatdetektivs!

Der muss wissen, dass Schüler grundsätzlich nicht zu einer Nebentätigkeit verpflichtet sind, was auch für die Ferienzeit gilt. Suchen sie sich eine Tätigkeit, so bleiben diese Einnahmen unberücksichtigt, insofern es sich um geringfügige Einnahmen handelt. Werden aber höhere Einkünfte erzielt, ist der über den Freibetrag für berufsbedingte Aufwendungen hinausgehende Satz nach Billigkeit anzurechnen.

Studenten sind ebenfalls grundsätzlich nicht zu einer Erwerbstätigkeit verpflichtet, auch nicht in den vorlesungsfreien Zeiten oder Semesterferien. Den Studentenunterhalt regelt die Düsseldorfer Tabelle.

Bei minderjährigen Kindern muss darauf geachtet werden, dass eine Verwirkung des Unterhaltsanspruches gemäß § 1611 Abs. 2 BGB nicht in Betracht kommt. So ist das Kind nicht verpflichtet, statt einer Schulausbildung eine Arbeit anzunehmen.

Die Verpflichtung der Unterhaltszahlung entfällt auch nicht durch die Tatsache, dass das Kind den Umgang mit dem unterhaltspflichtigen Elternteil verweigert. Bei volljährigen Kindern entfällt der Unterhaltsanspruch, wenn sie entweder genügend eigene Einkünfte erzielen oder wenn der Elternteil, der zum Unterhalt verpflichtet ist, diesen aufgrund eigener Leistungsunfähigkeit nicht mehr erbringen kann.

Gemäß § 1611 Abs. 1 BGB kann jedoch der Unterhaltsanspruch verwirkt werden, wenn das volljährige Kind durch sein eigenes Verschulden bedürftig wurde oder wenn es sich vorsätzlich einer schweren Verfehlung gegen die Unterhaltspflichtigen oder einen nahen Angehörigen des Unterhaltspflichtigen schuldig gemacht hat (zum Beispiel tätliche Angriffe, grobe Beleidigungen, grober Undank und Lieblosigkeit gegenüber einem alten oder kranken Elternteil).

Grundsätzlich ist es dem Detektiv untersagt, rechtsberatend tätig zu werden. Hier sollte immer ein Rechtsanwalt hinzugezogen werden.

Detektivkosten, die im Zusammenhang mit notwendigen Ermittlungen bei falschen Angaben des Unterhaltsberechtigten verursacht wurden, können gemäß § 91 Zivilprozessordnung erstattungsfähig sein, wenn sie zur zweckentsprechenden Rechtsverfolgung und Rechtsverteidigung notwendig waren.

Auftragssicherheit bzw. Aufgabenstellung sind in jedem Fall zu klären. Der Detektiv sollte sich nur dann an die Lösung des Falles machen, wenn ein Rechtsanwalt zur Rechtsvertretung und Klärung der Beweislage hinzugezogen worden ist. Der Schwerpunkt der Recherche und Observation ist die Aufklärung der realen Lebens- und Einkommensverhältnisse, was dokumentiert werden muss (Foto, Videomaterial, Bericht).

Im Auftragsgespräch nimmt der Detektiv alle auftragsbezogenen Informationen entgegen (alle wichtigen Angaben über die Zielperson, auch Umfeld und Freundeskreis; Vermutungen, wo sie arbeiten könnte usw.).

4. Ermittlungen bei Verletzung des elterlichen Sorgerechts

Bei diesem Thema geht es um die Verletzung oder Vernachlässigung der Aufsichtspflicht. Wenn der Privatdetektiv einen entsprechenden Auftrag bekommt, handelt es sich bei den Auftraggebern regelmäßig um Vermutungen. Ist der Fakt schon bewiesen, wäre der Detektiv nicht hinzugezogen worden.

Es sind das die Fälle, die das Leben schreibt. Ein Ex-Partner oder dessen neuer Lebensgefährte üben negativen Einfluss auf die gemeinsamen Kinder aus, oder der Ex-Partner ist nicht in der Lage, das Sorgerecht verantwortungsbewusst und im Sinne des Kindes auszuüben. Manchmal ist das Kind, dem es aus nicht ersichtlichen Gründen über einen längeren Zeitraum relativ schlecht geht, der Indikator, der eine Beauftragung nach sich zieht.

Die Verletzung oder Vernachlässigung der Aufsichtspflicht kann in Bezug auf das Sorgerecht eine schwerwiegende Verfehlung sein. Indizien dafür sind:

- Das Kind ist – wie der berühmte Kevin aus dem gleichnamigen Film – ständig allein zu Haus. Dabei wird natürlich die Zeit des ständigen Alleinseins dem jeweiligen Alter angemessen. Ein kleineres Kind braucht verständlicherweise mehr Fürsorge als ein Jugendlicher.
- Die Eltern schlafen oft woanders, aber das Kind ist allein zu Haus.
- Auch das verwahrloste Äußere gibt Hinweise, dass das Kind oder der jüngere Jugendliche ständig unbeaufsichtigt in der Wohnung gelassen wird.

Wird eine Sorgerechtsverletzung gerichtlich festgestellt, zählen diese Detektivkosten zu den erstattungsfähigen Kosten (BGH, VI ZR 110/89, Urteil vom 20. April 1990).

Ein Spezialfall für den Privatdetektiv ist die **Kindesentziehung.** Das »entzogene Kind« aufzuspüren, ist von der detektivischen Methodik mit der Suche nach vermissten Personen gleichzusetzen.

Kindesentziehung kann auch ein Straftatbestand sein (§ 235 StGB), der in Deutschland **Entziehung Minderjähriger** heißt. Es wird diejenige Person bestraft, die eine Person unter 18 Jahren mit Gewalt, durch Drohung mit einem empfindlichen Übel oder durch List oder ein Kind, ohne dessen Angehöriger zu sein, den Eltern, einen Elternteil, dem Vormund oder dem Pfleger entzieht und vorenthält. Bei weniger schweren Fällen handelt es sich um ein Antragsdelikt, was heißt, dass die Tat nur auf Antrag des Erziehungsberechtigten verfolgt wird, es sei denn, die Strafverfolgungsbehörde hat ein besonderes öffentliches Interesse und hält ein Einschreiten von Amts wegen für geboten.

In allen Fällen ist eine besondere Vorsicht geboten, denn es ist fast immer ein hohes Konfliktpotential vorhanden. Der Detektiv muss alles tun, um das Leben und die Gesundheit des Kindes nicht zu gefährden.

Beispiel: Ein 44 Jahre alter Mann und sein einjähriger Sohn sind in Dachsenhausen (Rhein-Lahn-Kreis) in einem Auto verbrannt. Der Wagen fing am 31. März 2015 Feuer, als sich Polizeibeamte ihm näherten, wie die Staatsanwaltschaft in Koblenz am folgenden Tag mitteilte. Vor der Tat hatte die Mutter des Jungen die Polizei verständigt. Der von ihr getrennt lebende Mann haben den gemeinsamen Sohn nicht wie vereinbart nach Hause gebracht ...

5. Beweisführung bei Ehebruch

Über die Ehe gibt es viele kluge Sprüche. Wir nähern uns am besten diesem Thema mit einem Satz des britischen Arztes, Schriftstellers und Psychologen Alexander Comfort: »Viele Ehen brauchen die Untreue, damit sie Bestand haben.« Der US-amerikanische Schriftsteller Henry Miller hat das gleiche Phänomen so ausgedrückt: »Wo es eheliche Pflichten gibt, gibt es außereheliche Vergnügen.«

Das mag alles so sein, aber die hier innewohnenden Konflikte sind schon ziemlich groß.

In einer Studie von Petra Hollweg und Markus Krischer (nach Wikipedia Seitensprung) wurden vor zehn Jahren 2601 heterosexuelle Untreue befragt, wovon 45 Prozent der befragten Männer und 55 Prozent Frauen waren. Untreue Frauen fanden ihren Liebhaber zu 35 Prozent im Freundeskreis. Männer gingen zu 28 Prozent mit Freundinnen und zu 20 Prozent mit Kolleginnen fremd. Für die meisten der Befragten war es nicht der erste Seitensprung.

51 Prozent der Männer und 45 Prozent der Frauen waren in der aktuellen Partnerschaft schon untreu. Zwei Drittel der Affären liefen länger als einen Monat. Etwa ein Drittel dauerte sogar länger als ein halbes Jahr. One-Night-Stands kommen dagegen selten vor. Auch die Liebhaber waren oft gebunden: Frauen zu 58 und Männer zu 52 Prozent. Ist der Seitensprung aufgeflogen, bricht der Kontakt zum Liebhaber nicht ganz ab. Etwa 40 Prozent sehen ihre Affäre weiterhin mindestens einmal die Woche.

Andere Quellen sprechen davon, dass 32 Prozent aller Männer und 44 Prozent aller Frauen in Deutschland ihren Partner schon einmal betrogen haben. Ob die Zahlen stimmen, weiß niemand genau, aber feststeht, dass sich hier ein weites Feld für Privatdetektive auftut. Wenn der Verdacht auf Untreue aufkommt, dann herrschen in einer Partnerschaft Misstrauen und Zweifel. Die Verdächtigungen können falsch sein oder auch richtig, und das findet ein guter Detektiv in der Regel schnell und beweiskräftig heraus.

In (West-)Deutschland wird der Ehebruch seit dem 1. September 1969 nicht mehr strafrechtlich sanktioniert. Es hört sich wie aus einer anderen Welt und einer ganz anderen Zeit an, dass damals mit der Begründung einer »sittenprägenden und sittenerhaltenden Wirkung« die angedrohte Haftstrafe sogar verdoppelt werden sollte. Seit dem 1. Juli 1977 ist durch das Erste Gesetz zur Reform des Ehe- und Familienrechts auch die Schuldfrage bei Scheidungen entfallen, was auch heißt, dass der Ehebruch keinen Grund mehr für eine Scheidung hergibt. Es wird nur noch betrachtet, ob die Partner seit längerem getrennt leben. In sehr schweren Fällen des Ehebruchs gehen allerdings Ansprüche auf Unterhalt verloren (nach Wikipedia Ehebruch).

Im **Auftragsgespräch** ist bei diesem heiklen Thema alles von der Gesprächsatmosphäre abhängig. Der Privatdetektiv muss unbedingt Ruhe ausstrahlen, sollte aber nicht in Tränen ausbrechen, wenn er von den Seitensprüngen des betreffenden Partners hört. Da der Auftraggeber nur Vermutungen besitzt, muss er sie zunächst einmal begründen und Anzeichen dafür benennen. Der Wille zur Aufklärung wird sich der Detektiv im besten Falle noch mal bestätigen lassen, und auch über die Kosten muss geredet werden. Wenn sich der Auftraggeber noch unschlüssig zeigt, ist es eine gute Idee, ihn noch einmal darüber schlafen zu lassen. Denn ein gedrängter Auftrag ist manchmal gar kein Auftrag und bereitet oft nur Probleme.

Von der Zielperson sind alle auftragsbezogenen Parameter aufzunehmen. Dazu gehören Fotos, Koordinaten der Arbeitsstätte, Freunde, Umfeld und Netzwerke. Typische Warnsignale, Anzeichen und Indizien in diesen Fällen sind (angebliche) Überstunden, fremde Haare auf der Kleidung, Änderung des Lebens- und des Kleidungsstils, am Rechner geöffnete Internet-Dating-Seiten. Verdächtig ist auch immer, wenn am Rechner schnell Seiten geschlossen werden. Darüber hinaus können Flecken auf der Kleidung, der plötzliche Wunsch nach mehr Freiraum in der Partnerschaft oder der Urlaub mit der besten Freundin oder dem besten Freund Indizien liefern. Bei Geschäftsleuten werden die Termine in den Abendstunden häufiger, die dann immer später zu Ende gehen. Jeder Fall ist auch auf diesem Feld ein besonderer, und deshalb muss alles Verdächtige detailliert besprochen werden.

Stehen Observationen an, ist die Anzahl der benötigten Ermittler und Kfz zu bestimmen und ein Observationsplan anzufertigen.

Doch nicht immer sind die Beziehungen zwischen Auftraggeber, Privatdetektiv und Zielperson klar abgesteckt, denn es ist auch schon vorgekommen, dass sich der Detektiv in die Auftraggeberin verliebt hat. So erging es 1998 einem Privatdetektiv, der von der gehörnten Ehefrau den Auftrag bekam, die Liebschaften ihres Ehemannes, der als erfolgreicher Rechtsanwalt arbeitete, aufzudecken. Nicht eine, nein gleich zwei Beziehungen konnte der Detektiv fotografisch nachweisen. Die Auftraggeberin reichte sofort die Scheidung ein, aber privat trafen sie sich mit dem Detektiv immer wieder. Drei Monate nach ihrer Scheidung heirateten die beiden, was neudeutsch ja als Happy End bezeichnet wird.

Ein richtungsweisender Fall ist auch aus Italien zu vermelden. Eine junge Geliebte kann einen weitaus älteren Mann hörig und damit psychisch abhängig machen. Entsprechend müsse die Angebetete nach dem Ende der Beziehung wertvolle Geschenke zurückgeben, entschied das italienische Kassationsgericht. Konkret ging es um einen Privatdetektiv, der im Alter von 65 Jahren sein Herz an eine 25-jährige Studentin verlor. Die Beziehung hielt sieben Jahre. Der Mann sei von seinen Gefühlen überwältigt gewesen und habe seine junge Geliebte für den Fortbestand der Beziehung mit Schmuck überhäuft, so die Richter. Dies dürfe aber nicht mit Großzügigkeit verwechselt werden!

6. Die Suche nach vermissten Personen

Im *Kriminalistik Lexikon* (1996, S. 343) wird eine vermisste Person definiert: »Person, die ihren gewohnten Lebenskreis verlassen hat, deren Aufenthalt unbekannt ist und bei der eine Gefahr für Leib und Leben angenommen werden kann. Bei Minderjährigen oder Entmündigten bedarf es der Annahme dieser Gefahr nicht.

Eine Person, nach der aus einem anderen Anlass gefahndet wird (z. B. flüchtiger Straftäter, entwichener Fürsorgezögling), wird nur dann als vermisste Person behandelt, wenn wegen ernsthafter Freitodabsicht, ihres Gesundheitszustandes oder des Verdachts einer an ihr begangenen Straftat mit dem Auffinden als unbekannter Toter oder unbekannter hilfloser Person gerechnet werden kann.«

Damit wird klar, dass der Detektiv eine vermisste Person etwas anders definieren muss, denn er sucht einen Menschen auch aus anderen Gründen und Anlässen. Der Auftraggeber steht in einem direkten Zusammenhang mit der vermissten Person:

Auftraggeber	**Vermisste Person**
Eltern	Kind
Familie	Familienangehöriger
Unternehmen	Angestellter

Die Auftragsgründe können vielfältig sein: Entführung, Erpressung, sexueller Missbrauch, Freiheitsberaubung (Festsetzen einer Person), Fernhalten von einem bestimmten Ort, Weglaufen, Flucht, Aufenthalt bei einem neuen Partner und Aussteiger. Auch für die Durchsetzung von rechtlichen und finanziellen Konsequenzen werden Personen gesucht.

Im **Auftragsgespräch** müssen zu zwei Komplexen alle Daten gesammelt und dokumentiert werden:

1. Wer wird vermisst? Name, Geburtsdatum und -ort, Ausweiskopie, wenn vorhanden, bisherige Adressen und Telefonnummern, Mailadressen, Personenbeschreibung und Fotos, Freunde, Kontakte, Netzwerk, Hobbies, Mitgliedschaften in Vereinen, Schulen, Gewohnheiten, Kommunikationswege der Person, letzte Aufenthaltsorte – alle wichtigen Ausgangsdaten für eine erfolgreiche Suche.

2. Hintergründe. Warum wird diese Person gesucht? Was sind die Hintergründe des Verschwindens? Gab es erhebliche Veränderungen im Leben dieses Menschen?

Die Suche nach vermissten Personen kann langwierig sein

und sich sehr kompliziert gestalten. Deshalb ist unbedingt ein finanzieller Rahmen zu vereinbaren. Generell wird eine Vorkasse von 50 Prozent empfohlen. Weil sich die Suche auch über Ländergrenzen gestalten kann, sind die landesspezifischen Besonderheiten zu berücksichtigen.

Wenn die gesuchte Person ermittelt worden ist, wird ein detaillierter und aussagekräftiger Bericht angefertigt. Darin sind gegebenenfalls auch Empfehlungen an den Auftraggeber zu seinem weiteren Verhalten zu geben, damit die Person nicht wieder abhandenkommt. Der Detektiv könnte auch erneut beauftragt werden, sich um die Rückführung zu kümmern.

Aus der Auftragswelt einer Detektei

Ein Anruf geht ein. Die Mutter ist aufgeregt, der Vater hat das Kind nicht wieder gebracht und befindet sich jetzt mit ihm im Ausland. Der private Ermittler beruhigt die Frau. Jetzt erst kann er gezielt seine Fragen stellen. Die wichtigsten Angaben sind fixiert. Es ist beiden klar, dass der Einsatz der Detektei nicht kostenfrei ist. Der Detektiv führt ein paar Telefonate in das Land der angenommenen Kindesentführung. Es folgen digitale Sendungen mit Fakten und Fotos an die Partner-Detektei im Ausland, die von ehemaligen Polizisten betrieben wird. Das Lagezentrum des Auswärtigen Amtes und die deutsche Botschaft sind informiert. Anderthalb Stunden später sind Kollegen im betreffenden Ort des angenommenen Aufenthaltslandes auf der Suche. Gleichzeitig haben die Kollegen die Behörden vor Ort informiert. Die Auswertung aller vorliegenden Fakten sowohl im »Auftragsland« als auch im »Suchland« und erste legendierte Befragungen im möglichen Umfeld vor Ort haben zu einer Lokalisierung der gesuchten Person geführt. Drei Detektive haben sich um das Haus, in dem die gesuchte Person und das Kind vermutet werden, in verdeckter Position aufgestellt. Jetzt wird aufmerksam jede Bewegung aufgenommen und aktiv nach Anzeichen gesucht. Mit einem Feldstecher kann eine gleichmäßige, immer wiederkehrende und somit auffällige Bewegung einer Gardine erspäht werden. Diesem Verdachtsmoment wird nachgegangen. Es ist das Kind, das versucht hat, Zeichen zu geben! Der Spürsinn der Ermittler-Kollegen hat Erfolg. Der Zugriff wird mit der örtlichen Polizei abgestimmt und durchgeführt. Der wichtigste Schritt ist geschafft. Jetzt muss die Rückführung organisiert werden. Das Kind wird am Airport von der Flughafenpolizei empfangen, die vorab über den Sachverhalt informiert wurde. Das Kind wird dem Piloten in die Obhut gegeben. Die glückliche Mutter kann, begleitet von einem Mitarbeiter der beauftragten Privatdetektei, ihr Kind am heimatlichen Flughafen, von der Flugzeug-Crew übergeben, wieder in ihre Arme schließen.

7. Die kriminalistische Untersuchung verdächtiger Todesfälle durch Detektive

Die Aufklärung von Mordfällen ist nicht nur für beamtete Kriminalisten eine Herausforderung, sondern hat in der Vergangenheit auch Detektive beschäftigt. Detektive verhalfen dazu, Täter zu überführen und auch Tatverdächtige und zu Unrecht Verurteilte vom Tatvorwurf zu entlasten.

Ein großer Teil der hier erfolgreichen Detektive hat eine kriminalistische Ausbildung und kommt aus den Reihen der Kriminalpolizei. Abgesehen von Eigentumsdelikten, liegen im Durchschnitt aber nur fünf Prozent aller Fälle, die ein Detektiv zu bearbeiten hat, im Bereich des Strafrechts.

Er agiert als Beweisnothelfer dann, wenn staatliche Strafverfolgungsorgane Verdachtsmomente nicht konsequent verfolgen und/oder mangelhaft arbeiten, wenn Leichenuntersuchungen (Leichenschau, Sektion) Fehler aufweisen, wenn Zeugen unwahre Aussagen gemacht haben und wenn es zudem einen durch die Straftat Geschädigten gibt, der ein berechtigtes Interesse besitzt, die Wahrheit in der vorliegenden Sache durch einen privaten Ermittler feststellen zu lassen. Die Annahme einer prinzipiellen Befugnis des Verletzten zu privaten Ermittlungen zum Zwecke der Strafverfolgung ist verfassungskonform, sie bedeuten im Grundsatz eine sinnvolle, sachgerechte Entlastung der Strafverfolgungsorgane.

Die **Todesart** aufzuklären, ist aber mitunter keine leichte Aufgabenstellung. Es gibt nicht nur Kapitalverbrechen, die nach einem Suizid oder Unfall aussehen; auch Selbsttötungen und Unfälle, deren Erscheinungsbild wie ein Tötungsverbrechen wirken, kommen vor. Ausgedehnte Blutspuren am Leichenfundort können auch den Verdacht eines Tötungsdeliktes aufkommen lassen, obwohl in Wirklichkeit ein natürlicher Tod eingetreten ist (zum Beispiel Tod aus rupturierten Krampfadern). Zudem muss stets an neue und seltene Tötungsarten gedacht werden (z. B. durch elektromagnetische Beeinflussung von Herzschrittmachern, durch Spinalanästhesie), die keine »klassischen« Spuren hinterlassen. Die Kompliziertheit des Problems wird auch an der Tatsache deutlich, dass es wegen der diskreten Befunde an der Leiche Tötungsdelikte gibt, die selbst durch forensisch geschulte Experten nicht erkannt werden, wobei nicht nur an Intoxikationen, sondern auch an andere Tötungsarten gedacht werden muss (Erstickungsmechanismen wie Erwürgen, Erdrosseln, Ertränken, Verschluss der Atemöffnungen usw., Tod durch thermische Einwirkung, Stromtod).

Noch problematischer wird der Fall, wenn die an der Leiche durch den Mord verursachten Spuren (im weitesten Sinne) durch andere, massiv fingierte Spuren, die auf einen Suizid oder einen Unfall hindeuten sollen (Verschleierung), »überlagert« werden. So gibt es gar nicht so selten Fehlinterpretationen und echte Fehlleistungen, »die eine zumindest trügerische diagnostische Sicherheit verbreiten« – wie es die Gerichtsmediziner Axel Heinemann und Klaus Püschel (1996, S. 135) einmal ausgedrückt haben. Auch nach Einsatz aller Mittel bleiben ca. drei bis fünf Prozent der rechtsmedizinisch untersuchten Todesfälle ungeklärt.

So kann es für die Untersuchung verdächtiger Todesfälle wegen der Vielfalt der Begehungsweisen und Ausgangssituationen weder ein Schema geben noch Patentrezepte. Jeder Fall ist anders!

Begriffliches

Vor dem Bereich des Strafrechts liegen, sofern sie den Tod eines Menschen betreffen, die Todesfälle unter verdächtigen Umständen (= verdächtige Todesfälle). Das sind die kriminalistisch relevanten Sachverhalte, in denen der verbrecherische Hintergrund verschleiert worden ist.

Die Tätigkeit, die auf die Untersuchung verdächtiger Todesfälle gerichtet ist, heißt **Todesursachenermittlung**, das Ganze kann auch etwas vereinfachend **Todesermittlungssache** genannt werden.

Nicht immer ist es selbst für Gerichtsmediziner einfach zu differenzieren, ob ein nicht natürlicher Tod (Selbstmord, Unfall, durch andere Personen verursacht im Sinne der vorsätzlichen Tötung} oder ein natürlicher Tod vorliegt. Deshalb sind die Verschleierungshandlungen des Mörders nicht selten darauf gerichtet, einen Suizid, einen Unfall oder einen natürlichen Tod vorzutäuschen oder zumindest die Todesart sehr lange im Unklaren zu lassen, um einen Zeitvorsprung zu gewinnen. Es gelingt dem Täter jedoch nicht immer, von seiner offenkundigen Tat abzulenken. Dann sind seine Bemühungen darauf gerichtet, andere Tatumstände vorzutäuschen, von seiner Täterschaft abzulenken oder schuldausschließende Bedingungen (Notwehr) zu konstruieren. »Tötungsdelikte werden verschleiert«, schrieb der Kriminalistikprofessor Hans Girod (1990, S. 16), »indem Spuren am Opfer, am Tatort, in dessen Umgebung beseitigt oder hinzugefügt werden, die die Feststellung der Todesursache, der Todesart, des Tatablaufs, des Motivs oder anderer bedeutsamer Umstände verhindern soll.«

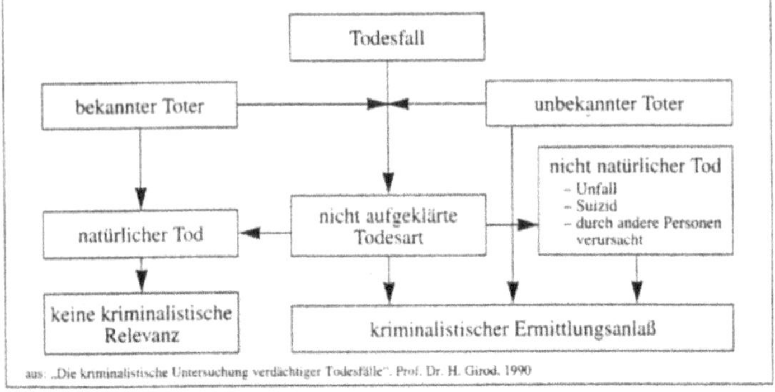

Schematische Darstellung der kriminalistischen Relevanz bei Todesfällen

aus: „Die kriminalistische Untersuchung verdächtiger Todesfälle". Prof. Dr. H. Girod. 1990

Der Detektiv muss wissen, dass der statistischen Häufigkeit nach Tötungsdelikte ohne Opferbeseitigung hauptsächlich als tödlicher Unfall oder Suizid verschleiert werden. Das Verbrennen der Leiche ist am häufigsten und gelegentlich problematisch, insbesondere dann, »wenn die Schädigung durch Brandeinwirkung zu Lebzeiten gesetzte Verletzungen überdecken oder sogar vernichten. In der Regel werden derartige Fälle nur durch mosaikartiges Zusammensetzen von Fundortexpertise, Obduktionsbefunden, weiteren Untersuchungen und gegebenenfalls Gutachten eines technischen Sachverständigen geklärt« (Vock und Hofmann 1997, S. 57).

Daneben gibt es Tötungsdelikte, bei denen die Verschleierungshandlung auf die Beseitigung des Opfers (Leichenbeseitigung) gerichtet ist, was mehr oder weniger vollständig gelingen kann. Da diese Personen aber abgängig sind, das heißt vermisst werden, ergibt sich in den meisten Fällen ein kriminalistischer Anhaltspunkt durch den Vermisstenstatus, bei dem regelmäßig ermittelt wird, ob an dem Vermissten eine Straftat verübt worden sein könnte. Neben der allgemeinen Aufenthaltsfeststellung könnte im Auftrage der Angehörigen die Mitarbeit des Detektivs bei

Verdacht eines Tötungsverbrechens darin bestehen, die vermisste Person aufzufinden.

Solange die Todesart (natürlich/nicht natürlich) und die Todesursache nicht ermittelt sind, spricht man von einer nicht aufgeklärten Todesart. Bei Verdacht auf einen nicht natürlichen Tod ist durch den Leichenschauarzt sofort die Polizei zu benachrichtigen, die das weitere veranlasst. Solange die Todesart nicht ermittelt ist, bleibt der Staat in der Pflicht, eine Untersuchung einzuleiten (z. B. eine Obduktion, eine toxikologische Analyse usw.) und ein Ergebnis zu erreichen. Wie einige Fälle aus jüngster Vergangenheit zeigen, können Detektive schon in diesem Stadium sehr hilfreich im Sinne der Wahrheitsfindung agieren.

Anlasse für detektivische Ermittlungen

Todesermittlungssachen gehören vor allem in die Kompetenz der Strafverfolgungsbehörden (vgl. § 159 StPO), die in sog. Leichensachen ermitteln, wenn Anhaltspunkte vorhanden sind, dass jemand eines nicht natürlichen Todes gestorben ist. Sie dürften ein eher seltenes und dazu noch wirtschaftlich weniger interessantes Einsatzgebiet für Detektive sein, gehören aber zu den gesellschaftlich wichtigsten Tätigkeiten der Privatermittler. Denn es sind vielleicht gerade die Vorgänge, die in Zukunft im rechtsstaatlichen Interesse eine ganz besondere detektivische Aufmerksamkeit erfordern und die ferner für das Renommee eines Detektiv-Instituts von Bedeutung sind, weil sie bei erfolgreicher Ermittlungsarbeit kriminalistisch-detektivische Meisterschaft beweisen.

Für die Annahme, dass die Untersuchung verdächtiger Todesfälle zukünftig in der Arbeit von Detektiven eine weitaus größere Rolle als bisher spielen wird, gibt es einen wesentlichen Grund. In der Kriminalstatistik, die generell nur die Arbeitsfelder der Polizei umschreibt, ist das sog. Dunkelfeld nicht erfasst. Was den Strafverfolgungsbehörden nicht bekannt ist, taucht in keiner Statistik auf. Und genau das ist für die Arbeit der Detektive von höchstem Interesse.

Wie Prof. Dr. Bernd Brinkmann, Präsident der Deutschen Gesellschaft für Rechtsmedizin und Direktor des Instituts für Rechtsmedizin der Westfälischen Wilhelms-Universität Münster, 1997 in seinem Interview für den *Detektiv-Kurier* berichtete, bleiben in Deutschland jährlich 1.200 bis 2.400 Tötungsdelikte unentdeckt – der perfekte Mord wird möglich! Das kann leider auch für die heutige Zeit angenommen werden, nicht nur verursacht durch massive Einsparungen bei den rechtsmedizinischen Instituten.

Eine Reihe von Vergiftungen zum Beispiel ist nicht äußerlich wahrnehmbar und bietet deshalb dem Leichenschauer, der die Leiche – regelwidrig – oft nicht einmal entkleidet, keine eindeutigen Anhaltspunkte für ein Verbrechen. Weil vorsätzliche Tötungen oft als Suizide kaschiert werden, liegt es auf der Hand, dass bei falschen Leichenschauergebnissen auch Morde unentdeckt bleiben können. Zudem werden nach Schätzungen lediglich 50 Prozent aller Suizide als solche deklariert, die andere Hälfte als Herztod in der Klinik, Tablettenintoxikation usw. Bei Todesfällen im Kindes- und Kleinkindesalter gibt es eine große Dunkelziffer.

Das heißt auch: Hinter dem »zweifelsfrei« festgestellten Unfall, Selbstmord und natürlichen Tod kann sich ein Mord verbergen! Ein hochinteressantes Tätigkeitsfeld für Detektive!

Beispiel: Nach acht Todesfällen, die behördlich als »natürlicher Tod« eingestuft worden waren, beauftragten die rechtmäßigen Erben einen Detektiv, der die Beweise dafür erbrachte, dass fünf Verbrecher als Mörderbande ihre Opfer töteten, um deren Vermögen durch gefälschte Testamente an sich zu bringen. Die Haupttäter und weitere 19 Angeklagte, darunter Notare, Anwälte, ein Arzt und ein Polizeibeamter, wurden im Sommer 1989 von einem Gericht verurteilt. Die beiden Hauptangeklagten erhielten lebenslängliche Freiheitsstrafen, die Mitangeklagten zwischen zwei und zehn Jahren.

Ein eigenständiges Feld der verdächtigen Todesfälle ist der **Versicherungsbetrug** der anderen Art, für deren Bekämpfung die Assekuranz zumeist eigene Detektive einsetzt.

Beispiel: Ein Hamburger Architekt, dessen Unternehmen in die roten Zahlen kam und der von den Schulden überrollt wurde, und seine Ehefrau wollten drei Millionen DM aus der Lebensversicherung abkassieren. Der Architekt mietete sich in einer einsamen Gegend in Portugal einen Bungalow und täuschte einen Bootsunfall vor. Er schwamm nach dem fingierten Unfall ans Ufer und versteckte sich in einem abgelegenen Bauernhaus im Bergland. Nach einem Jahr ließ die Frau den Mann für tot erklären und verlangte die Auszahlung der Lebensversicherung. Die Geldzahlung wurde immer wieder hinausgezögert, bis der entnervte Ehemann seiner Frau telefonisch mitteilte, dass das Geld alle sei. Die Ehefrau flog zwei Tage später nach Portugal, um sich mit ihrem Ehemann unweit der angeblichen Unfallstelle zu treffen. Ein Detektiv war mit von der Partie. Vorsorglich hatte er um polizeiliche Unterstützung gebeten, so dass das Betrügerduo festgenommen werden konnte (nach Detektiv-Kurier 4/1993, S. 8).

Neben diesen Todesermittlungssachen wird es, so die Prognose, zukünftig verstärkt detektivische Einsatzmöglichkeiten auch bei der **Morduntersuchung** geben.

Beispiel: In Potsdam ließ eine Mutter den Totschläger ihrer Tochter von einem Privatdetektiv jagen. Weil die 16-jährige Melanie zu ihm »Schlappschwanz« gesagt hatte, erschlug er das Mädchen mit einer Whiskeyflasche. Die Leiche wickelte er in ein Bettlaken, brachte sie nach Plaue auf ein altes NVA-Gelände. Peinlich für die Polizei: Drei Beamte hatten die Wohnung des Totschlägers durchsucht, aber keine Spuren eines Verbrechens gefunden. Erst als der von der Mutter beauftragte Detektiv den Mörder, der schon drei Menschen getötet hatte, zum Geständnis drängte, konnte dieser überführt werden (nach Kittan 1996, S. 18).

Schließlich muss noch erwähnt werden, dass Detektive auch zur **Entlastung von Mordverdächtigen** sowohl im Ermittlungs- und gerichtlichen Verfahren als auch nach der Verurteilung wirksam werden können. Die Kriminalgeschichte lehrt, dass nicht jeder, der eines Mordes beschuldigt und auch rechtskräftig verurteilt wird, ein Mörder ist.

Beispiel: Michael Mager aus Berlin saß sechs Jahre eine Freiheitsstrafe ab, nachdem man ihn 1984 wegen Mordes an einer 77-jährigen Hausbesitzerin verurteilt hatte. 1996 wurde der wirkliche Täter Thomas Rung gefasst. Das Berliner Landgericht hob das Urteil auf und sprach Michael Mager frei; er erhielt eine Haftentschädigung von ca. 30.000 DM.

In anderen Fällen stellt sich später heraus, dass gar kein Verbrechen vorliegt. Klassische Fehlurteile! So besteht der rechtsstaatliche Auftrag des Detektivs beim Kampf um ein Wiederaufnahmeverfahren darin, neue Zeugen zu finden, falsche Zeugenaussagen zu entlarven, fehlende Sachbeweise zu sichern und Gutachten zu widerlegen.

Beispiel: Im Mai 1970 wurde Arthur Meinberg von der Mordanklage freigesprochen, nachdem er 19 Jahre unschuldig inhaftiert gewesen war. 1950 war er vom Schwurgericht Siegen wegen Mordes an seinem Arbeitskollegen Georg Sommerhoff zu lebenslangem Zuchthaus verurteilt worden. Er war der Tat verdächtig gewesen, weil er als letzter mit dem Opfer, das mit eingeschlagenem Schädel gefunden wurde, zusammen war. Zudem hatte der Melker Meinberg Blutspritzer an der Jacke, war vorbestraft und konnte kein einwandfreies Alibi nachweisen. Ein Gutachter hatte zudem attestiert, dass ihm die Tat zuzutrauen sei (!). Auf Anregung seines Verteidigers Dr. Fritz Groß konnte ein Detektiv den fehlenden Unschuldsbeweis erbringen. Ein Zeuge hatte den unschuldig Verurteilten zum Tatzeitpunkt an einem anderen Ort gesehen.

erwarten sind, muss sofort gehandelt werden. Es besteht immer noch eine kleine Chance, Hinweise und Spuren, die man zur Aufklärung des Falles oder für die Bestimmung der konkreten Ermittlungsrichtung benötigt, im »zweiten Anlauf« zu finden und zu sichern.

Beispiel (aus der Arbeit der Kriminalpolizei): Bei einer Serienstraftat (sexueller Missbrauch von Kindern) wurden bei einer zweiten Tatortuntersuchung (die erste, Tage zuvor durchgeführte brachte keine nennenswerten Ergebnisse!) noch mehrere wichtige Spuren gefunden und gesichert, u. a. eine Spermaspur an einer Kellerwand, die später wesentlich zur Täterüberführung beitrug.

Beispiel: Bei einem vermeintlichen Suizid, bei dem zu klären war, ob nicht ein Mord vorliegt, fand der Detektiv bei seiner »Ereignisortarbeit« Monate später noch Reste einer weißlichen Substanz, die der Toxikologe später als Schlafmittel identifizierte, an verschiedenen Behältnissen und Gegenständen, so dass in diesem Fall die These einer vorsätzlichen Fremdtötung untermauert werden konnte.

In der Regel ist es hilfreich, die Situation am Ereignisort durch Auffindezeugen zu rekonstruieren, wodurch manchmal auf eine mögliche Spurenentstehung geschlossen werden kann. Nur wer die Situation am Ereignisort aus eigener Anschauung kennt, ist in der Lage, Beweise zu finden, Versionen aufzustellen und konkrete Ermittlungsschritte festzulegen. In der **Rekonstruktion** geht es um die Lage der Leiche, um anwesende Personen, die Position von Gegenständen und Spuren, auch um Feststellungen hinsichtlich der Tatortsicherung durch die Polizei (wie lange?), zu möglichen Veränderungen durch die Tatortuntersuchung selbst. Wenn mehrere Personen am Tatort anwesend waren, ist zu ermitteln, ob sie von den Beamten getrennt wurden oder ob sie die Möglichkeit hatten, ihre Aussagen bewusst oder unbewusst aufeinander abzustimmen. Diese Feststellungen sind für die Prüfung ihrer Aussagen von enormer Bedeutung.

Die erfolgreiche Suche und Sicherung von Spuren setzt immer voraus, dass man sich Versionen zum Geschehen, die mehr oder weniger wahrscheinlich sein können, erarbeitet hat. Nur wenn der Detektiv weiß, was mutmaßlich vorgefallen ist, kann er gezielt suchen.

Bei der Analyse des Tatortes ist unbedingt auf **Situationsfehler** zu achten.

Beispiel: Inszenierung einer Selbsttötung mit einer Waffe, aber keine Nahschusszeichen: Hinweis auf Fremdtötung.

Beispiel: Inszenierung eines Suizids durch Erdrosseln, aber eingeklemmte Haare und Knoten im Nacken: Hinweis auf Fremdtötung.

Natürlich: Unverzügliche Aufsuche des Ereignisortes ist Schadensbegrenzung, und man muss vor allzu großem Optimismus warnen. Denn wer hier zu spät kommt, den bestraft in der Tat das kriminalistische Leben. »Was ein Kriminalbeamter während der ersten 15 Minuten nach seinem Eintreffen am Tatort, wo ein Mensch durch einen gewaltsamen Tod verstarb, unternimmt, wird weitgehend über den Erfolg oder Misserfolg der gesamten Ermittlungen entscheiden«, schrieb der amerikanische Mordspezialist und gerichtsmedizinische Sachverständige Le Moyne Snyder schon in den 1950er Jahren. Was also am Ereignisort von den Kriminalbeamten versäumt wurde, lässt sich in der Regel nie wieder nachholen!

Die **Feststellung und Befragung von (weiteren) Zeugen und Tatverdächtigen** ist ebenfalls ein wichtiger Ermittlungsschritt (vgl. zu Kapitel 4 Teil II).

Der Detektiv darf sich aber nicht nur auf den Wahrnehmbarkeitsbereich des zu untersuchenden Ereignisses beschränken. Gibt es einen Verdächtigen, sind sein Alibi und die Alibigeber zu überprüfen. Zu fragen ist auch immer, welche anderen Geschehnisse möglicherweise einen Zusammenhang mit dem verdächtigen Todesfall haben.

Beispiel: In einem Fall, bei dem hinter dem Selbstmord

mit einem nitrazepamhaltigen Schlafmittel eine vorsätzliche Tötung vermutet wurde, fand der Detektiv heraus, dass wenige Tage vor dem angeblichen Suizid in einer Apotheke in der Nähe ein bewaffneter Raubüberfall stattgefunden hatte, bei dem nur nitrazepamhaltige Schlafmittel gefordert wurden, was zur Aufklärung des Falles führte.

Die Nachforschungen zu einem Verdächtigen umfassen auch seine Persönlichkeit vor allem in sozialrelevanten Bereichen. Von besonderem Interesse sind die Beziehungen zum Opfer (Freundschaft, Feindschaft, Abhängigkeiten, Auswirkungen von Gruppenbeziehungen), sonstige Sozialrollen, soziale Intelligenz, Interessen, Neigungen, Hobbys, Beruf. Zu erkunden ist auch immer, welche Spezialkenntnisse derjenige besitzt. Manche Tötungsarten setzen eine spezielle Sachkunde voraus. Beispielsweise ist (sowohl beim Selbstmord als auch beim Mord) bei Medizinern, Veterinären, mittlerem medizinischen Fachpersonal sowie bei Pharmazeuten wegen der Sachkenntnis immer mit außergewöhnlichen Tötungsmethoden und -mitteln zu rechnen.

Eine besondere Rolle spielt das Motiv für ein Kapitalverbrechen. *Cui bono?* (lat.: Wem nützt es?) muss sich der Detektiv fragen. Die Antworten können dann unter Umständen zum Täter führen.

Der Abschlussbericht des Detektivs

Der Bericht sollte eigene und fremde Feststellungen sowie Bewiesenes und Vermutetes (Wahrscheinliches) trennen und die Ergebnisse detailliert und überzeugend zusammenfassen. Offene Fragestellungen, die die Strafverfolgungsorgane zu weiteren Ermittlungen anregen sollen, müssen unbedingt ausgewiesen werden. Sprachliche Klarheit setzt gedankliche Klarheit voraus!

Der Detektiv ist als Beweisnothelfer nicht immer gern

gesehen; es gibt zum Teil erhebliche Vorbehalte bei Staatsanwaltschaften, Gerichten und vor allen Dingen Kriminalbeamten. So ist der Hang der Behörde, sich durch Rechtsanwälte und Detektive nicht in Karten schauen zu lassen, zuweilen leider groß – wie der Fall des Privatdetektivs Andreas Werft aus Jörl zeigt, der darüber im *Detektiv-Kurier* 1995 berichtete. Der zuständige Kriminalhauptkommissar wiegelte ab, wies alle Kritiken an der Arbeit der Polizei zurück und meinte: Detektive sollen ihre Arbeit machen und die Polizei die ihrige; er wolle keine Privatpolizei!

Als Fazit kann trotz aller Widerstände dennoch wie folgt formuliert werden: Die kriminalistische Untersuchung verdächtiger Todesfälle – eine echte Herausforderung für Meisterdetektive!

TEIL V

Der Kaufhaus- und Einzelhandelsdetektiv – Kampf gegen Ladendiebe

»Heute ist alles weitere Reden und Handeln überflüssig – darum reiche mir meine Geige! Wir wollen versuchen, auf eine halbe Stunde das garstige Wetter und das noch garstigere Gebaren unserer Mitmenschen zu vergessen.«

Sherlock Holmes zu Dr. Watson

1. Kleine Berufskunde

Der Beruf des Kaufhaus- und Einzelhandelsdetektivs gehört zum Wach- und Sicherheitsgewerbe nach § 34a GewO und stellt somit ein **erlaubnispflichtiges Gewerbe** dar. Eine Gewerbeanmeldung nach § 14 GewO (z. B. für eine Privatdetektei) reicht für die Arbeit im Handel nicht aus.

Rechtliche Auseinandersetzungen prägten lange Zeit die Zuordnung des Detektivberufes im Einzelhandel (Kaufhausdetektiv). Der Bund-Länder-Ausschuss »Gewerberecht« hatte am 12./13. November 1991 beschlossen, dass der Kaufhausdetektiv nunmehr zum Bewachungsgewerbe gehört, womit der Beruf des Detektivs gewerberechtlich in zwei Bereiche getrennt wurde: Detektiv außerhalb des Handels und Kaufhausdetektiv (eben erlaubnispflichtiges Gewerbe nach § 34a GewO).

Kaufhaus- und Einzelhandelsdetektive haben eine **Haftpflichtversicherung** abzuschließen. Als Deckungssummen sind vorgeschrieben: 1,5 Millionen Euro für Personenschäden, 0,5 Millionen Euro für Sachschäden und 0,25 Millionen Euro für Vermögensschäden.

Qualifizierung und Aufgaben

Wer in diesem Bereich arbeiten will, muss eine Sachkundeprüfung nach § 34a GewO vor der IHK ablegen und sollte eine Detektivausbildung haben. Gute Qualifizierung und fachliche Meisterschaft sind die Grundvoraussetzungen dafür, dass der Traumberuf Kaufhaus- und Einzelhandelsdetektiv nicht zum Trauma wird. Die Aufgaben des Detektivs im Handel sind interessant und vielfältig:

- Feststellung und Verhinderung von Ladendiebstählen sowie (bei Umetikettierungen) von Betrug und Urkundenfälschung,

- Bearbeitung von Strafanzeigen,
- Übernahme von Revisionsaufgaben, Testkäufen,
- Personalkontrollen,
- Kontrollgänge in Einkaufszentren,
- Mitarbeiterschulungen,
- Beratung in Bezug auf die Verminderung von Inventurdifferenzen,
- Erarbeitung von unternehmensbezogenen Analysen zur Verhinderung von Straftaten besonders im Zusammenhang mit Waren.

Auch beim »Ankauf« von Waren leisten Ladendetektive oft eine wirksame Arbeit.

Beispiel: Statt 38 Smartphones hatte im April 2015 ein Betrüger in Hannover versucht, dem Betreiber eines Handyshops kiloweise Mehl anzudrehen. Als der Geschäftsinhaber die für die angeblich original verpackten iPhones verlangten 14.000 Euro auf den Tresen gelegt hatte, packte der Betrüger das Geld und wollte fliehen. Mithilfe eines Ladendetektivs und eines Kunden gelang es, ihn festzuhalten und der Polizei zu übergeben.

Die Aufgabenbereiche des Kaufhaus- und Einzelhandelsdetektivs und seine Berufsanforderungen erweitern sich ständig qualitativ und quantitativ. Wurden 1963 43.325 Fälle des Ladendiebstahls registriert, waren es 1973 185.732 Fälle, 2010 schon 387.662. In der aktuellen Kriminalstatistik für das Jahr 2013 sind registriert:

- einfacher Ladendiebstahl insgesamt 338.761 Fälle, davon 181 Diebstähle von Fahrrädern aus Einzelhandelseinrichtungen,
- schwerer Ladendiebstahl insgesamt 17.391 Fälle.

Der geschätzte Schaden durch Ladendiebstahl betrug 2012 ungefähr 1,9 Milliarden Euro. Das ist die Hälfte der gesamten Inventurdifferenzen (3,8 Milliarden). Jährlich investiert die Handelsbranche im Durchschnitt 1,2 Milliarden Euro in Präventiv- und Sicherungsmaßnahmen, wovon sicherlich eine beträchtliche Summe in die Arbeit von Detektiven investiert wird.

Mit einer ständig steigenden Anzahl von Diebstählen im Handel kommen auch immer neue Begehungsweisen hinzu, die vor allem in der Umgehung von Warensicherungssystemen unter Einbeziehung neuer technischer Möglichkeiten zu suchen sind. Der allgemeine technische Fortschritt zeigt hier seine Schattenseiten.

Man nimmt an, dass die **Aufklärungsrate** heute zwischen 5 und 10 Prozent schwankt, aber auch das sind mehr oder weniger willkürliche Aussagen. Nur ein geringer Teil der Taten wird festgestellt, noch weniger Straftaten werden überhaupt bei der Polizei angezeigt. Es muss mit einer sehr hohen Zahl von Ladendiebstählen gerechnet werden, die nicht entdeckt werden, also im **Dunkelfeld** bleiben. Mit anderen Worten ausgedrückt: Der Ladendiebstahl besitzt einen sehr hohen Latenzcharakter (das Wort Latenz vom lateinischen *latere* = verborgen sein).

Die Branche hat mit einer enormen technischen und organisatorischen Aufrüstung reagiert. Es gibt heute zahlreiche Abwehrmaßnahmen des Einzelhandels, einen zunehmenden Einsatz mechanischer, elektromagnetischer und elektronischer Warensicherungsanlagen sowie von hochwertiger Videotechnik.

1963 gab es in der BRD 15 Hausdetektive, heute sind über 8.000 im Einsatz. Diese Zahlen sprechen für sich.

Das Auftragsgespräch und die Vergütung

In einem Auftragsgespräch einigen sich der Auftraggeber und der Detektiv über eine Zusammenarbeit – oder auch nicht. Der Detektiv beurteilt anhand der erhobenen Inhalte und Daten die zukünftigen Arbeitsaufgaben. Er kann den

Auftrag aufnehmen (Positiv-Check, Durchführbarkeit) oder aus verschiedenen Gründen ablehnen (Negativ-Check), wenn kein berechtigtes Interesse vorliegt oder sich der Detektiv sogar strafbar macht mit illegalen Ermittlungsmethoden.

Um sich eine klares Bild von der Lage vor Ort zu machen, ist nach einer Begehung die Objektanalyse durchzuführen. Mit dem Auftraggeber sind alle Maßnahmen und Einsatzstrukturen abzuklären. Der Detektiv solle sich keineswegs unter Druck setzen lassen, wenn vom Auftraggeber hohe Aufgriffzahlen (viele überführte Diebe) erwartet und formuliert werden. Solche Leistungserwartungen sind zu entschärfen, da die (präventive) Arbeit des Detektivs nicht nur anhand von überführten Tätern gemessen werden kann.

Ein heikler Punkt bei den Verhandlungen sind die Kosten und **Fangprämien**. Die Berufsverbände empfehlen ausdrücklich, keine Vereinbarungen über Fangprämien abzuschließen.

Das Wachunternehmen sollte keinen Werksvertrag (geschuldeter Erfolg), sondern einen Dienstleistungsvertrag eingehen.

Wünschenswert ist eine **Vergütung** von 20 Euro pro Stunde, doch die Realität sieht inzwischen anders aus (als selbstständiger Auftragnehmer real zwischen 12 und 22 Euro pro Stunde). Im Angestelltenverhältnis lag der Stundenlohn bisher zwischen 7 bis 10 Euro, aber durch die Regelungen zum Mindestlohn dürfte auch hier Bewegung in die Vergütung gekommen sein.

Wer dieses Buch liest, sollte sich darüber im Klaren sein, dass eine Selbstständigkeit als Detektiv nicht nur finanzielle Risiken in sich birgt. Auch rechtliche Auseinandersetzungen können ins Haus stehen, denn Straftäter stellen oft Anzeigen und beschuldigen den Detektiv strafbarer Handlungen wie Nötigung und Freiheitsberaubung. Insofern gehört auch die **Abwehr von Anzeigen gegen Kaufhausdetektive** zum normalen Betriebsalltag. Hier ist hohe emotionale

Stabilität gefragt, denn der Detektiv kann nicht alle Probleme des Arbeitsprozesses mit nach Hause nehmen und darf sich nicht verunsichern lassen.

Die Gegenanzeige ist fast immer eine Verwirklichung von Rachegedanken und eine Ablenkung von den eigenen Missetaten. In den allermeisten Fällen kommt es aber nicht zur Hauptverhandlung vor Gericht. Der Detektiv sollte unbedingt mit einem Rechtsbeistand arbeiten; auch eine spezielle Strafrechtsschutz-Versicherung ist dringend zu empfehlen.

Bei finanziellen Engpässen sollte man den Auftraggeber ansprechen. Die Erfahrungen besagen, dass sie in 95 Prozent der Fälle helfen ...

Blick in die Urteilsmappe

»Bringt der Täter in einem Selbstbedienungsgeschäft eine Ware an sich, indem er sie unter seiner Kleidung oder sonst in seinen Sachen versteckt, ist die Wegnahme in der Regel auch dann vollendet, wenn die Ware mit einem elektromagnetischen Sicherungsetikett versehen ist, das – falls es nicht entfernt oder deaktiviert wird – beim Verlassen des Kontrollbereiches ein Alarmsignal auslöst.« *Bayerisches Oberlandesgericht, Beschluss vom 29. Mai 1995 1 St RR 75/95*

»Die Frage, ob der Täter fremden Gewahrsam gebrochen und eigenen begründet hat, ob mit anderen Worten die tatsächliche Sachherrschaft auf ihn übergegangen und deshalb der Diebstahl vollendet ist, beurteilt sich nach den Anschauungen des täglichen Lebens und hängt von den Umständen des Einzelfalls ab.« *Bundesgerichtshof in Strafsachen 41, 198/205; Bayerisches Oberlandesgericht in Strafsachen 1995, 88/89 ff.)*

2. Rund um die Warensicherung

»Da der Warenhausdiebstahl so eng mit der modernen Verkaufstechnik verknüpft ist«, schreibt der Kriminologe Günther Kaiser (1993, S. 473), »und eine soziale Therapie hierfür noch nicht auszumachen ist, bleibt **zunächst** nur übrig, dass sich die Warenhäuser erst einmal **selbst schützen**. Sie tun dies in zunehmendem Maße mit technischen Überwachungsmethoden wie Fernsehkameras, verschlossenen Vitrinen für wertvollere Ware, halbdurchsichtigen Spiegeln und anderem. Darüber hinaus lässt sich durch organisatorische Maßnahmen einiges verhindern.«

Es gibt inzwischen verschiedene Verfahren zur **Warensicherung**. Allen ist gemein, dass die Ware mit einem **Sicherungsetikett** versehen wird, dessen Aufbau – je nach Art der Detektion – recht unterschiedlich ist. Diese Etiketten können nur bei der Bezahlung der Ware entfernt bzw. deaktiviert werden. Versucht ein Kunde mit unbezahlter Ware, also aktivem Sicherungsetikett, die Verkaufseinrichtung zu verlassen, wird durch eine Empfangseinrichtung am Ausgang des Geschäfts oder der Abteilung Alarm ausgelöst.

Hier soll das **Radiofrequenz-Verfahren** stark vereinfacht betrachtet werden, das Induktionseffekte ausnutzt. Neuere Systeme drängen allerdings die älteren Radiofrequenz-Systeme immer mehr in den Hintergrund. Deren Etiketten sind nämlich sehr groß – mindestens 40×25 mm^2 – und können leicht abgeschirmt werden. Außerdem gibt es relativ häufig Fehlalarm, weil der Empfängerkreis auch auf elektronische Apparate, wie Hörgeräte, anspricht.

Das **Sicherungsetikett** besteht aus mehreren flachen, geschlossenen Windungen aus Metall (vgl. Abbildung).

Der Wechselstrom (durch die Spule des Senderkreises) erzeugt ein magnetisches Wechselfeld, das auch die Spule im Empfängerkreis durchsetzt. Dieses magnetische Wechselfeld induziert in der Empfängerspule eine Spannung, die mit einem Nachweisgerät registriert werden kann. Gelangt nun das Etikett mit seinen geschlossenen Leiterschleifen zwischen Sender und Empfängerspule, so wird in den Leiterschleifen des Etiketts ein Strom induziert, der so gerichtet ist, dass er seine Ursache zu hemmen sucht. Dies bedeutet, dass das vom Induktionsstrom hervorgerufene Magnetfeld dem Magnetfeld der Sendespule entgegengerichtet ist. Somit verringert sich auch das Magnetfeld, das die Empfängerspule durchsetzt, das Empfangssignal wird kleiner. Mit Hilfe einer geeigneten elektronischen Schaltung kann aufgrund des Absinkens des Empfangssignals ein Alarm ausgelöst werden.

Modernere Formen von Sicherungsetiketten sind das **Klebeetikett** (selbstklebend, Format 45x10 mm, Druck Dummy-EAN-Code, deaktivierbar), das **AM-Hartetikett** (Mini grau [Superpencil], 60 mm Länge, Gewicht 15 g, Durchgangsbreite bis 180 cm) und das **runde Hartetikett** mit Loch zur Aufnahme von Safe-Stahlschlaufen zur Sicherung von Accessoires (Durchmesser 5 cm, Gewicht 12 g, Durchgangsbreite bis 160 cm):

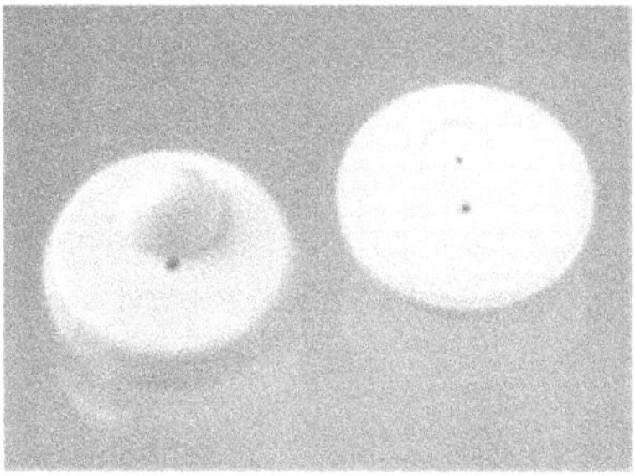

Schematischer Aufbau einer Warensicherungsanlage

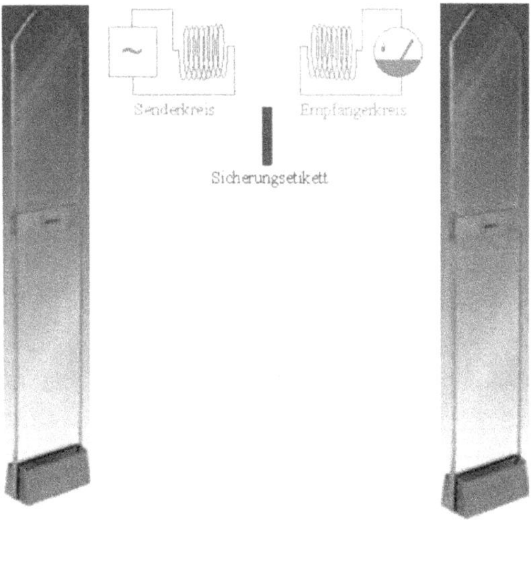

Der Generator im Senderkreis erzeugt einen Wechselstrom, der die Sendespule durchfließt. Im Empfängerkreis wird ein (großes) Signal registriert. Wird nun das Sicherungsetikett zwischen Sender- und Empfängerspule gebracht, so wird der Ausschlag im Nachweisgerät des Empfängerkreises kleiner.

Wird die Ware ordnungsgemäß bezahlt, müssen die Sicherungsetiketten deaktiviert werden. Dafür stehen, je nach Art des Sicherungsetiketts, verschiedene **Deaktivierungsgeräte** zur Verfügung:

Deaktivator Packtisch-Elektronik DR-2 Elektronik zur Deaktivator-Platte mit Signalleuchte, Maße 195x110x42 mm (vgl. Abbildung unten links). In diesem Fall bleibt das Sicherungsetikett auf der Ware, d. h., es wird nur »entschärft«.

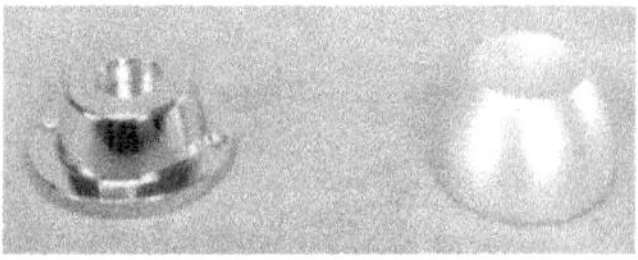

Magnetlöser Hartetiketten (rund) mit einem Durchmesser bis zu 74 mm (Abbildung oben rechts). Hier wird das Hartetikett von der Ware gelöst und kann wiederverwendet werden.

Auch bei diesen Sicherungssystemen gibt es Manipulationsmöglichkeiten.

Weitere Warensicherungsmöglichkeiten

Die **Saferbox** besitzt eine hohe Effektivität und steht in vielen Größen zur Verfügung. EAS-Etiketten (EAS = Elektronische Artikelsicherung) sind einsetzbar, ein Etikettentausch ist nicht möglich. Die Boxen sind einfach zu schließen, beim Aufbruch wird die Ware beschädigt.

Mit dem **Bottlekey** werden, wie der englische Name

schon sagt (Flaschenschlüssel), Flaschen mit hochwertigem Inhalt gesichert. Die Kappe besteht aus bruchfester Plastik, die den Flaschenhals komplett umschließt. Ein unbefugtes Öffnen wird dadurch praktisch unmöglich gemacht. An der Kasse wird die Kappe mit einem speziellen Patentöffner von der Flasche entfernt. Beim Versuch, den Bottlekey unbefugt mit Werkzeugen wie Hammer oder Sägen zu öffnen, wird der Flaschendeckel, wenn nicht sogar der Flaschenhals beschädigt.

Den **Blisterkey** (englisch eigentlich Blasenschlüssel) finden wir als Verschlussvorrichtung an Regalhaken, z. B. zur Sicherung von Rasierklingen. Man kann hier den Gegenstand sehen, aber nicht entnehmen. Wir kennen auch eine Sichtverpackung (*Blister packaging*), worunter eine Produktverpackung verstanden werden kann, die es dem Kunden ebenfalls erlaubt, den verpackten Gegenstand zu sehen, z. B. bei Tabletten. Die können dann aber ohne einen Schlüssel entnommen werden.

Clipfors (ein Markenname) sind Umreifungssysteme mit Bändern ähnlich Packbändern für Waren auf Paletten. Es ertönt mit 95 Dezibel ein Alarmton beim Versuch, den Clipfors oder das Band zu entfernen. Alarmton wird auch beim Durchschreiten antennengesicherter Ausgänge ausgelöst, egal ob bei RF-, AM- oder EM-Antennensystemen. Clipfors werden mit gängigen FORS-Öffnern an der Kasse entschärft und vom Paket entfernt.

Bei der **Laptopsicherung** handelt es sich um eine flexible Schiebetechnik für Präsentationen und Messen (Abbildung unten links).

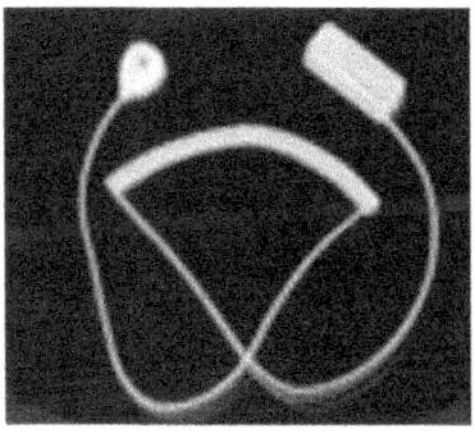

Die **Leinensicherung** erklärt sich ebenfalls von selbst (Abbildung oben rechts).

Bei der **Vitrinensicherung** handelt es sich um ein elektronisches Schloss.

Schließlich wird auch die **Videoüberwachung** zur Sicherung von Waren eingesetzt, indem die Kameras direkt auf die Waren gerichtet werden.

3. Die Methoden und Begehungsweisen des Ladendiebs

Die einfachste Methode ist das **Einstecken der Ware**, bei dem das Diebesgut in mitgeführte Behältnisse, in die Bekleidung oder in den Kinderwagen verbracht wird.

Beim **Abdecken der Ware** wird diese durch Taschen, Beutel, eine Körperdeckung, Hohlräume, Zeitungen, Prospekte, Bekleidung usw. »unsichtbar« gemacht.

Eine beliebte Begehungsweise ist das **Aufsuchen »ruhiger Ecken«**. Die Ware wird hierbei in Umkleidekabinen, ins Kundenrestaurant, auf die Toilette, zum Friseur (in großen Kaufhäusern) usw. verbracht, um sie dort in aller Ruhe von den Sicherungen zu befreien. Das Einstecken der Ware erfolgt sozusagen mit Verzögerung.

Beim **Umpreisen** bzw. **Umetikettieren** erfolgt eine Preismanipulation, was strafrechtlich als Urkundenfälschung und Betrug verfolgt werden kann. Die Fälle aus der detektivischen Praxis belegen großen Erfindungsreichtum und beachtliche Preisspannen. So wurde ein Wein von 49 Euro auf 9 Euro umgepreist, ein hochwertiger Anzug von 369 Euro auf 149 Euro. Ein 10-jähriger Junge wurde erwischt, weil er eine Tischtenniskelle von 39,95 Euro auf 7,95 Euro verbilligt hatte. Die Täter legen die Ware zum »Bezahlen« fast immer an Kassen anderer Abteilungen vor. In diesen Fällen ist neben dem Detektiv natürlich das Verkaufspersonal gefordert, denn Markenartikel werden nicht verramscht. Gegebenenfalls muss die Ware in der zuständigen Abteilung hinsichtlich des Preises geprüft werden.

Ein **fingierter Umtausch** oder eine **fingierte Barauszahlung** ist oft schwer aufzudecken. Auf einem gefundenen Kassenbon wird eine Ware aus dem Geschäft an sich genommen und dann zurückgegeben, eine Ware, die gar nicht gekauft wurde. Besonders fies ist der **Doppelkauf**, bei dem die gekaufte Ware ins Auto gelegt wird und dann mit dem Kassenzettel noch ein weiteres gleiches Produkt zurückgegeben wird – gegen Bargeld.

Geschicktes Vorgehen mit Ablenkung oder Flirten kommt im Gegensatz zum klassischen Ladendiebstahl nur selten vor. In der Regel sind die Täter hierbei nur durch zielgerichtete Observation zu stellen.

Mit Aggressions- und Demonstrationspotential behaftet ist die **skrupellose Mit- und Wegnahme von Ware**. Der Täter nimmt die Ware ohne den Versuch der Vertuschung einfach mit und wird unter Umständen sogar gewalttätig. Hier ist Vorsicht geboten.

Dem Ladendiebstahl kann nur wirksam begegnet werden, wenn zwischen dem Verkaufspersonal und den Detektiven eine echte Zusammenarbeit entwickelt wird. Die Detektive sollten für jeden Hinweis dankbar sein, denn das motiviert die Kollegen im Verkauf. Auch eine noch so kleine Spur kann unter Umständen zu einem großen Fall führen. Deshalb ist es enorm wichtig, ein gutes Klima zum Verkaufspersonal herzustellen, das ja der Spezialist im Verkauf und in der Warenkunde ist.

Mitteilungen über aktuell »gängige« Artikel, über sog. Bunkerecken, über Verstecke von Leerverpackungen bzw. Sicherungen und über tatverdächtige Personen sind bedeutsame Hinweise für die Arbeit des Detektivs. Die Verkäufer geben auch aktuelle und konkrete Diebstahlsmeldungen (Ware fehlt) und helfen bei der Beweissicherung (z. B. Wegwerfen der Ware bei der Flucht). Ebenso sind sekundäre (kriminologische) Hinweise willkommen, z. B. über Schwerpunkttage und -zeiten.

Beim Auffinden von Waren, die für einen Diebstahl »vorbereitet« sind, ist der Detektiv sofort zu rufen. Es empfiehlt sich, die Ware zunächst am Ort zu belassen und zu beobachten, natürlich nur unter der Voraussetzung, dass die Meldung unaufgeregt und unauffällig erfolgte.

Die Begehungsweise ist natürlich immer davon abhängig, was entwendet werden soll. In der Zeitschrift *CD Sicherheits-Management* hatte Frank Horst 1998 analysiert, was damals die beliebteste Beute im Einzelhandel war, und zwar unter dem bezeichnenden Titel *Batterien und Verhüterli stiehlt der Ladendieb mit Akribie*. Auch Rasierklingen und Hämorrhoidensalben seien eine beliebte Beute im Einzelhandel. Das *EuroHandelsinstitut E. V. (EHI) Köln* hatte über einen Zeitraum von neun Wochen in 14 Einzelhandelsmärkte besonders diebstahlgefährdete Artikel analysiert und kam zu dem Schluss, dass 4,98 Prozent der Waren (gleich 6,39 Prozent des Umsatzes) gestohlen worden war. Kondome wurden in 60 Packungen verkauft, gestohlen wurden 36, bei anderen Produkten sahen die Zahlen so aus: Rasierklingen 1.756 zu 251, Batterien 4.728 zu 496, Spirituosen 4.012 zu 60 und Kaffee 16.725 zu 65.

Der Diebstahl von Kaffee hat in den letzten Jahren enorm zugenommen. In Berlin reagierten jüngst Supermärkte auf zunehmende Diebstähle und sperrten Waren weg, u. a. auch Kaffee. Tobias Tuchlenski, Regionalmanager von Kaisers Tengelmann Berlin/Brandenburg, schätzte im August 2013 ein, dass in seinen Supermärkten Kaffee im Wert von mehr als 100.000 Euro gestohlen wurde. Die beliebtesten Artikel waren in diesem Jahr kleine, teure Waren wie Parfüm und Kosmetik, Rasierklingen, Spirituosen und Tabak, aber auch modische Artikel und Accessoires wie Brillen, Tücher und Modeschmuck.

Manchmal haben aber die Ladendiebe auch Pech. In einem Supermarkt in Fürstenwalde gelang es 2010 einem Trio bei drei Versuchen nicht, ein Fernsehgerät zu stehlen. Beim ersten Mal flüchteten sie, als sie ein Verkäufer ansprach. Beim zweiten Mal blieb ihr Transportwagen zwischen den Regalen stecken. Erst beim dritten Mal erwischte sie schließlich ein Detektiv.

4. Die Observation auf Verkaufsflächen

Verhaltensweisen für die Observation auf Verkaufsflächen

1. Keinen Blickkontakt zu verdächtigen Personen.
2. Bei zur Tarnung geführten »Kaufgesprächen« ist das Personal nicht zu duzen.

3. Plastiktüten mit wertlosem Inhalt zur Tarnung benutzen (natürlich nicht von dem Geschäft, in dem der Observant eingesetzt ist).
4. Nicht auffallen! Wer sich als Kunde tarnt, sollte sich auch «scheinbar« mit der ausgelegten Ware beschäftigen.
5. Beim «Streifen« durch den Verkaufsraum muss sich der Detektiv am Tempo der Kunden ausrichten. Auch an die Gehrichtung (am Kundenstrom) sollte er sich orientieren, um nicht als »Wellenbrecher« aufzufallen.
6. Der Detektiv muss unauffällig bleiben und darf nicht wie ein Model auf dem Laufsteg oder gelangweilt mit den Händen auf dem Rücken die Hauptgänge auf- und abschlendern.
7. Überflüssige Gespräche mit Kollegen oder sonstigem Personal ist zu unterlassen.
8. Die Kleidung des Detektivs ist enorm wichtig. Er darf sich nicht zu auffällig kleiden, nicht zu schick und nicht zu heruntergekommen. Am besten ist es, sich an der Kleidung der übrigen Kunden zu orientieren.
9. Keine unangemessenen oder gar spastische Reaktionen zeigen, wie schnelle Bewegungen, fluchtartiges Verstecken hinter Verkaufsregalen. Das ist nicht nur albern, sondern enttarnt den Detektiv sofort.
10. Keine leeren Einkaufswagen durch das Geschäft schieben. Der Wagen sollte mit unverderblicher Ware gefüllt sein; ab und an kann der Detektiv auch ein Stück wieder in das Regal zurücklegen, so wie die Kunden es ja auch machen.
11. Keine Einkaufskörbe benutzen! Sie können die Bewegungsfreiheit einschränken und im Zweifel nicht unauffällig stehen gelassen werden. Und wenn wir an die körperlichen Voraussetzungen denken, so ist festzustellen, dass sich eher Ermüdungserscheinungen einstellen, wenn ein teilweise gefüllter Korb ständig getragen werden muss.

12. Niemals Telefonate von Abteilungstelefonen führen! Gespräche immer nur in einem geschützten Raum: im Büro oder in einem Handlager.
13. Ein richtiges Versteck für eine Observation einrichten, um eine lückenlose Beweisführung zu sichern. Ein gutes Versteck muss schnell und unauffällig erreichbar und ebenso zu verlassen sein, nicht erkennbar bzw. einsehbar.

In den USA gibt es z. B. einen »Turm der Ehrlichkeit«. Das ist eine viereckige Säule, die vom Dach aus zu besteigen ist. An den Wänden dieser Säule sind Spiegel angebracht, durch die der Detektiv dann den Verkaufsraum observieren kann, ohne dass er gesehen wird. Man kann sich vorstellen, dass dieses Ausharren und Beobachten in der Säule ein ziemlich harter Job ist

Ansonsten sind Beobachtungspunkte hinter Regalen, die an Wänden stehen, hinter großformatige Kartonagen angeordnet. Der Betriebsrat hat Mitbestimmungsrecht bei der Einrichtung solcher Observationspunkte, wenn er die Interessen der Mitarbeiter gefährdet sieht. Streng verboten ist die Observation von Intimräumen wie Toiletten und Anprobekabinen. Täter, die solche Straftaten begehen, erfüllen den Tatbestand der Beleidigung (§ 185 StGB), weil sie, juristisch gesehen, die Kundgabe einer Missachtung durch eine ehrverletzende Handlung sind.

Beim Durchsichtspiegel ist zu beachten, dass der Beobachtungsraum hinter dem Spiegel dunkel sein muss, sonst wird der Detektiv ja gesehen. Aber Achtung: Professionelle Ladendiebe strahlen die Fläche kurz mit einer Taschenlampe an und erkennen dann oft den heimlichen Beobachter. Durchsichtspiegel sind natürlich auch für Intimräume strikt verboten.

Das **Beobachten** (optische Wahrnehmen) aus einem Versteck heraus unterliegt, wie die gesamte Beobachtungstätigkeit von Detektiven, verschiedenen psychologischen Gesetzmäßigkeiten.

Der **aktuelle psycho-physische Zustand** des Beobachtenden ist ein wesentlicher Faktor. Die Wahrnehmung wird immer gefördert durch körperliche und geistige Frische, durch die Außergewöhnlichkeit eines Vorganges und durch besondere Sachkunde. Dagegen wirken Ermüdung und Ablenkung durch andere Gedankengänge störend. Nach angestrengtem Beobachten ist daher immer eine sog. «Augenpause« einlegen. Insbesondere die Observation von Personen, die sich mit kleinen Artikeln beschäftigen (Parfümerie, Schreibwaren usw.), erfordert eine gesteigerte Konzentration. Dazu kommt, dass das künstliche Licht das Erkennen von Gegenständen im Vergleich zum Tageslicht wesentlich erschwert. Fünf Minuten die Augen schließen oder sie bei Tageslicht locker umherschweifen lassen – das führt mit Sicherheit zur gewünschten Erholung und Regeneration.

Durch die **Reiz- und Empfindungsschwellen** sind die Wahrnehmungsmöglichkeiten begrenzt. Die Qualität der Wahrnehmung hängt wesentlich davon ab, welche Reize gleichzeitig und welche Reize das Sinnesorgan unmittelbar davor getroffen haben. Eine Vielzahl von Schüssen wird z. B. zahlenmäßig nur erfasst, wenn sie nach einem System strukturiert sind (jeweils drei Schüsse drei Mal hintereinander - Simultankontrast). Ein sonst hörbares Geräusch wird dagegen nicht wahrgenommen, wenn vor diesem ein anderes starkes Geräusch aufgetreten war (Sukzessivkonstrast).

Das Prinzip der **Adaption** (oder Adaptation) beschreibt die Anpassung der Sinnesorgane an einwirkende Reize. Wir kennen beim Sehen die Helladaption, die rasch vollzogen wird (vom Dunklen zum Hellen) und die Dunkeladaption (umgekehrt), die längere Zeit in Anspruch nimmt und im Extremfall bis zu einer Stunde dauern kann. Aus einem Beobachtungsversteck heraus kann der Detektiv also nicht sofort alles erkennen, weil sich die Augen erst anpassen müssen. Das ist insbesondere dann der Fall, wenn der Verkaufsraum nicht gut beleuchtet ist.

Schließlich muss auf der Problem der **Wahrnehmungstäuschungen** aufmerksam gemacht werden. Auch nicht alles, was der Kaufhausdetektiv aus einem Versteck heraus oder auf der Verkaufsfläche sieht, hat sich auch so abgespielt, wie er es wahrgenommen hat. Diese Erkenntnis schützt uns vor Fehleinschätzungen und Falschdeutungen.

Das Beobachtungs- und Wahrnehmungsvermögen ist verschieden ausgeprägt, kann aber im **Training** erheblich verbessert werden. Der Chefkonstrukteur Sergej Koroljow war wesentlich daran beteiligt, dass Juri Gagarin als erster Kosmonaut der Welt ausgewählt wurde. »Was uns an Gagarin so gefiel war die Tatsache, dass er innerhalb weniger Minuten sehr viel wahrnehmen konnte.« Detektive sollten exzellente Beobachter sein und durch Übungen und spezielle Trainingsverfahren versuchen, ihre Fähigkeiten und Fertigkeiten weiter zu verbessern.

Handlungsabschnitte bei der Feststellungsbearbeitung

Die Handlungsabschnitte bei der Bearbeitung einer Straftat kann man in zehn Stufen unterteilen, die sich drei Phasen zuordnen lassen: die **anonyme Phase** (Stufen 1 und 2), die **verdeckte Phase** (Stufen 3 bis 5) und die **offene Phase** (Stufen 6 bis 10).

1. Das verdächtige Ereignis. Z. B. schließt ein Kunde die offene Jacke beim Betreten des Geschäfts, was aber auch andere Gründe haben kann, als sich für einen Diebstahl zu wappnen.
2. Die (selektive) Wahrnehmung. Die Sicherheitsfachkraft, der Detektiv oder ein Mitarbeiter beobachtet dies.
3. Die Bildung des Anfangsverdachts. Weicht das beobachtete Ereignis vom »Normalen« ab oder nicht?

4. Die Beobachtung (Observation). Diese ist unabdinglich, um den Anfangsverdacht zu entkräften oder zu bestätigen.
5. Konfliktphase. Hier entscheidet der Beobachter über die weitere Entwicklung des »Falles«. Erhärtet oder erübrigt sich der Tatverdacht?
6. Die Entscheidung zur Ansprache in zwei Varianten. Entweder präventiv aktiv werden vor dem vermuteten Diebstahl, d. h., der Prozess wird zugunsten des »Täters« abgebrochen, oder repressiv tätig werden, wenn der Auftrag zur Überführung des Tatverdächtigen gegeben ist. Die Ansprache kann in beiden Fällen durch den Detektiv oder durch eine dritte Person vorgenommen werden. Nur in der zweiten Variante folgen die weiteren Schritte.
7. Das Begleiten des Tatverdächtigen aus der Öffentlichkeit in den Befragungsraum, natürlich unter Beachtung der Gefahrenlage.
8. Das Berichts- und Meldewesen wie Befragung, Protokollaufnahme usw. Die Diebesware wird sichergestellt, bei eventueller Sachbeschädigung erfolgt die Schadensaufnahme, Strafanzeige, Fangprämienabwicklung, Hausverbot, Warenrückgabe usw.
9. Die Einschaltung der Polizei zwecks Identitätsfeststellung des Tatverdächtigen und Übergabe der »Fremdware« (Variante 1). In Variante 2 zwecks Veranlassung weiterer Maßnahmen wie Haus- oder Wohnungsdurchsuchung, Durchsuchung des Pkw, Schließfachöffnung am Bahnhof.
10. Der Detektiv tritt als Zeuge bei der Polizei, bei der Staatsanwaltschaft und in der Hauptverhandlung bei Gericht auf.

Die Observation unter Beachtung der Tatverhaltens-phasen

Wir unterscheiden Vortat-, Tat- und Nachtatverhalten.

Vortatverhalten Einzeltäter: Er fällt durch Umschauen und Checken des Verkaufsraums und auch der näheren Umgebung auf, weiterhin durch unerklärliches Umherlaufen, Unruhe und fahrige Bewegungen. Zuweilen können bei ihm auch hektische Flecken im Gesicht beobachtet werden, die auf einen erhöhten Adrenalin-Ausstoß zurückzuführen sind.

Vortatverhalten Tätergruppe: Ein Täter steht der Gruppe abgewandt, schaut sich um, sichert. Er deckt zumeist den Haupttäter mit seinem Körper. Bei Tätergruppen können häufig Flüstern und Zeichengebung festgestellt werden.

Tatverhalten: Hier kann ein Beugen über das Regal beobachtet werden, wodurch die Ware mit dem Körper abgedeckt wird. Zur kriminellen Handlung gehört auch, die Ware aus dem Kassenbereich in das Ladeninnere zu transportieren, um unbeobachtet agieren zu können.

Nachtatverhalten: Der oder die Täter suchen Blickkontakt zu etwaigen Beobachtern, werfen verstohlene Blicke auf eigene Kleidung, rücken ihre Kleidung zurecht. Das sind Übersprungshandlungen, die sich dann entwickeln, wenn bei Auftreten eines Konfliktes die aufgestaute Triebenergie (Motivation) über ein in der Situation irrelevantes Verhalten abreagiert wird. Auch das Kratzen am Kopf in einer unangenehmen Situation gehört dazu. Weiterhin werden im Nachverhalten Taschen und Tüten in die Ursprungsform gepresst. Häufig wird die Diebesbeute außerhalb des Geschäfts hervorgeholt. Auffallend kann auch sein, dass zielstrebig zur Kundentoilette oder zu einem abgetrennten Geschäftsbereich geeilt wird.

Observationstechniken und -taktiken

Es gibt allgemeine Regeln, die unbedingt Beachtung finden müssen.
Ist man neu am Arbeitsplatz, muss man sich zunächst mit allen personellen, räumlichen und technischen Gegebenheiten vertraut machen. Dazu gehört auch ein Bekanntmachen mit dem Verkaufspersonal, die Anordnung der Haustelefone, die Lage der Abteilungen, Notausgänge, Treppenhäuser, Aufzüge, Rolltreppen oder -steige. Der Detektiv muss wissen, wo sich Spiegel und Kameras befinden.
Durch **Spiegel** kann sehr gut beobachtet werden, aber das Gesehene ist immer seitenverkehrt, worauf man sich aber einstellen kann. Es gibt fest angebrachte (stationäre) Spiegel, auf die noch in anderer Hinsicht zu achten ist, denn durch sie droht Enttarnung, weil auch der Ladendieb etwas vom Beobachtetwerden durch einen Spiegel versteht. Kleinere mobile Spiegel können taktisch klug genutzt und positioniert werden, z. B. vorn im Einkaufswagen.

Im Einzelnen unterscheidet man:

Positionierung: Es ist eine ausreichende Distanz zu wahren. Der Beobachter sollte möglichst halbschräg von hinten aufhalten, um die Hände sehen zu können und vor plötzlichem Umherschauen geschützt zu sein. Ein Einsteckvorgang und seine Vorbereitung müssen ununterbrochen und eindeutig verfolgt werden können. Wichtig ist die Beobachtung der Augen und der Blicke des Handelnden, da sie Rückschlüsse auf Einsteckvorgang gestattet.

Distanzierung: Von zu großer Nähe zum Tatverdächtigen ist abzusehen. Eine Beobachtung aus einiger Entfernung hat Vor- und Nachteile. Ein Vorteil ist, dass die Observation relativ unauffällig erfolgt. Das ist der Fall, wenn der Detektiv aus einer anderen Abteilung, aus der Umkleidekabine, aus einem höheren Stockwerk, aus der Galerie beobachtet. In Einzelfall ist auch auf ausreichende Deckung durch Regale, Ständer usw. zu achten. Der Nachteil ist natürlich, dass man nicht sehr nah am Geschehen ist.

Verhalten bei Beobachtungslücken: Immer in die Richtung gehen, in die sich der Tatverdächtige bewegt hat. Niemals versuchen, ihm den Weg abzuschneiden. Ist der Verdächtige dem Blickfeld des Detektivs entschwunden, muss der Detektiv bei seiner Suche ruhig bleiben und darf nicht hektisch umherschauen oder gar laufen. Wenn das das Auffinden der Person keinen Erfolg gezeitigt hat, in einer vertretbaren (kurzen) Zeit die Kassenzone bzw. den Ausgang aufzusuchen, wo versucht wird, die Person zu identifizieren. Ist der Verdächtige dort gefunden worden, muss sich der Detektiv einen Eindruck von seinem jetzigen Verhalten sowie dessen Körpersprache machen und die Situation in der Kürze der Zeit genau und abschließend prüfen. Vorsicht vor Fehlschlüssen!

Observation durch Einzeldetektive und Detektivteams

Auch die Observation durch einen oder mehrere Detektive hat Licht- und Schattenseilen.

Ein **Einzeldetektiv** kann sich besser auf die Überwachung konzentrieren, da er durch Kollegen nicht abgelenkt wird (zusätzliche Abstimmung mit anderen Kollegen). Er kann unauffälliger agieren als ein Team und ist vorsichtiger bei der Ansprache. Daher gerät er nicht so leicht in Konflikt mit der »Kundschaft«, die auf zahlenmäßige »Übermacht« gereizt reagieren könnte. Auch für den Leistungsnachweis hat der Solo-Detektiv eine eindeutige Quote, die nur ihm zugerechnet werden kann.

Wenn Diebesbanden unterwegs sind, kann der einzelne Detektiv aber wenig ausrichten, da immer mit Gewalt zu rechnen ist. Ein weiterer Nachteil ist, dass er auch rein praktisch mehrere Täter nicht beobachten kann. Für die Befragung braucht er immer Zeugen aus dem Unternehmenspersonal.

Detektivteams: Sie können großflächig agieren und sind Diebesbanden meist psychisch und physisch überlegen. Einzeltäter können aus mehreren Perspektiven beobachtet werden, und ein Kollege ist als Zeuge immer vor Ort.

Aber es gibt auch Nachteile. Die Detektive können leichter entdeckt werden, weil sie unter Umständen zu eng agieren und ihre Kommunikation bemerkt wurde.

Kommunikation

Zur Kommunikation können verschiedene Geräte und Methoden einsetzt werden. Einfach, aber sehr wirksam ist die Verwendung der **Zeichensprache**. Dafür muss Sichtkontakt bestehen, und die Zeichen müssen dauerhaft eindeutig festgelegt und leicht verständlich sein. Die Anzahl der Finger könnte z. B. für die Anzahl der Tatverdächtigen stehen, die Faust für »Vorsicht! Gewalt!« Weitere Vereinbarungen könnten sein:

- Mann erkannt: an das Kinn fassen
- Frau erkannt: über die Haare streichen

- Kind erkannt: Nase reiben
- Zielperson rechts oder links: entsprechendes Ohrläppchen zupfen
- Zielperson hinter Beobachter: Nase putzen
- von Zielperson erkannt: Augen reiben
- Zugriff: rechten Arm heben

Funkgeräte müssen immer gut am Körper versteckt sein und möglichst mit kleinen Ohrhörern wie Smartphone benutzt werden.

Auch für den Sprechfunkbetrieb gibt es fest Regeln:

1. Es werden ausschließlich zugewiesene Frequenzen genutzt.
2. Die Funkdisziplin ist in jedem Fall zu wahren.
3. Die Gesprächsdauer ist wegen der Enttarnungsgefahr auf ein Minimum beschränken.
4. Gut verständlich und nicht zu schnell sprechen.
5. Zahlen deutlich aussprechen und wiederholen.
6. Immer die »Sie-Form« verwenden.
7. Keine sicherheitsrelevanten Dinge und Interna über Funk austauschen; dies erfolgt nur über »Draht«.

Ein **Pager** – auch Funkmeldeempfänger (FME), Personenrufempfänger oder Funkrufempfänger genannt – ist ein kleiner tragbarer Funkempfänger, der im Rahmen eines Funkdienstes üblicherweise zu Alarmierungszwecken sowie zur Nachrichtenübermittlung an Personen eingesetzt wird. Die hier verwendete Bezeichnung Pager kommt aus der Hotelbranche und soll uns an den Ruf eines Pagen erinnern (nach Wikipedia Funkmeldeempfänger). Pager sind für den Detektiveinsatz nur mit Vibration zu benutzen. Sie sollten ein Display besitzen, mit dem die Nummer für Abteilung und Etage angezeigt werden kann. Der Pager ist ausschließlich am Körper zu tragen, damit der Anruf bemerkt wird.

5. Die Enttarnung des Detektivs durch Diebesbanden

Diebesbanden gehen häufig zur **Gegenobservation** über, was heißt, dass sie versuchen, im Verkaufsraum einen oder mehrere Detektive auszumachen. Wenn sich diese »einkaufsgerecht« wie ganz normale Kunden verhalten, stehen die Kriminellen durchaus vor einer schwierigen Aufgabe. Deshalb wenden sie verschiedene Tricks an, um den Detektiv zu enttarnen.

Der **»Alarmauslöser-Trick«**: Ein Bandenmitglied löst mit einem Sicherungsetikett an der EAS-Schleuse Alarm aus, bleibt, wie der normale Bürger auch, überrascht stehen und passiert die Schleuse noch einmal, wobei der Alarm wieder ertönt. Das Verkaufspersonal informiert den Detektiv, der sich des Verdächtigen annimmt. Dieser hat aber das Etikett verschwinden lassen, so dass der Detektiv zumeist Falschalarm annimmt. Aber die Bande weiß jetzt, wer der Detektiv ist. Diese Erkenntnis ist in vielen Fällen aber nutzlos, weil die Bande in dieser Zeit schon unbeobachtet zugegriffen hat.

Der **»Flucht-Trick«**: Ein Mitglied der Bande löst sich im Verkaufsraum aus der Gruppe und bewegt sich blitzartig und auffallend schnell in Richtung des Ausganges, nach dem Verlassen des Geschäfts sucht er ebenso schnell das Weite. Der Detektiv folgt ihm bis nach draußen, währenddessen sich der Rest der Gruppe verteilt und die Waren unbeobachtet einsteckt.

Der **»Lockvogel-Trick«**: Ein zum Schein Tatverdächtiger verhält sich sehr auffällig, nimmt Ware in die Hand, dreht sich absichernd um, legt aber Ware wieder hin. Wenn er endlich Aufmerksamkeit des Detektivs geweckt hat, begibt sich der Lockvogel an eine entfernte Stelle des Ladens. Der Detektiv folgt ihm, und der Rest der Bande steckt sich die Waren unbeobachtet ein.

Der **»Fragen-kostet-nichts-Trick«**: Ein Gruppenmitglied erkundigt sich unter einem Vorwand nach dem Hausdetektiv, denn es müsse ihm eine dringende Mitteilung machen. Der Detektiv erscheint, aber »Kunde« kann nichts Relevantes oder Wesentliches sagen. Die Identifizierung des Detektivs erfolgt durch die anderen »Kunden« aus gesicherter Entfernung – und ist der Diebstahl nun problemlos möglich, weil der »Gegner« der Bande bekannt geworden ist.

Der **»Toilettentrick«**: Ein »Kunde« informiert das Personal, meist ganz aufgeregt, über eine hilflose Person auf der Toilette, worüber der Detektiv, zumeist telefonisch, informiert wird. Auch in diesem Fall können die anderen Gruppenmitglieder den Detektiv aus gesicherter Entfernung identifizieren, ohne sich selbst in Gefahr zu bringen.

6. Die Tätertypen

Man unterscheidet grundsätzlich Einzeltäter, Gruppentäter, Gelegenheitsdiebe und Profis.

Einzeltäter fallen durch übertriebene Freundlichkeit und durch sehr langes Verweilen im Geschäft auf. Sie suchen lange und betasten zahlreiche Waren. Sie geben vor, sich nicht entscheiden zu können, schauen sich aber auch scheu um.

Gruppentäter betreten oft gleichzeitig das Geschäft und lenken durch ihr Gehabe das Verkaufspersonal ab. Sie decken sich gegenseitig, oft kann auch das Phänomen der Gegenobservation festgestellt werden. Es sind internationale Banden unterwegs sowie organisierte Kindergruppen mit erwachsenen Hehlern.

Gelegenheitsdiebe sind ca. 90 Prozent aller Ladendiebe. Sie entscheiden sich spontan zum Diebstahl, was auch heißt, dass sie ohne Diebstahlsabsichten in die Verkaufseinrichtung kommen. Sie scheuen jedes Risiko und nutzen daher die Unachtsamkeit der Mitarbeiter schamlos aus. Gelegenheitsdiebe stehlen in versteckten Ecken oder bei schlechter Warenplatzierung. Sie sind relativ leicht abzuschrecken.

Profis (Mehrfachtäter) machen ca. 10 Prozent der Ladendiebe aus. Sie bereiten ihre Beutezüge vor und haben oft gute Orts- und Objektkenntnisse. Sie sind nicht ortsgebunden und leben vom Ladendiebstahl. Diese Profis nutzen alle Möglichkeiten, um nicht entdeckt zu werden, und arbeiten häufig in kriminellen Banden. Ein großer Teil dieser Straftaten ist der Beschaffungskriminalität durch Drogenabhängige zuzuordnen.

Die Profis verwenden Hilfsmittel zum Überwinden der Warensicherungssysteme, gehen zur Gegenobservation zur Identifizierung der Detektive über und verschaffen sich umfassende Kenntnisse über das Geschäft und die Betriebsabläufe. Selbst die Persönlichkeit des Verkaufspersonals wird unter die Lupe genommen. Durch die Nutzung von Funktechnik, Handys und (auch gestohlenen) Pkw agieren sie äußerst geschickt und effektiv. Oft werden Schließfächer als Zwischenlager für das Diebesgut genutzt.

Diese Personengruppe ist nur schwer abzuschrecken. Durch verschiedene Ablenkungsmanöver gegenüber den Verkaufsmitarbeitern gestalten sie sich Freiräume, um dann Diebstähle begehen zu können.

Ladendiebstähle sind an keine **Altersgruppe** gebunden; Kinder, Jugendliche und Erwachsene stehlen in Geschäften, wie die folgenden Fälle zeigen:

- Junge, sieben Jahre (Legospiele für 200 Euro),
- drei weibliche Jugendliche (Jeans und Sportbekleidung für 600 Euro),
- Mädchen, zwölf Jahre (Schreibwaren für 350 Euro),
- Drogenabhängiger, 24 Jahre, aus einem Handlager (Besteckkasten für 250 Euro),
- Frau, 92 Jahre, bisher ältester Ladendieb (T-Shirt für 10 Euro),

- Frau, 84 Jahre (Geldbörse für 24,95 Euro),
- Mann, 34 Jahre (Steiftier Giraffe, ca. 2,5 Meter hoch, für 2.500 Euro.

In der Branche geht eine Weisheit um: »Es wird immer geklaut, es wird alles geklaut, und jeder kann es gewesen sein!«

Ladendiebstähle sind auch an keine **gesellschaftliche Schicht und Stellung** gebunden, es klauen einfach alle: Arbeiter, Angestellte, Beamte, Arbeitslose, Sozialhilfeempfänger, Kaufleute, Polizeibeamte, Rechtsanwälte und Pastoren.

Auch hinsichtlich der **Nationalität** lassen sich keine eindeutigen Aussagen in der kriminologischen Literatur finden. Der Ausländeranteil ist von der Lage der Objekte, in der Regel ca. 10 – 20 Prozent, abhängig, es gibt aber auch Geschäfte mit einem Anteil von weiter über 40 Prozent.

Nach der Berliner Kriminalstatistik von 2012 waren 38,8 Prozent der Tatverdächtigen nichtdeutscher Herkunft. Von diesen stammten 21,3 Prozent aus Polen, 11,4 Prozent aus Rumänien, 5,2 Prozent aus Russland, und 5,1 Prozent hatten die türkische Staatsbürgerschaft.

Knapp die Hälfte aller Tatverdächtigen (47,9 Prozent) in Berlin war in diesem Jahr der Polizei schon bekannt.

Als **mögliche Täter** kommen weiterhin Mitarbeiter, Lieferanten und sonstige betriebsfremde Personen wie Handwerker, Reinigungskräfte, Werbedamen und Reisende in Frage.

7. Anhalten, Ansprechen und Befragen

Der Detektiv kann eine Person bei der begründeten Annahme, dass sie eine strafbare und damit gerichtlich zu verfolgende Handlung ausgeführt hat, anhalten. Die gesetzlichen Grundlagen dafür sind im Teil I und in der Anlage beschrieben.

In allen Phasen sind die Grundsätze des Selbstschutzes zu beachten. Angriffe auf Detektive, u. a. mit Stichwaffen oder Pfefferspray, sind nicht selten. Es kommt auch zu tödlichen Auseinandersetzungen.

Ansprache und Nachschau bei Ladendieben

Der Detektiv hat zur Taschenkontrolle kein Recht; der Betroffene muss eine derartige Maßnahme nicht dulden. Er kann aber die betreffende Person fragen, ob er sie anfassen und ihre Tasche (ihren Rucksack usw.) durchsuchen darf. Es handelt sich dann um eine »Nachschau«.

Nach Zustimmung ist diese Nachschau möglich, die in diesem Fall aber keine strafprozessuale Durchsuchung darstellt. Eine derartige Kontrolle darf nur mit Zeugen realisiert werden!

Bei der Ansprache sind wichtige Punkte zu beachten:

1. Der Diebstahl wird vom Beobachter (Detektiv) einwandfrei festgestellt.
2. Der Dieb muss nun konsequent weiter beobachtet werden, er könnte das Diebesgut (neudeutsch: Stehlgut) wieder weglegen oder anderweitig entsorgen.
3. Nach dem Passieren der Kasse höflich, aber bestimmt zur Klärung der Kassenrechnung ins Büro bitten. Der Tatverdächtige wird dezent angesprochen, um eine peinliche Situation für alle Beteiligten zu vermeiden. Der Dienstausweis wird so in der »hohlen Hand« gehalten, dass er von Dritten möglichst nicht gesehen wird. Beispielsweise könnte die Ansprache wie folgt lauten: »Guten Tag, mein Name ist Max Mustermann. Ich bin hier im Hause für die Sicherheit zuständig. Ich möchte ein Missverständnis mit Ihnen klären. Bitte kommen Sie mit ins Büro.«
4. Grundsätzlich geht der vermeintliche Dieb nach Ansprache vor dem Detektiv, um zu vermeiden, dass er gestohlene Gegenstände ungesehen ablegt, z. B. in einem Regal.
5. Grundsätzlich sind Zeugen hinzuzuziehen.
6. Hat man ein Kind gestellt, sollte man besonders vorsichtig, behutsam und psychologisch einfühlsam vorgehen. Es empfiehlt sich, sofort die Eltern zu verständigen, damit das Kind abgeholt wird.
7. Ein weiblicher Dieb erfordert grundsätzlich einen weiblichen Zeugen bis zum Eintreffen der Polizei.
8. Es werden eine Anzeige, ein Hausverbot und eine Zeugenaussage gefertigt. Die Zeugenaussage kann sich auf die Beobachtung des Detektives oder eines Kunden beziehen, der den entscheidenden Hinweis gegeben hat.

9. Die Polizei wird gerufen, die den Fall und damit den ertappten Dieb übernimmt. Das dient einer einwandfreien Feststellung der Identität, ermöglicht eine Durchsuchung und die Feststellung, ob es sich um einen Serientäter handelt. Das könnte dann weitere polizeiliche Maßnahmen nach sich ziehen kann.

Der Tatverdächtige folgt nicht ins Büro

Folgt der Tatverdächtige nach der Ansprache nicht mit ins Büro und zeigt er sich auch sonst nicht zur Klärung kooperativ, dann wird die Polizei sofort gerufen. Der Tatverdächtige muss dann bis zum Eintreffen der Polizei im Ansprachebereich verbleiben. Ist die Ware nicht »am Mann«, dann wird mit dem Tatverdächtigen besprochen, wo sich die Ware befindet. Unter Umständen muss der Detektiv sich zu der abgelegten Ware hinführen lassen.

Ist dann aus den Umständen zu erkennen, dass es nicht um einen Diebstahl handelt, ist der Tatverdächtige mit einer Belehrung zu entlassen, dass er sich doch wie ein normaler Kunde verhalten möchte, um künftig solche Peinlichkeiten für alle zu ersparen.

Der Einkaufswagen des Tatverdächtigen wird immer mitgenommen und vom Tatverdächtigen selbst geschoben, da er dazu beide Hände benötigt und diese dann vom Detektiven gesehen werden, auch wenn der Warenwert sehr gering ist.

Sichtbare Ware darf notfalls auch mit Gewalt weggenommen werden. Achtung, es muss die Verhältnismäßigkeit beachtet werden.

Besteht der Verdacht, dass der Tatverdächtige noch mehr Ware am Körper hat und dieser die Nachschau verweigert, wird die Polizei hinzugezogen. Kann er sich ausweisen besteht kein Grund, ihn länger festzuhalten; es wird ihm eröffnet, dass eine Strafanzeige gegen ihn gestellt wird.

Verhalten in möglichen Bedrohungssituationen

1. Bereiten Sie sich auf eventuelle Bedrohungssituationen vor. Bleiben Sie ruhig und vermeiden Sie Panik und Hektik. Machen Sie keine hastigen Bewegungen, die reflexartige Reaktion herausfordern könnten. Denn wenn Sie »in sich ruhen«, sind Sie im Denken kreativer, in den Handlungen der Situation angepasster, und Sie wirken auf andere Beteiligte entspannend. Fachliche Kompetenz, situative Überlegenheit und Anstrengung sind auf jeden Fall durch harmonische Ruhe zu verbergen, was aber trainiert werden kann und eine hohe Kunstfertigkeit ist.
2. Halten Sie kommunikativen und Blick-Kontakt zum Tatverdächtigen. Das Gespräch ist die ganze Zeit aufrechtzuerhalten.
3. Die Zauberformel in dieser Situation ist Reden und Zuhören. Das Offensichtliche ist mitzuteilen, die Sprache ist laut, deutlich und ruhig. Auch geduldig zuhören, was der Betroffene zu dem Vorfall zu sagen hat. Aus seinen Antworten können möglicherweise sogar die nächsten Schritte abgeleitet werden.
4. Niemals drohen oder beleidigen oder sich geringschätzig über den Betroffenen und seine »Tat« äußern! Nicht einschüchtern, drohen oder Angst machen – und niemals persönlich werden!
5. Vermeiden Sie möglichst jeden Körperkontakt! Heißt, der Betroffene darf nicht angefasst oder festgehalten werden. Körperkontakt ist in der Regel eine Grenzüberschreitung, die zu Aggressionen führen kann.
6. Will sich der ertappte Dieb durch Flucht einer weiteren Verfolgung entziehen, ist eine Gefahrenabwägung vorzunehmen. Das gilt auch bei mehreren Personen, die dingfest gemacht wurden.

Besonderheiten der Befragung

Zur Gestaltung des Befragungsraumes wird von Detektiven empfohlen, sichtbare Verbindungen zur Außenwelt zuzulassen, durch die sich der Befragte weniger abgeschnitten und nicht zu sehr in einer psychischen Drucksituation befindet.

Das Ziel der Befragung ist es, vom Befragten ergänzende Informationen zu den Feststellungen des Detektivs zu erhalten. Der Detektiv muss immer wissen, dass er keine hoheitlichen Befugnisse wie z. B. die Polizei hat, und dennoch muss er versuchen, seine Informationslücken zu schließen. Das Ziel der Befragung ist in der Regel erreicht, wenn der Ladendieb seine Straftat eingesteht oder der Befragte nachweisen kann, dass er nichts entwendet hat. Denn es kommt auch hier nur darauf an, die Wahrheit festzustellen und nicht das, was sich der Detektiv als Wahrheit wünscht. Diese Wahrheitsfeststellung gelingt bei weitem nicht in allen Fällen, so dass der Detektiv auch um die Möglichkeiten und Grenzen der Kommunikation mit dem Betroffenen wissen muss.

Für die Vorbereitung auf die Befragung ist die Personenkenntnis von Vorteil, wenn man sich über vorhergehende Ladendiebstahlshandlungen durch denselben Tatverdächtigen in demselben Geschäft informiert (vgl. Kapitel 11 Teil V).

Das Gespräch mit einem vermeintlichen Ladendieb ist immer konfliktbeladen. Als Leitspruch für die Befragung gilt ein Satz des Schriftstellers Max Frisch: »Man soll die Wahrheit dem anderen wie einen Mantel hinhalten, dass er hineinschlüpfen kann, und nicht wie ein nasses Handtuch um den Kopf schlagen.« Ansonsten gelten die in Kapitel 6 Teil II genannten Grundsätze.

Formular für eine Strafanzeige

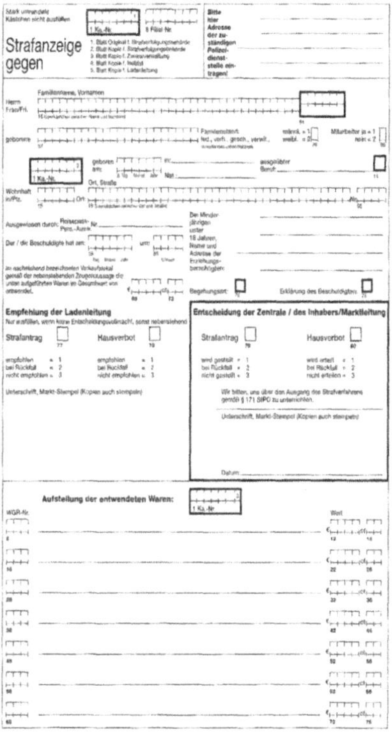
Strafanzeige gegen

Familienname, Vornamen

Empfehlung der Ladenleitung

Strafantrag

Hausverbot

Entscheidung der Zentrale / des Inhabers/Marktleitung

Strafantrag

Hausverbot

Aufstellung der entwendeten Waren:

Eigensicherung beachten!

Dass die Arbeit des Kaufhaus- und Einzelhandelsdetektivs mitunter ein gefährlicher Job ist, sollen zwei Beispiele zeigen.

Der 50-jährige Warenhaus-Detektiv Rainer C., der für ein privates Sicherheitsunternehmen zur Bewachung einer Drogerie-Filiale eingesetzt war, wurde im September 1994 gegen 16.50 Uhr im Erdgeschoß der »Dreispitz-Passage« in der Friedrichstraße in Berlin von einem Ladendieb erstochen. Der Detektiv hatte den Täter bis vor das Geschäft verfolgt, um ihn als vermeintlichen Dieb überprüfen zu können. Nach Angaben der Polizei hatte der Mörder etwa zehn Minuten vorher das Geschäft betreten und sich bei einer Verkäuferin nach Fleckentferner erkundigt.

Ein Ladendieb hat in Berlin-Hohenschönhausen den Mitarbeiter eines privaten Sicherheitsdienstes mit einem Baseballschläger verletzt. Der Dieb wollte am 12. März 2015 einen Supermarkt mit zwei Flaschen Alkohol verlassen. Als ihn der 67 Jahre alte Wachmann ansprach, holte er einen Baseballschläger heraus, schlug dem Wachmann auf den Kopf und flüchtete mit einer Flasche. Der 67-Jährige kam in ein Krankenhaus und wurde ambulant behandelt.

8. Ist ein Testdiebstahl möglich?

Natürlich! Ein Testdiebstahl kann aus zwei Grünen durchgeführt – einmal zur Schulung des Personals und des Detektivs, zum anderen zur Überprüfung der Wirksamkeit der Sicherungssysteme. Ein Testdiebstahl findet *ausschließlich* im Auftrag des Auftraggebers statt.

Die rechtliche Vereinbarung lautet bei diesem Test: Der Tatbestand des Diebstahls ist außer Kraft gesetzt, denn dieser erfordert die vorsätzliche Wegnahme einer fremden beweglichen Sache, um sie sich oder einem Dritten rechtswidrig (dauerhaft) zuzueignen (§ 242 StGB). Die »testgestohlene« Ware bleibt grundsätzlich Eigentum des Auftraggebers und wird daher stets zurückgegeben. Manchmal bietet der Auftraggeber an, die »gestohlene« Ware als »Bezahlung« zu behalten. Das ist eine Falle! Der Detektiv sollte sich niemals auf ein solches »Geschäft« einlassen.

Testdiebstähle dienen der Senkung der Inventurdifferenzen, der Schwachstellenerkennung und der Diebstahlprävention. Sicherheitslücken werden dadurch aufgedeckt, und u. U. können Bestandsdifferenzen auch einzelnen Belegschaftsmitgliedern zugeordnet werden.

Ein Testdiebstahl (als Einzel- oder Gesamtmaßnahme) sollte nur schriftlich in einem Vertrag vereinbart werden, wozu unbedingt die Unterschrift des Auftraggebers, die Art des Diebesgutes (welche Ware?) und die Art und Weise (wie?) des Testdiebstahls gehören. Der Auftraggeber erhält den Bericht und die Rechnung. Für die zurückgegebene Ware muss eine Quittung ausgestellt werden, damit bewiesen werden kann, dass das Eigentumsrecht des Auftraggebers gewahrt blieb.

9. Nichts als »Blüten«

Als in Deutschland am 1. Januar 2002 der Euro als Bargeld eingeführt wurde, priesen ihn die Notenbanker als höchst fälschungssicher. Dem war aber nicht so. Die Fälscherbanden brauchten nur wenige Monate, um sich auf das neue Geld einzustellen. Schon 2004 waren mehr Blüten im Umlauf als im letzten DM-Jahr. In den allermeisten Fällen (99 Prozent) kann allerdings schon der Laie ohne Hilfsmittel feststellen, dass die Banknoten falsch sind. »Schwachstelle ist deshalb der Verbraucher. Selbst viele Kassierer, registrieren Notenbanker, verlassen sich noch immer auf den flüchtigen Augenschein und wissen nicht echte von falschen Scheinen zu unterscheiden« (Gustedt 2004, S. 46).

Von 41.507 im Jahr 2012 in Deutschland sichergestellten Falschgeldnoten waren 309 5-Euro-Scheine, 687 10-Euro-Noten, 19.099 20-Euro-Noten, 14.001 50-Euro-Noten, 5.111 100-Euro-Noten, 1.924 200-Euro-Noten und 376 500-Euro-Noten. Gegenüber 2011 nahm das Falschgeldaufkommen um 6,4 Prozent zu (nach Wikipedia Falschgeld).

Dass das »Bezahlen« mit Falschgeld Dimensionen angenommen hat, zeigt ein Beispiel aus der jüngsten Zeit. Ein Unbekannter hatte im März 2015 bei einem Händler in Mallentin (Mecklenburg-Vorpommern) ein Auto mit Falschgeld bezahlt, und zwar mit gefälschten 50-Euro-Scheinen im Wert von 7.300 Euro. Nach Angaben der Rostocker Polizei waren alle 146 Scheine Blüten!

Das wäre einem gut ausgebildeten Detektiv nicht passiert. Sicherheitsmerkmale gibt es eine ganze Menge, man muss sie nur kennen.

Als allgemeine Sicherheitsmerkmale für den Normalbürger sind u. a. anzusehen: Mikroschrift, Spezialfolie, Stichtiefdruck, Wasserzeichen, Sicherheitsfaden, Durchsichtsregister, Perlglanz und Farbwechsel. Für den professionellen Bargeldverwender wären noch die Infrarot- und UV- Eigenschaften (Fluoreszenz) zu nennen.

Gegenüber der ersten Euro-Serie wurden die vorhandenen Sicherheitsmerkmale bei der zweiten Euro-Serie (5- und 10-Euro-Banknoten bereits im Umlauf, der 20-Euro-Schein ab dem 15. November 2015) verbessert und weiterentwickelt, jedoch wurde auf den Wasserzeichen-Strichcode und das Durchsichtsregister verzichtet (nach Wikipedia Eurobanknoten).

Die neuen verbesserten Sicherheitsmerkmale beinhalten:

- Sicherheitsfaden: mit ausgesparten Euro-Zeichen,
- Porträt-Wasserzeichen: die phönizische Königstochter Europa,
- Mikroschrift: im Aquädukt,
- Porträt-Hologramm: Porträt der Europa im silbernen Streifen, zudem noch ein fiktives Bauwerk im Stil der jeweiligen Periode,
- Porträt-Fenster (20 Euro): Ein Fenster wird bei der Betrachtung gegen das Licht durchsichtig und das Porträt der Europa erscheint auf beiden Seiten des Geldscheins,
- Smaragd-Zahl: Wertzahl schimmert beim Kippen smaragdgrün,
- fühlbares Relief: Streifen an beiden Rändern, die große Wertzahl und das Hauptmotiv der Vorderseite,

- bestimmte Druckbilder unter ultraviolettem Licht (UV-A und UV-C),
- verbessertes Sicherheitspapier,
- Perlglanzstreifen (Rückseite),
- Fluoreszenz: unter UV-Licht bunte Fasern erkennbar.

Für den internen Gebrauch gibt es bei den Zentralbanken noch besondere Sicherheitsmerkmale. Auch Merkmale, die die Maschinenlesbarkeit der Banknoten gewährleisten, wie beispielsweise die Magnetisierung der Banknoten, sind dieser Gruppierung zuzuordnen.

Gefälschte Banknoten als *Blüten* zu bezeichnen, die früher vor allen Dingen beim Geldwechseln herausgegeben worden sind, ist nur in der Umgangssprache gebräuchlich, also kein Fachbegriff.

Kriminelle fälschen auch Münzen, frei nach dem Motto »Auch Kleinvieh macht Mist.« Hier ist der Schaden im Vergleich zur gesamten Falschgeldkriminalität allerdings relativ gering.

Wer sich als Detektiv professionell mit dem Thema Falschgeld beschäftigt, sollte entsprechend geschult werden, denn das Erkennen von Blüten muss praktisch trainiert werden.

Für Interessenten hält die Deutsche Bundesbank ein PDF-Download auf ihrer Internetseite bereit, die man als erste Schulungsmaßnahme nutzen kann. Auch im Geldmuseum der Deutschen Bundesbank in Frankfurt am Main werden von Zeit zu Zeit Workshops zum Thema Falschgelderkennung angeboten, hier vornehmlich für die Zielgruppe der Jugendlichen.

Zum Schluss noch ein kurioser Fall zum Thema: Nicht schlecht staunte 2003 ein junger Inder auf dem Hamburger Hauptbahnhof, als dort sein Geldschein nicht akzeptiert wurde. Kein Wunder, hatte er doch versucht, einen 100-Mark-Schein unter die Leute zu bringen, obwohl es schon den Euro gab. Doch damit nicht genug: Eine Überprüfung durch die Polizei ergab, dass die Banknote auch noch gefälscht war. Bei der Durchsuchung der mitgeführten Sachen fand die Polizei dann auch noch Diebesgut, darunter ein Handy, eine Abokarte für Hamburgs S- und U-Bahnen und eine Bahn-Card. Pech auf der ganzen Linie!

10. Die Standortanalyse

Die Standortanalyse ist ein umfassendes Instrument zur Beurteilung der Sicherheitslage eines Unternehmens. Ziel ist es zu analysieren, welche Bedrohungen gegenüber dem Unternehmen an dem jeweiligen Standort (oder an mehreren Standorten) vorliegen, welche Eintrittswahrscheinlichkeit diese Bedrohungen mit welchem Schadenspotential haben. Eine abschließende Risikobeurteilung mit einem entsprechenden Maßnahmenkatalog rundet die Standortanalyse fachlich ab.

Die Erarbeitung einer Standortanalyse ist genau zu planen. In der Vorbereitungsphase sollte in Abstimmung mit den Auftraggebern und/oder den Objektverantwortlichen die exakte Vorgehensweise bestimmt werden, sowohl inhaltlich als auch zeitlich und räumlich. Sollen Mitarbeiter durch den Analytiker befragt werden, muss dafür die Genehmigung eingeholt werden. Stadt-, Lagepläne vom Objekt und Räumpläne sollten bereitgelegt werden. Aus diesen ganzen Daten ergibt sich der Plan der Objektbegehung, den man auch in Form einer Checkliste aufstellen kann. Für die Begehung sollten neben einer Kladde (Notizheft) Aufzeichnungsgeräte zur Dokumentation Verwendung finden, z. B. Fotoapparat, Videokamera, Diktiergerät, wenn man nichts in das Notizheft schreiben will.

In der Vorbereitungsphase sind auch die historischen Aspekte von enormer Bedeutung. Wie lange existiert der Standort? Gab es in der Vergangenheit Sicherheitsprobleme? Wie alt ist das Unternehmen? Gab es an anderen Standorten Bedrohungen oder andere Probleme in Fragen der Sicherheit? Welche sicherheitsrelevanten Dokumentationen können zur Verfügung gestellt werden?

Der Plan für die Standortanalyse sollte die folgenden Punkte enthalten:

- Infrastruktur (Lage des Objektes, Anbindung an den Öffentlichen Personennahverkehr, soziales und geschäftliches Umfeld),
- Unternehmenskommunikation,
- Konkurrenten im Umfeld,
- technische Sicherheitsmaßnahmen,
- personelle Sicherheitsmaßnahmen (Einsatz von Sicherheitsfachleuten),
- bisheriger Umgang mit Sicherheitsvorfällen,
- Objektsicherheitsrichtlinien,
- Notfallplan.

Die Erarbeitung einer Standortanalyse ist immer konkret, d. h. an ein individuelles Objekt und Unternehmen gebunden. Je nach Lage, Historie, Räumlichkeiten, Geschäftsfelder und vorhandenen Sicherheitsstandards muss jede Standortanalyse als Unikat vorliegen, wenn sie das Unternehmen, also den Auftraggeber, vor internen und externen kriminellen Angriffen effektiv schützen soll. Daher sind die fachlichen Anforderungen an den Bearbeiter einer solchen Analyse besonders hoch.

11. Die Täterprogramme

Der Begriff des **Täters** ist eine strafprozessuale Kategorie. Man ist erst Täter, wenn man in einem Strafgerichtsverfahren rechtskräftig verurteilt worden ist. Zuvor ist man Verdächtiger, Beschuldigter (nach Einleitung des Ermittlungsverfahrens), Angeschuldigter (von der Erhebung der öffentlichen Klage an) und Angeklagter (von der Eröffnung des Hauptverfahrens an). Vgl. § 157 StPO. Der Ladendieb, der auf frischer Tat ertappt wird, ist also im strafprozessualen Sinne erst ein Dieb (Täter), wenn er rechtskräftig verurteilt ist. In der Kriminalistik und in der Detektivkunde hat sich aber ein weiter gefasster Täterbegriff herausgebildet, der praktikabel ist und auch in keiner Weise eine Vorverurteilung beinhaltet. Ein Beispiel ist der kriminalistische Fachbegriff des Täterwissens, der nach Leonhardt, Roll und Schurich (1995, S. 117) so definiert wird: »*Täterwissen* sind die im Bewusstsein des Täters gespeicherten Wahrnehmungen von der Tathandlung sowie Kenntnisse und Erfahrungen, die er zur Durchführung der Straftat nutzte bzw. die er durch sie erlangte. Es ist also täterspezifisches Tatwissen.«

Wenn der Kaufhaus- und Einzelhandelsdetektiv vom Täter spricht, ist auch das keine strafprozessuale Kategorie. Als Hilfsmittel steht ihm die digitale Tätererfassung zur Verfügung, die gleichzeitig als Arbeitsnachweis dient. Durch sie sind auch eine präzise Datenweitergabe an die Polizei sowie objektübergreifende Täterermittlungen möglich.

Wird eine Person aufgegriffen, kann der Status des Täters in dem konkreten Täterprogramm leicht festgestellt werden. Ist er früher schon einmal bei einem Ladendiebstahl aufgefallen? Was hat er damals entwendet?

Für aussagekräftige Diebstahlsstatistiken empfiehlt es sich, **Monats-, Quartals- und Jahresanalysen** anzufertigen – hinsichtlich der Erfassung und Auswertung der Täter und von Artikeln und deren Warenwerten.

Für eine Monatsanalyse könnten z. B. folgende Daten erhoben werden: Gesamtanzahl der Täter, Täter nach Altersgruppen (Kinder, Jugendliche, Erwachsene), Geschlecht (männlich, weiblich) und nach Nationalität, Gesamtwarenwert, Anzahl der Waren insgesamt, Artikelmenge und evtl. Daten der einzelnen Abteilungen.

Täterprogramme und Analysen sind eine wichtige Voraussetzung für ein zielorientiertes Handeln. Durch diese Arbeitsmittel kann das Agieren gegen Diebstahl rechtzeitig und effektiv nach Schwerpunkten ausgerichtet werden. Durch die Sondierung von Tätergruppen und -gruppierungen wird die Tätigkeit des Detektivs vorausschauend und erfolgreich. Auch dienen diese Dokumente dazu, gegenüber dem Auftraggeber Schwachstellen aufzuzeigen.

Zudem kann durch Täterprogramme und -analysen und durch die sog. **Ermittlung der Schwerpunktzeiten** die Planung angepasst werden (z. B. im Weihnachtsgeschäft, vor Ostern und anderen Feiertagen, in der Ferienzeit, bei Sonderöffnungen und beim Sonderverkauf).

Beispiel für ein Hausverbot:

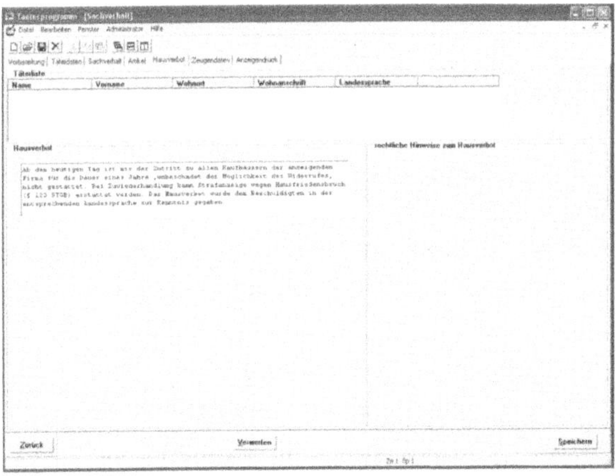

Beispiel für die Artikelerfassung:

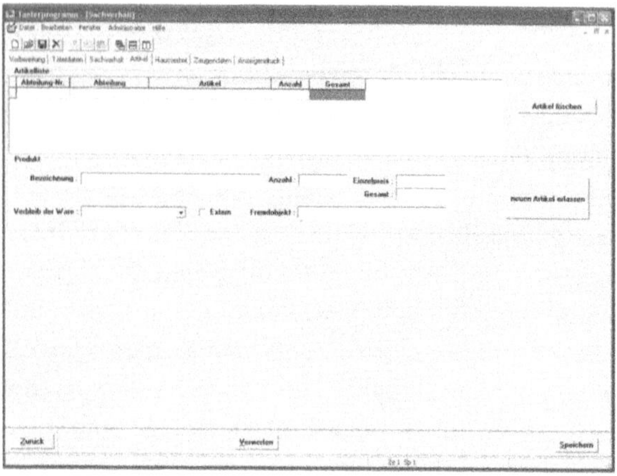

12. Zum Schluss: Ein Blick in die Presse

1. Der Handel. Das Wirtschaftsmagazin für Handelsunternehmen vom 11. Juni 2013:

Ladendiebstahl kostet Handel Milliarden

Keine Entwarnung: Die Inventurdifferenzen summierten sich 2012 auf rund 3,8 Milliarden Euro. Zusammen mit den Kosten für die Sicherheit entgeht dem Handel somit rund 1,3 Prozent des Umsatzes, zeigt eine Studie des EHI Retail Institute.

Ladendiebe haben im vergangenen Jahr Waren im Wert von rund 1,9 Milliarden Euro geklaut. Das entspricht gut der Hälfte der gesamten Inventurdifferenzen, die sich 2012 auf 3,8 Milliarden Euro summierten, meldet das EHI Retail Institute. Mitarbeitern werden demnach immerhin 800 Millionen der Diebstähle angelastet. Der Rest – also knapp

400 Millionen Euro – entfällt auf Lieferanten und Servicekräfte sowie »organisatorische Fehler«. Statistisch betrachtet stiehlt der Studie zufolge jeder deutsche Haushalt jährlich Waren im Wert von rund 50 Euro im Einzelhandel.

Damit sind die Verlustraten stabil auf hohem Niveau – und das, obwohl der Handel jährlich rund 1,2 Milliarden Euro in Präventiv- und Sicherungsmaßnahmen investiert, um seine Waren vor Diebstählen zu schützen. Insgesamt entgehen dem Handel demzufolge durch Inventurdifferenzen und Sicherheitsmaßnahmen rund 1,3 Prozent seines Umsatzes. Im Fokus der Sicherheitsaufwendungen der Händler stehen *erweiterte Kameraausstattungen*, Schulungen zur Steigerung der Aufmerksamkeit von Mitarbeitern sowie verbesserte Warensicherungen.

Ehrliche Kunden zahlen mit

Die Gesamtkosten für Inventurverluste und deren Vermeidung betragen somit jährlich rund 5 Milliarden Euro, die der Handel wie alle Kosten in seine Verkaufspreise einkalkulieren muss: Jeder ehrliche Kunde werde also bei jedem Kauf mit mehr als einem Prozent des Kaufpreises an den Schäden der Ladendiebstähle beteiligt.

»Die aktuelle Kriminalstatistik 2012 zeichnet mit einem Rückgang der angezeigten Ladendiebstähle von mehr als 6 Prozent ein falsches Bild«, erläutert Frank Horst, Leiter des Forschungsbereiches »Inventurdifferenzen/Sicherheit« beim EHI. »Der Schein geringer Kriminalität trügt, Entwarnung ist nicht angebracht.« Ertappt würden nur weniger als 2 Prozent der Ladendiebe. Daraus ergebe sich eine hohe Dunkelziffer von gut 98 Prozent – das entspricht rund 30 Millionen Delikten jährlich mit einem durchschnittlichen Wert von 70 Euro, die nicht entdeckt und angezeigt werden.

Die Einschätzung der Handelsunternehmen zeichne aber ein anderes Bild: Es sind offenbar vor allem Täter mit

»professionellem« Hintergrund oder Personen, die ihren Lebensunterhalt durch Straftaten bestreiten, die die großen Schäden im Handel verursachen. Ein Indiz dafür sieht der EHI-Forscher darin, dass die angezeigten einfachen Ladendiebstähle kontinuierlich zurückgehen und sich die angezeigten schweren Ladendiebstähle in den vergangenen fünf Jahren verdoppelt haben.

Parfüm wird häufig geklaut
Zu den am häufigsten geklauten Artikeln gehören im Lebensmittelhandel nach wie vor kleine, teure Waren wie Parfüm und Kosmetik, Rasierklingen, Spirituosen sowie Tabakwaren. Im Bekleidungshandel werden vor allem hochwertige Marken bevorzugt, aber auch modische Artikel und Accessoires wie Brillen, Tücher und Modeschmuck werden demzufolge oft nicht bezahlt. Speichermedien, Konsolenspiele, Smartphones und LED-Leuchtmittel gehören zu den »Klaurennern« im Elektronikhandel. *wim*

2. Wirtschaftswoche vom 6. November 2014:

Dreiste Diebe
Was Ladendiebstahl den Einzelhandel kostet

Die Deutschen klauen wie die Raben. Der Schaden für den Handel geht laut Experten in die Milliarden. Und den Dieben ist nicht beizukommen – trotz hoher Investitionen in Sicherheitstechnik.
Ein schneller Griff ins Regal und die Make-Up-Dose landet in der Handtasche. Eine kleine Bewegung mit dem Arm, und das Smartphone verschwindet in der Jackentasche. Warenschwund kostete den deutschen Handel im vergangenen Jahr 4,7 Milliarden Euro – immerhin 1,1 Prozent des Umsatzes. Weltweit waren es sogar 1,29 Prozent des Einzelhandelsumsatzes – das entspricht 96,8 Milliarden Euro.

Das besagt das aktuelle »Globale Diebstahlbarometer«, eine weltweite Studie zu den Ursachen und Kosten von Warenschwund im *Einzelhandel*, durchgeführt durch das Dienstleistungsunternehmen The Smart Cube und mitfinanziert vom Warensicherungssytem-Anbieter Checkpoint Systems.

Hauptursache für Warenschwund in Deutschland ist demnach der Ladendiebstahl. Klau-Kunden sind hierzulande für etwa 1,7 Milliarden Euro an Verlusten verantwortlich. Fast genauso hoch schlagen jedoch die Kosten durch unehrliche Mitarbeiter (etwa 1,66 Milliarden) zu Buche. Der Rest entfällt auf administrative Fehler und unehrliche Lieferanten.

Wo die Einzelhändler am stärksten unter Warenschwund leiden

... in Deutschland
Wert des Schwunds: 4952 Millionen Euro
Schwund: 1,10 Prozent des Umsatzes ...

Das Forschungs- und Beratungsinstitut EHI kommt in einer Untersuchung auf ähnliche Zahlen. Die Handelsexperten beziffern die Inventurdifferenzen in Deutschland auf 3,9 Milliarden Euro. Nach ihrer Einschätzung sind davon auf Ladendiebstahl durch Kunden rund 2,1 Milliarden Euro zurückzuführen.

Klauen auf Bestellung

Dass Deutschland selbst mit diesen hohen Verlusten im Vergleich zu manchem europäischen Nachbar noch ganz gut dasteht, kann für die Autoren des Diebstahl-Barometers »auf das konsequente Vorgehen gegen Warenschwund zurückgeführt werden«.

Laut Diebstahlbarometer haben die deutschen Händler zuletzt 3,5 Milliarden Euro in ihre Sicherungssysteme investiert und die Anti-Diebstahl-Maßnahmen auch auf Produkte der unteren Preisklasse ausgeweitet.

Doch trotz der der hohen Investitionen ist den Dieben nur schwer beizukommen. Die Höhe der Verluste durch Warenschwund ist seit langem stabil, die Zahl der geschätzten Ladendiebstähle zuletzt nur ganz leicht gesunken. Zwar meldet die Polizei eine seit Jahren sinkende Zahl an Fällen. Doch es gibt eine hohe Dunkelziffer. Das EHI geht davon aus, dass täglich mehr als 85.000 Ladendiebstähle mit je einem Warenwert von rund 80 Euro unentdeckt bleiben oder nicht angezeigt werden.

Welche Waren am häufigsten von Diebstahl betroffen sind

Kleidung und Mode – Baumarktartikel – Elektronikartikel
Lebensmittel – Kosmetik

Zudem rüsten nicht nur die Händler auf. »Zwar bewegen sich die Verluste zuletzt auf stabilem Niveau, doch viele Einzelhändler haben es vermehrt mit Profi-Dieben zu tun, die quasi ›auf Bestellung‹ Waren entwenden und damit hohe Schäden verursachen«, sagt Hans-Jürgen Nausch, Experte für Warenschwund bei Checkpoint Systems. »Diese Diebe achten auch darauf, dass sie keine Verpackungen beschädigen, damit die Ware problemlos zum Beispiel über das Internet weiterverkauft werden kann.«

Kein Wunder also, dass geklaut wird, was teuer ist und sich gut weiterverkaufen lässt – Markenprodukte etwa. Diebe stehen auf Modeaccessoires und Schmuck, Elektrowerkzeuge, Mobiltelefone und -zubehör sowie Make-Up-Artikel. Weil sich all diese Produkte auch gut unter dem Weihnachtsbaum machen, beginnt die ganz heiße Phase für Diebe und ihre Gegenspieler auch erst jetzt. 63 Prozent der europäischen Einzelhändler geben laut Diebstahlbarometer an, dass sie in der Weihnachtszeit den höchsten Warenschwund bemerken. *sha*

ANLAGE

Jedermanns-Rechte – Gesetze und Paragraphen

§ 127 StPO Vorläufige Festnahme

(1) Wird jemand auf frischer Tat betroffen oder verfolgt, so ist, wenn er der Flucht verdächtig ist oder seine Identität nicht sofort festgestellt werden kann, jedermann befugt, ihn auch ohne richterliche Anordnung vorläufig festzunehmen. Die Feststellung der Identität einer Person durch die Staatsanwaltschaft oder die Beamten des Polizeidienstes bestimmt sich nach § 163b Abs. 1.

§ 32 StGB Notwehr

(1) Wer eine Tat begeht, die durch Notwehr geboten ist, handelt nicht rechtswidrig.
(2) Notwehr ist die Verteidigung, die erforderlich ist, um einen gegenwärtigen rechtswidrigen Angriff von sich oder einem anderen abzuwenden.

§ 33 StGB Überschreitung der Notwehr

Überschreitet der Täter die Grenzen der Notwehr aus Verwirrung, Furcht oder Schrecken, so wird er nicht bestraft.

§ 34 StGB Rechtfertigender Notstand

Wer in einer gegenwärtigen, nicht anders abwendbaren Gefahr für Leben, Leib, Freiheit, Ehre, Eigentum oder ein anderes Rechtsgut eine Tat begeht, um die Gefahr von sich oder einem anderen abzuwenden, handelt nicht rechtswidrig, wenn bei Abwägung der widerstreitenden Interessen, namentlich der betroffenen Rechtsgüter und des Grades der ihnen drohenden Gefahren, das geschützte Interesse das beeinträchtigte wesentlich überwiegt. Dies gilt jedoch nur, soweit die Tat ein angemessenes Mittel ist, die Gefahr abzuwenden.

§ 35 StGB Entschuldigender Notstand

(1) Wer in einer gegenwärtigen, nicht anders abwendbaren Gefahr für Leben, Leib oder Freiheit eine rechtswidrige Tat begeht, um die Gefahr von sich, einem Angehörigen oder einer anderen ihm nahe stehenden Person abzuwenden, handelt ohne Schuld. Dies gilt nicht, soweit dem

Täter nach den Umständen, namentlich weil er die Gefahr selbst verursacht hat oder weil er in einem besonderen Rechtsverhältnis stand, zugemutet werden konnte, die Gefahr hinzunehmen; jedoch kann die Strafe nach § 49 Abs. 1 gemildert werden, wenn der Täter nicht mit Rücksicht auf ein besonderes Rechtsverhältnis die Gefahr hinzunehmen hatte.
(2) Nimmt der Täter bei Begehung der Tat irrig Umstände an, welche ihn nach Absatz 1 entschuldigen würden, so wird er nur dann bestraft, wenn er den Irrtum vermeiden konnte. Die Strafe ist nach § 49 Abs. 1 zu mildern.

§ 227 BGB Notwehr

(1) Eine durch Notwehr gebotene Handlung ist nicht widerrechtlich.
(2) Notwehr ist diejenige Verteidigung, welche erforderlich ist, um einen gegenwärtigen rechtswidrigen Angriff von sich oder einem anderen abzuwenden.

§ 228 BGB Notstand

Wer eine fremde Sache beschädigt oder zerstört, um eine durch sie drohende Gefahr von sich oder einem anderen abzuwenden, handelt nicht widerrechtlich, wenn die Beschädigung oder die Zerstörung zur Abwendung der Gefahr erforderlich ist und der Schaden nicht außer Verhältnis zu der Gefahr steht. Hat der Handelnde die Gefahr verschuldet, so ist er zum Schadensersatz verpflichtet.

§ 229 BGB Selbsthilfe

Wer zum Zwecke der Selbsthilfe eine Sache wegnimmt, zerstört oder beschädigt oder wer zum Zwecke der Selbsthilfe einen Verpflichteten, welcher der Flucht verdächtig ist, festnimmt oder den Widerstand des Verpflichteten gegen eine Handlung, die dieser zu dulden verpflichtet ist, beseitigt, handelt nicht widerrechtlich, wenn obrigkeitliche Hilfe nicht rechtzeitig zu erlangen ist und ohne sofortiges Eingreifen die Gefahr besteht, dass die Verwirklichung des Anspruchs vereitelt oder wesentlich erschwert werde.

§ 230 Abs. 1 BGB Grenzen der Selbsthilfe

(1) Die Selbsthilfe darf nicht weiter gehen, als zur Abwendung der Gefahr erforderlich ist.

§ 855 BGB Besitzdiener

Übt jemand die tatsächliche Gewalt über eine Sache für einen anderen in dessen Haushalt oder Erwerbsgeschäft oder in einem ähnlichen Verhältnis aus, vermöge dessen er den sich auf die Sache beziehenden Weisungen des anderen Folge zu leisten hat, so ist nur der andere Besitzer.

§ 858 BGB Verbotene Eigenmacht

(1) Wer dem Besitzer ohne dessen Willen den Besitz entzieht oder ihn im Besitze stört, handelt, sofern nicht das Gesetz die Entziehung oder die Störung gestattet, widerrechtlich (verbotene Eigenmacht).
(2) Der durch verbotene Eigenmacht erlangte Besitz ist fehlerhaft. Die Fehlerhaftigkeit muss der Nachfolger im Besitz gegen sich gelten lassen, wenn er Erbe des Besitzers ist oder die Fehlerhaftigkeit des Besitzes seines Vorgängers bei dem Erwerb kennt.

§ 859 BGB Selbsthilfe des Besitzers

(1) Der Besitzer darf sich verbotener Eigenmacht mit Gewalt erwehren.
(2) Wird eine bewegliche Sache dem Besitzer mittels verbotener Eigenmacht weggenommen, so darf er sie dem auf frischer Tat betroffenen oder verfolgten Täter mit Gewalt wieder abnehmen.

§ 860 BGB Selbsthilfe des Besitzdieners

Zur Ausübung der dem Besitzer nach § 859 zustehenden Rechte ist auch derjenige befugt, welcher die tatsächliche Gewalt nach § 855 für den Besitzer ausübt.

ABKÜRZUNGEN

BGB	Bürgerliches Gesetzbuch
GewO	Gewerbeordnung
StGB	Strafgesetzbuch
StPO	Strafprozessordnung

LITERATUR

Anuschat, Erich: Spuren in der kriminalistischen Praxis. Die Polizei 7/1931

Brinkmann, Bernd: Ist der perfekte Mord möglich? Detektiv-Kurier 4/1997, S. 7

Brinkmann, Bernd u. a.: Fehlleistungen bei der Leichenschau in der Bundesrepublik Deutschland. Archiv für Kriminologie 199. Band (1997), S. 1-2

Dessau, Manfred: Kriminalistik im Dilemma. Detektiv-Kurier 2/1994, S. 2

Feineis, Sigurd: Die Observation (I). Lehrbrief. Zentralstelle für die Ausbildung im Detektivgewerbe (ZAD). Geldern 1995

Feix, Gerhard: Kleines Lexikon für Kriminalisten. Ministerium des Innern. Publikationsabteilung. Berlin 1965

Geerds, Friedrich: Kriminalistik. Verlag für polizeiliches Fachschrifttum Georg Schmidt-Römhild. Lübeck 1980

Geschichte der Detektive in Deutschland. Lehrbrief. Zentralstelle für die Ausbildung im Detektivgewerbe (ZAD). Geldern 2005

Girod, Hans: Die kriminalistische Untersuchung verdächtiger Todesfälle. Ministerium des Innern. Publikationsabteilung. Berlin 1990

Groß, Hans: Criminalpsychologie. Leuschner & Lubensky. Graz 1898

Groß/Geerds: Handbuch der Kriminalistik. Wissenschaft und Praxis der Verbrechensbekämpfung. Band 1. Die Kriminalistik als Wissenschaft. Die Technik der Verbrechen. Kriminaltechnik. Band 2. Kriminaltaktik. Die Organisation der Verbrechensbekämpfung. J. Schweitzer Verlag. Berlin 1977 und 1978

Gustedt, Volker: Falschgeld. Focus 6/2004, S. 46-47

Heinemann, Axel, und Klaus Püschel: Zum Dunkelfeld von Tötungsdelikten durch Erstickungsmechanismen. Archiv für Kriminologie. 197. Band (1996), S. 129-141

Horst, Frank: Batterien und Verhüterli stiehlt der Ladendieb mit Akribie. CD Sicherheits-Management 1/1998, S. 51-57

Jagemann, Ludwig Hugo Franz von, und Wilhelm Brauer: Criminallexikon nach dem neuesten Stande der Gesetzgebung in Deutschland. Verlag von Ferdinand Enke. Erlangen 1854

Kaiser, Günther: Kriminologie. Eine Einführung in die Grundlagen. 9., neubearb. und erg. Auflage. C. F. Müller Juristischer Verlag. Heidelberg 1993

Kittan, Thomas: Mörderjagd. Detektiv-Kurier 3/1996, S. 18

Kitzinger, Friedrich: Juristische Aphorismen. Verlag Dr. Walther Rothschild. Berlin 1923

Kocks, Manfred W.: Vorwort zum Artikel von Gerhard Jungfer: Strafverteidiger und Detektiv. Detektiv-Kurier 4/1993, S. 11-12

Kriminalistik Lexikon. 3., völlig neubearb. und erw. Auflage. Kriminalistik Verlag. Heidelberg 1996 (Grundlagen Kriminalistik Bd. 20)

Lehrbuch Geprüfte Schutz- und Sicherheitskraft. 4., überarb. Auflage. Richard Boorberg Verlag. Stuttgart u. a. 2015

Leonhardt, Rainer: Zur Ermittlung von Zeugen. Kriminalistik und forensische Wissenschaften 31/1978, S. 47-60

Leonhardt, Rainer, Holger Roll und Frank-Rainer Schurich: Kriminalistische Tatortarbeit. Ein Leitfaden für Studium und Praxis. Kriminalistik Verlag. Heidelberg 1995 (Grundlagen Kriminalistik Bd. 40)

Mally, Rudolf: Kriminalistische Spurenkunde. Schriftenreihe des Bundeskriminalamtes 61-69. Wiesbaden 1958

Menzer, Frank: Forensische Biologie. In: Horst Clages (Hrsg.): Der rote Faden. Grundsätze der Kriminalpraxis. 12. Auflage. Kriminalistik Verlag. Heidelberg 2012 (Grundlagen Kriminalistik), S. 359-392

Pfeifer, Wolfgang: Etymologisches Wörterbuch des Deutschen. Edition Kramer. Koblenz 2013

Ratinow, A. R.: Forensische Psychologie für Untersuchungsführer. Ministerium des Innern. Publikationsabteilung. Berlin 1970

Schurich, Frank-Rainer: Zur Definition des Begriffes »Spur«. Kriminalistik und forensische Wissenschaften 14/1974, S. 5-27

Schurich, Frank-Rainer: Darauf können Sie Gift nehmen. Kleines Kuriositätenlexikon der Kriminalgeschichte. Bild und Heimat. Berlin 2013

Vock, Reinhard, und Maria Hofmann: Verschleierte Tötungsdelikte. Kriminalistik 6/1996, S. 421-427, 7/1996, S. 491-495, 8-9/1996, S. 589-596, 10/1996, S. 667-673, 11/1996, S. 738-740, 12/1996, S. 815-819 und 1/1997, S. 57-61

Walder, Hans: Kriminalistisches Denken. 3., verb. und erg. Auflage. Kriminalistik Verlag. Hamburg 1964

Wikipedia Desmond Llewelyn (Zugriff am 21.04.2015), Drohnen (21.04.2015), Ehebruch (31.03.2015), Eurobanknoten (10.03.2015), Falschgeld (09.03.2015), Funkmeldeempfänger (11.03.2015), Seitensprung (31.03.2015)

www.lauschabwehr-kunz.de (Zugriff am 22.04.2015)

Zbinden, Karl: Kriminalistik. Strafuntersuchungskunde. Ein Studienbuch. C. H. Beck'sche Verlagsbuchhandlung. München und Berlin 1954

Die Autoren

Daniel Schrader, Jahrgang 1970, Sicherheitsspezialist, erfahrener Privatermittler, war eingesetzt in vielen speziellen und auch delikaten Fällen, gibt heute sein Wissen als Dozent, Trainer und Ausbilder an der Sicherheitsakademie Berlin weiter.

Prof. Dr. sc. jur. Frank-Rainer Schurich, Jahrgang 1947, studierte in Berlin und Moskau Kriminalistik, lehrte als ordentlicher Professor an der Humboldt-Universität und war bis zu deren Abwicklung Leiter der Sektion Kriminalistik. Während seiner Lehrtätigkeit nahm er bei der Berliner Kriminalpolizei immer wieder an der praktischen Arbeit vor Ort teil. Seit 1994 ist er freiberuflicher Autor und publizierte Beiträge in Fachzeitschriften wie *Kriminalistik* oder *Detektiv-Kurier.* Von ihm liegen mittlerweile mehr als ein halbes Dutzend Bücher vor. Bei *edition berolina* erschienen bereits »Darauf können Sie Gift nehmen. Kuriositätenlexikon der Kriminalgeschichte« und »Tödliche Lust. Sexualstraftaten in der DDR«. Außerdem hält er Vorträge zu kriminalhistorischen und kriminalistischen Themen.